Birgit Svensson

Mörderische Freiheit

Birgit Svensson

Mörderische Freiheit

15 Jahre zwischen Himmel und Hölle im Irak

HERDER

FREIBURG · BASEL · WIEN

Karte: Peter Palm, Berlin
Satz: Carsten Klein, Torgau
Herstellung: CPI books GmbH, Leck

Printed in Germany

ISBN Print 978-3-451-38177-5
ISBN E-Book 978-3-451-81321-4

Inhalt

Schlüsselland Irak

Der Irak ist das Schlüsselland für die Entwicklung des Nahen und Mittleren Ostens. Der Irak ist das Schicksal für die Region: Nahe Vergangenheit und Zukunft liegen hier eng beieinander. Doch das Schicksal ist dieses Mal nicht die Verbreitung einer Hochkultur wie zu Zeiten Mesopotamiens, sondern eines weltumspannenden Terrors, der in Afghanistan begann, sich im Irak fortsetzte und dort vervollständigte. Die Kriege in Syrien, Libyen, Jemen und jetzt auch in der Türkei mit den Kurden sind die Folge. Die Krisen am Golf, im Libanon, die Flüchtlingskatastrophe in Jordanien, die Stellvertreterkriege zwischen Saudi-Arabien, dem Iran und Israel, der Terror in Ägypten wären ohne das Desaster im Irak schwer vorstellbar. Die Region sähe heute völlig anders aus. Ohne das Erstarken extremistischer religiöser Gruppen, dem die US-Administration tatenlos zusah, wäre der Bürgerkrieg in Syrien längst zu Ende, und im Jemen hätte er gar nicht erst begonnen. Ohne das Erstarken Irans, das durch das Machtvakuum im Irak begünstigt wurde, würde sich Saudi-Arabien nicht so massiv herausgefordert fühlen. Blutige Konflikte um die Vormachtstellung im Nahen Osten sind die Folge, die sich zu Weltkriegen auswachsen. Die neue Weltordnung der Amerikaner, wie sie sie in ihrer Hybris mit der Invasion in den Irak 2003 schaffen wollten, wurde zum Scherbenhaufen der Weltpolitik.

Einen Zusammenhang zwischen der sogenannten Arabellion in den Ländern Tunesien und Ägypten mit dem Desaster im Irak bezweifeln viele. Ich dagegen bin überzeugt, dass die Aufstände dort sehr wohl mit der Entwicklung im Irak zusammenhängen. Die Tatsache, dass ein »großer arabischer Führer« wie Saddam Hussein gestürzt werden konnte, hinterließ Spuren bei der jungen Bevölkerung Arabiens. Seine Unverwundbarkeit war plötzlich nicht mehr gegeben, alles wurde möglich. Die bewusste Demütigung des vermeintlich Unantastbaren, als er aus dem Erdloch herausgezogen und verhaftet wurde, verfehlte nicht die psychologische Wirkung. Das Foto, das Saddam verwahrlost und zerzaust zeigt, als er eine Speichelprobe zur Identitätsfeststellung abgeben musste, ging um die Welt und prägte sich in das Gedächtnis vieler, vor allem junger Menschen der Region ein. Dadurch wuchs die Begehrlichkeit, auch andere Gewaltherrscher loszuwerden. Der Dominoeffekt, auf den George W. Bush bei der Invasion in den Irak spekulierte, setzte also tatsächlich ein, verkehrte sich jedoch in das Gegenteil dessen, was der damalige US-Präsident erreichen wollte. Nicht Demokraten sind im Nahen und Mittleren Osten auf dem Vormarsch, sondern Autokraten, Diktatoren und Gewaltherrscher, die weit brutaler, rücksichtsloser und gewalttätiger sind als vordem. Oft mit dem Argument, keinen zweiten Irak zu wollen, lassen Regime wie das syrische und das ägyptische ihr Land eher untergehen, als dass sie Kompromisse eingehen, um Macht und Ressourcen zu teilen.

Viele Einwohner der Region sahen, sosehr sie sich Saddam zum Teufel wünschten, in der Invasion im Irak 2003 eine neue Demütigung und erinnerten sich an 1798, als Napoleon mit überlegenen Waffen in ihre Welt einbrach und nach Jahrhunderten islamischer Glanzzeit die westliche Überlegenheit demonstrierte. Oder an 1916, als durch das britisch-französische Sykes-Picot-Abkommen die Region willkürlich auseinandergerissen und den Kolonialmächten zugeteilt wurde. Oder an 1967, als der ihnen aufgezwungene Nachbarstaat Israel im Sechstagekrieg die Ägypter und Syrer vernichtend schlug. Oder an 2001, als ihnen nach den Terroranschlägen in New York und Washington kollektive Verachtung und Misstrauen entgegengebracht wurde. Vor allem junge Araber unter 25 Jahren, die die Mehrheit in den meisten Ländern im Nahen Osten bilden, machen diese Entwicklungen für die heutige Misere verantwortlich und klagen die westlichen Länder an, zu lange die Lähmung ihrer Gesellschaften durch die Unterstützung der autokratischen Herrscher mit befördert zu haben – Vetternwirtschaft und Korruption inbegriffen. Der sich schnell formierende internationale Widerstand gegen die westlich dominierte Kriegsallianz im Irak vereinte Unzufriedene, Frustrierte und Wütende aus der ganzen Region.

Seitdem verlaufen unzählige Fronten aus dem Irak hinaus. Dabei werden Allianzen sichtbar, die vor 2003 undenkbar waren. Die sunnitisch-wahhabitischen Länder Saudi-Arabien und Katar, Verbündete des Westens, finanzierten ab 2005 den irakischen Widerstand gegen die US-geführte Allianz genauso wie der fundamentalistisch schiitische Iran. Teheran ließ Kämpfer der sunnitischen Terrororganisation al-Qaida ungehindert von Afghanistan in den Irak ziehen und stattete sie zuweilen sogar mit Geld und Proviant aus. Aus Syrien wurden Waffen und Munition auf einer Schmuggelroute über Rabia nach Mossul und in die Provinz Anbar geleitet, gekauft mit Geld aus Riad, Doha und anderen Golfstaaten. Die Befürchtung war groß, dass nach Saddam Hussein auch weitere Despoten der Region dem Untergang geweiht sein könnten. Der Irak durfte also nicht der Auslöser für einen Umbruch im Nahen Osten werden. Und wurde es dennoch. Jetzt sind sogar die einstigen Terrorfinanziers im Irak Saudi-Arabien und Katar verfeindet.

Zwar führen Israel und Iran schon lange einen Krieg der Stellvertreter und Geheimdienste. Die Islamische Republik rüstete noch vor dem Sturz Saddam Husseins die Hisbollahmiliz im Libanon mit mehr als 100 000 Raketen aus und versorgte die radikalislamische palästinensische Hamas mit Waffen und Geld. Hier wird deutlich, dass es sich eben nicht um einen Religionskonflikt handelt. Es geht um pure Machtinteressen. Während die Mitglieder der Hisbollah im Libanon Schiiten sind, ist Hamas rein sunnitisch. Jerusalem befürchtete deshalb von Anfang an, dass Irans Unterstützung letztlich die Absicht verfolgt, Israel zu vernichten. Doch erst der enorme Einflusszuwachs des Ajatollah-Regimes im Irak und der dadurch realisierbar werdende schiitische Halbmond unter der Ägide Teherans verschärft die Konturen und lässt die Absichten deutlich erkennen. Saudi-Arabien sieht seine bisherige Vormachtstellung in den arabischen Ländern gefährdet und tut derzeit alles, den Einfluss Irans einzudämmen. Von Damaskus bis ins jemenitische Sanaa befindet sich die gesamte arabische Welt mittlerweile in der Geiselhaft dieser beiden Regionalmächte. Sogar das ebenfalls wahhabitisch geprägte Katar bekam den Zorn der saudischen Glaubensbrüder zu spüren. Für den Versuch einer Annäherung an Teheran kassierte der Emir in Doha einen Boykott des Golfkooperationsrates unter der Führung Saudi-Arabiens.

Dafür geht Riad immer mehr Verbindungen mit dem Erzfeind Israel ein. Nach dem Motto, der Feind meines Feindes ist mein Freund, werden vermehrt gemeinsame Absprachen getroffen, Aktionen koordiniert und Absichten bekundet. Die Palästinenser im Westjordanland, die sich stets der Unterstützung Saudi-Arabiens und der Golfstaaten gegen Israel gewiss sein konnten, mussten nun mit ansehen, dass die Verlegung der amerikanischen Botschaft von Tel Aviv nach Jerusalem keinen Flächenbrand der Empörung in der arabischen Welt auslöste, wie es früher noch der Fall gewesen wäre. Die Israelis jubelten, die Saudis schwiegen, die Proteste blieben auf die Palästinensergebiete beschränkt. Wären die Spannungen zwischen Teheran und Riad nicht so gravierend, hätte der gesamte Nahe und Mittlere Osten eine Protestwelle nach der anderen verzeichnet. Denn sowohl Saudi-Arabien als auch Iran hatten jahrelang das Existenzrecht Israels in Abrede gestellt.

In Syrien tritt dieser Schattenkrieg seit Ausbruch des Bürgerkriegs 2011 noch offener zutage. Die Schmuggelroute über das irakische Rabia funktioniert nun in die andere Richtung. Aus al-Qaida ist der IS geworden, dessen Operationsbasis zunächst Syrien wird. Saudi-Arabien und auch Katar unterstützen islamistische Gruppen wie al-Nusra, die gegen Baschar al-Assad kämpfen, Teheran schickt militärische Ausrüstung und Truppen zur Unterstützung des Diktators. Der Irak indes unterstützt nahezu alle Bürgerkriegsparteien, je nach Zugehörigkeit. Im Vielvölkerstaat zwischen Euphrat und Tigris halten die schiitisch geprägte Regierung in Bagdad und die von Teheran unterstützten Schiitenmilizen zum Machthaber in Damaskus. Assad erhält Kämpfer aus Basra, Nadschaf, Kerbela. Nahezu wöchentlich kommen Särge mit toten irakischen Milizionären aus Syrien im Süden des Irak an. Nachdem sie die Terrormiliz IS aus dem irakischen Norden weitgehend vertrieben haben, kämpfen sie jetzt weiter in Syrien. Dort allerdings geht es nicht nur wie im Irak allein gegen den IS, sondern gegen unterschiedliche Gruppierungen. So finden sich sunnitische Milizionäre, die noch vor einigen Monaten zusammen mit ihren Stammesführern Ramadi oder Falludscha in der irakischen Provinz Anbar vom IS befreiten, in den Reihen der Freien Syrischen Armee oder dessen, was vom ursprünglichen Widerstand gegen Machthaber Assad noch übrig ist. Auch extreme sunnitische Rebellengruppen werden von den irakischen Stammesmilizen unterstützt. Ihre Kooperation mit Saudi-Arabien ist ein offenes Geheimnis. Irakische Kurden wiederum unterstützen ihre Volksgenossen in Nordsyrien gegen die Intervention der Türkei. Das Schicksal des Irak setzt sich also in Syrien fort.

Doch fünfzehn Jahre nach der Invasion im Irak und dem Sturz Saddam Husseins ändert sich das Bild allmählich. Die jungen Einwohner des Landes machen nicht mehr so sehr die Amerikaner und Briten verantwortlich für die Misere in ihrem Land. Sie schimpfen auf ihre eigenen Politiker, die es die ganzen Jahre nicht vermocht haben, das Land neu zu strukturieren und ihnen eine lebenswerte Perspektive zu geben. Junge Leute bekommen kaum Aufstiegschancen, geschweige denn einen Arbeitsplatz. Millionen von Petro-Dollars verschwinden in den Taschen der politisch Verantwortlichen. Diese haben jahrelang die religiöse Karte gespielt und damit ihre Macht gefestigt. Die Diktatur Saddam Husseins wurde durch das Diktat der Religion ersetzt. Seit 2005 stellte die fundamentalistisch schiitische Dawa-Partei stets den Regierungschef in Bagdad. Erst das Jahr 2018 scheint einen Wendepunkt zu markieren. Nicht nur, dass der Volksmund eine neue Zeitrechnung – vor und nach dem IS – eingeführt hat. Auch die Protestbewegung, die es zwar schon seit 2014 gibt, gewinnt jetzt an Bedeutung. Zumeist junge Leute gehen in Scharen auf die Straße, fordern bessere Lebensbedingungen, Arbeitsplätze, Reformen, einen effektiven Kampf gegen Korruption und die Abkehr vom religiösen Fundamentalismus. Es habe noch nie so viele Atheisten im Irak gegeben wie heute, berichten Universitätsstudenten landesweit.

Für mich ist die Jugend im Irak der Hoffnungsträger. Sie allein kann eine Wende herbeiführen. Es sind die jungen Iraker, die derzeit über ethnische und religiöse Grenzen hinweg denken und agieren, während ihre Eltern und Großeltern darin gefangen sind. Es sind die jungen Iraker, die für die Einheit ihres Landes eintreten und sich den Fliehkräften und Separatisten entgegenstellen. Ganz bewusst heiraten junge Schiiten Sunniten, sogenannte Sushi-Ehen sind zumindest in Bagdad gerade in Mode. Es sind die jungen Iraker, die im Mai 2018 zur Parlamentswahl gingen, säkulare und gemischt ethnische Parteien wählten. Es sind junge Frauen, die voranschreiten und Zeichen setzen. Bagdad ist die einzige Stadt in der arabischen Welt, die von einer Frau als Oberbürgermeisterin regiert wird. Sie sei heute zwar noch die einzige Frau im Nahen und Mittleren Osten, sagt sie. »Aber nach mir werden noch weitere kommen.« Schon steht die Vermutung im Raum, dass eine Irakerin bald die erste Regierungschefin der Region werden könnte.

Das Faszinierende am Irak sind seine Menschen, die so viel erlitten und gekämpft haben, gedemütigt wurden, geschlagen und gefoltert. Die aber immer wieder auferstanden sind, ihre Würde bewahrt haben und voller Hoffnung in die Zukunft blicken. »Wenn du Überlebenstraining haben willst, komm zu uns nach Bagdad«, sagt meine Freundin oft. »Hier lernst du, was es heißt zu leben.« Ich habe es gelernt – fünfzehn Jahre lang – und werde Bagdad auch weiter als meine zweite Heimat behalten. Meine Reportagen sind deshalb den Menschen im Irak gewidmet.

Kapitel 1:
Wie ich in den Irak kam

Es begann mit einer Lüge

Schon eine Stunde vor der Pressekonferenz ist im Briefing-Room des Medienzentrums beim Central Command (Centcom) in Katar kein Sitzplatz mehr zu bekommen. Drei Tage haben die mehr als 600 Journalisten, Kameraleute, Fotografen und technischen Mitarbeiter gewartet. Nun endlich wollen sie den Mann sehen, bei dem alle Kommandofäden zusammenlaufen: General Tommy Franks, Oberkommandierender der Truppen im Irakkrieg. Er ist bekannt dafür, dass er sich ungern in den Medien zeigt. Und seine erste Pressekonferenz, so wird gemutmaßt, könnte auch für längere Zeit seine letzte sein. Doch dem ist nicht so. Franks wird sich noch öfters zur Lage im Irak äußern.

Wochen, gar Monate verbrachten vor allem amerikanische Medienvertreter im Golfemirat Katar und warteten, bis US-Präsident George W. Bush das »Go« für den Einmarsch der von den Amerikanern geführten Kriegsallianz in den Irak gab. Nachdem am 5. Februar 2003 der damalige US-Außenminister Colin Powell im UN-Sicherheitsrat seine angeblichen Beweise für den Besitz von Massenvernichtungswaffen vortrug, war klar, die USA ziehen in den Krieg gegen Saddam Hussein. Daran konnte auch die engagierte Rede des deutschen Außenministers Joschka Fischer auf der Münchner Sicherheitskonferenz drei Tage später nichts mehr ändern. Die Entscheidung sei bereits gefallen gewesen, so Fischer später, der Kriegsgrund »fabriziert«. Zehn Jahre danach gesteht der einzige von den Amerikanern herangezogene Zeuge mit dem Decknamen »Curveball«, seine Angaben seien alle Lügen gewesen, die fahrbaren Biolabors, die Powell als Zeichnung in New York präsentierte, glatt erfunden. Joschka Fischers Satz in München, »I am not convinced« – »Ich bin nicht überzeugt«, ist in die Geschichte eingegangen. Deutschland hält sich raus, war die Konsequenz.

Eine halbe Stunde vor Beginn der Pressekonferenz im Centcom sind auch die Stehplätze rar geworden. Die Kameras sind aufnahmebereit, an den Mikrofonen werden die letzten Soundchecks gemacht. Eine attraktive NBC-Moderatorin steigt auf ihren Stuhl und spricht ungerührt von den neugierigen Blicken ringsum ihre Anmoderation in die Kamera. Als sie sich setzt, gibt es spontanen Beifall.

Willkommen im Camp Al-Sailiya. In einem Industriegebiet, rund zwanzig Kilometer von der katarischen Hauptstadt Doha entfernt, hat sich das Zentralkommando für den Irakkrieg niedergelassen. Das Ambiente erinnert an einen deutsch-deutschen Grenzübergang zu Mauerzeiten: Stacheldrahtverhaue, Betonelemente, die zu Slalomfahrten zwingen, Schützenpanzer, die alles bewachen. Auf mehr als hundert Hektar erstreckt sich dahinter eine Ansammmlung von Wellblechhütten, alle im grau-gelblichen Farbton der katarischen Wüste. Schon Mitte der Neunzigerjahre haben die Amerikaner das Stück Land erworben. Doch erst zehn Jahre später wird es von Bedeutung. Nie zuvor, seitdem aus Perlenfischern Ölscheichs wurden, hat die Halbinsel im Persischen Golf so viel Aufmerksamkeit erfahren wie in der ersten Hälfte des

Jahres 2003. Die amerikanischen Fernsehanstalten, die ganze Etagen in Dohas Hotels mieteten, ließen ihre Korrespondenten zum Zeitvertreib alles drehen, was Unterhaltungswert hat. Plötzlich flimmerten Reportagen über die traditionellen Handelsschiffe, Daus genannt, ebenso über die Bildschirme wie das x-te Interview mit Katars Ölminister. Auch der katarische Nachrichtensender, Al Jazeera, erfreute sich regen internationalen Interesses. Seine Journalisten wurden begehrte Gesprächspartner. Heute ist der Sender in vielen arabischen Ländern geächtet, ja sogar verboten. Katar selbst versucht sich seitdem als Mitspieler im Kampf der Regionalmächte. Die Amerikaner, die nach wie vor das Centcom in Doha unterhalten, vermitteln im Streit zwischen dem Golfemirat und Saudi-Arabien. Der Irakkrieg und die Folgen haben sie entzweit. Davon mehr im nächsten Kapitel.

Punkt 17 Uhr betritt Tommy Franks die Bühne. In seinem Gefolge ein weiterer US-General, ein britischer Luftmarschall, ein australischer Konteradmiral sowie – für viele überraschend – ein dänischer und ein holländischer Offizier. Die Kriegsallianz zeigt Flagge. Franks spricht konzentriert und ruhig. In der Nacht vom 19. auf den 20. März 2003 seien Marschflugkörper auf Bagdad abgeschossen worden. Die Operation »Iraqi Freedom« zur Befreiung des Irak habe begonnen. Der General führt die Kriegsziele auf: Aufspüren und Vernichten von Massenvernichtungswaffen, Beseitigung des Regimes von Saddam Hussein, Bekämpfen terroristischer Aktivitäten und Verbindungen. Punkt 7 der Liste ist die Sicherung der Ölfelder, Punkt 8 die Hilfe beim Aufbau einer demokratischen Selbstverwaltung im Irak. Alles Notwendige dazu habe Verteidigungsminister Donald Rumsfeld – »my boss«, sagt Franks – bereits erklärt. Dessen Wandlung entbehrt nicht einer gewissen Ironie. Während Rumsfeld jetzt als einer der Hauptbefürworter eines Militärschlags gegen Saddam Hussein gilt, holte er eben diesen aus der diplomatischen Isolation heraus, als der Diktator in Bagdad Krieg gegen die Ajatollahs in Iran führte. Im Dezember 1983 reiste der Amerikaner als Sonderbotschafter Ronald Reagans in den Irak, traf Saddam Hussein und besiegelte damit die Unterstützung der USA. Washington leistete daraufhin militärische Aufklärung durch AWACS-Flugzeuge, eröffnete ein CIA-Büro in Bagdad und schickte Militärberater. Zwanzig Jahre später greifen die USA den Irak an und Donald Rumsfeld ist erneut an vorderster Front. Dieses Mal gegen Saddam Hussein.

Noch nie wurde ein Krieg derart als Medienereignis inszeniert wie dieser. Ununterbrochen flimmern die neuesten Aufnahmen vom Golf auf die Bildschirme in der ganzen Welt. Drei Sender senden dabei rund um die Uhr: CNN, Al Jazeera und Al-Arabiya. Sie alle zeigen zwar noch die kleinste Facette des blutigen Geschäfts, doch unterschwellig ergreifen sie eindeutig Partei. Stoisch verkündet der irakische Informationsminister, Mohammed Said al-Sahhaf, den alle in Doha salopp »Baghdad Bob« nennen, seine Durchhalteparolen. In einem bei CNN eingeblendeten Fenster feuern amerikanische Panzer und Geschütze. Die Aussage ist eindeutig: Das Regime in Bagdad hat keine Chance. Senderwechsel, Blickwechsel: Al Jazeera zeigt irakische Soldaten, die wütend ihre Fäuste und Gewehre schütteln. In den Krankenhäusern leiden die Opfer der Bombenangriffe. Als CNN-Reporter aus dem Irak ausgewiesen werden, kauft der US-Sender die Bilder von Al Jazeera, der somit zum absoluten »Marktführer« auf dem Nachrichtenfernsehmarkt wird. Mit Einschaltquoten von fünfzig Millionen Zuschauern ist der katarische Sender die Nummer eins der Kriegsberichterstatter. Für Al-Arabiya ist der Irakkrieg die erste große Bewährungsprobe. Mit saudischem Geld finanziert und in Dubai angesiedelt, soll er eine Konkurrenz zu Al Jazeera darstellen, was ihm später auch gelingt. Heute hat Al-Arabiya mehr

Zuschauer als der Sender aus Katar, auch weil seine Journalisten zurückhaltender sind in der Bewertung der Situation. Während Al Jazeera in einigen Ländern, wie beispielsweise Ägypten, vom Netz genommen und seine Journalisten verhaftet oder des Landes verwiesen wurden, ist es um die Mitarbeiter von Al-Arabiya bislang ruhig geblieben.

Schon in den ersten Wochen des Irakkrieges zeichnet sich die Konfrontation mit Al Jazeera ab, die bis heute anhält. Die Amerikaner werfen dem aus der britischen BBC hervorgegangenen Programm Parteinahme vor. Der damalige Chefredakteur von Al Jazeera, Ibrahim Helal, ein Ägypter, wehrt sich nachdrücklich: »Die Zuschauer sollen begreifen, dass dies kein Videospiel ist, sondern Krieg.« Inzwischen ist Helal in Ägypten in Abwesenheit wegen Terrorunterstützung zum Tode verurteilt worden.

Während CNN und andere amerikanische Medien 2003 unmissverständlich die Botschaft »Wir sind die Guten, wir werden siegen« rüberbringt, vermittelt Al Jazeera, was Millionen Araber damals denken: »Wir sind gegen diesen Krieg, und wir fühlen mit den Irakern.« Auch später übt der Sender keinerlei Zurückhaltung und geriert sich als Sprachrohr des irakischen Widerstands gegen die amerikanische Besatzung. Spektakulär präsentiert Al Jazeera nahezu jedes noch so brutale Video, das seinen Journalisten meist exklusiv von der Terrororganisation al-Qaida zugespielt wird. Darin werden zumeist westliche Geiseln gezeigt, die politische Forderungen an ihre Regierungen stellen. Im Gedächtnis der Weltöffentlichkeit dürfte der Amerikaner Nicholas Berg geblieben sein, der vor laufender Kamera enthauptet wurde. In den Bürgerkriegsjahren 2006/07 und 2008 wird das Büro von Al Jazeera in Bagdad geschlossen. Die irakische Übergangsregierung, die der US-Administration folgt, betitelt den Sender als eine Gefahr für den Frieden im Land. Trotzdem muss die Pionierarbeit von Al Jazeera als erstem arabischen Nachrichtenkanal gewürdigt werden, auch wenn eine zunehmende Ideologisierung vor allem des arabischsprachigen Programms inzwischen viel Kritik einbringt.

Als sich Tommy Franks den Fragen der Journalisten im Presseraum des Centcom stellt, geht es zu wie in einer Schulstunde. Zwanzig Arme gehen hoch, aber dran kommen fast nur die in der ersten Reihe. Dort sitzen die Vertreter der großen amerikanischen und britischen Fernsehsender, Radiostationen, Zeitungen und Nachrichtenagenturen. Einige ruft Franks mit ihren Vornamen auf – man kennt sich. Der General antwortet locker, auch schlagfertig. Aber er sagt wenig. Nein, bisher habe man keine Massenvernichtungswaffen gefunden, »aber es wird kommen«. Hier irrt er gewaltig. Weder er noch seine Nachfolger werden den Kriegsgrund Nummer eins je finden. Ja, fährt Franks fort, in Umm Qasr, dem Ölhafen vor Basra, habe ein Soldat die amerikanische Flagge gehisst, aber gleich wieder eingezogen: »Wir kommen als Befreier, nicht als Besatzer.« Nur zwei Wochen später wird ein GI der fallenden Bronzestatue von Saddam Hussein am Firdus-Platz in Bagdad die Stars and Stripes überstülpen und damit in die Geschichtsbücher eingehen. Der Anspruch der Amerikaner auf den Irak ist jetzt nicht mehr zu leugnen.

»Warum auch«, sagen die amerikanischen Medienvertreter im Camp Al-Sailiya, »wir bringen doch den Irakern die Freiheit«. Dass sie die Guten sind, darin herrscht Übereinstimmung und daran gibt es keinen Zweifel. Ausnahmslos sind alle auf ihren Feldherrn George W. Bush im Weißen Haus eingeschworen. Selbst die sonst kritische *New York Times* oder *Washington Post* blasen das Hohelied des Krieges. Bei den Briefings im Centcom gibt es nur Zustimmung und wohlwollende Fragen. Franks hat es leicht. Andere Medienvertreter kommen nur selten zu Wort. Journalisten aus Ländern, die nicht an diesem Krieg teilnehmen, haben indes keine Chance, Hintergrundinformationen zu bekommen. Interviews mit amerikanischen oder britischen Generälen werden ihnen nicht genehmigt, höchstens der holländische oder dänische Offizier ist für ein Gespräch bereit. Ansonsten bleiben den deutschen und französischen Journalisten nur Informationen aus zweiter oder gar dritter Hand, wenn beispielsweise ein britischer Kollege sein Wissen weitergibt. Man lässt uns spüren, dass unsere Länder Häretiker sind, Abtrünnige, die da nicht mitmachen wollen. Diese Haltung finde ich auch in Bagdad wieder, bei den Pressekonferenzen dort. Erst als sich das Blatt wendet und der Irak ins Chaos zu versinken droht, kommen amerikanische Journalisten plötzlich auf uns und die französischen Kollegen zu und fragen nach unserer Meinung.

»Embedded« ist das Zauberwort der Kriegsberichterstattung 2003. Die US-Streitkräfte haben ein diesbezügliches Programm für die Berichterstattung ihrer Invasion aufgelegt. Eingebettet mit den Truppen, dürfen die Journalisten hautnah dabei sein. Natürlich sind die Berichte entsprechend perspektivisch. In den ersten drei Wochen bis zum Fall von Bagdad kommen zehn eingebettete Journalisten ums Leben. Auch der *Focus*-Reporter Christian Liebig wird bei einem irakischen Raketenangriff auf die 2. Brigade der 3. Infanteriedivision in Bagdad getötet. Unvergesslich ist der widersinnige US-Angriff auf das Hotel Palestine am Tigrisufer, bei dem zwei Mitarbeiter der britischen Nachrichtenagentur Reuters sterben und drei weitere westliche Journalisten verletzt werden. Ich entscheide, mich nicht mit den Truppen einbetten zu lassen, was ich mit einer einzigen Ausnahme bis zum Abzug der US-Streitkräfte aus dem Irak Ende 2011 durchhalte.

Am 22. Mai reicht Tommy Franks seinen Rücktritt als Oberkommandierender der Kriegsallianz im Irak ein, drei Wochen nachdem George W. Bush das Ende der Mission – »mission accomplished« – erklärt hatte. Verteidigungsminister Donald Rumsfeld bot dem Viersternegeneral den herausragenden Posten des Chief of Staff of the Army an. Dieser lehnte jedoch ab. Nur wenige Wochen später begann der Terror, der den Irak an den Abgrund treiben sollte.

Von Katar nach Kuwait

Gut eine Flugstunde ist das Zentralkommando in Katar, in dem der Kriegseinsatz koordiniert, geleitet und befehligt wird, von der Truppenbasis in Kuwait entfernt. Stündlich fliegen Maschinen hin und her. In den ersten Tagen des Krieges spielen sich am Flughafen in Kuwait-City dramatische Szenen ab. Tausende Menschen stehen an den Flugschaltern, bepackt mit riesigen Koffern oder auch nur lose zusammengeschnürten Paketen. Sie wollen nur noch weg. Die Angst vor einem Giftgasangriff treibt sie in die Flucht. Vor allem Fremdarbeiter aus Indien und anderen fernöstlichen Staaten, aber auch Ägypter wollen nach Hause. Der Schwarzhandel mit Flugtickets blüht. Als zwei Raketeneinschläge im Norden Kuwaits gemeldet werden, setzt Panik ein. Das Trauma des zweiten Golfkriegs von 1990, als der Irak Kuwait besetzte, wird wieder lebendig. Fast jede einheimische kuwaitische Familie hat ein furchtbares Erlebnis mit Irakern zu berichten. Die Angst sitzt tief. Manche haben sie in Hass umgewandelt.

Mein Kollege von der *FAZ* wird eingebettet mit den Truppen, die vom Norden in den Irak einmarschieren sollen. Doch das türkische Parlament hat den geplanten Aufmarsch von 62 000 US-Soldaten und die Stationierung von mehr als 300 Flugzeugen und Hubschraubern für den Aufbau einer Nordfront abgelehnt. Der Krieg beginnt ohne die 4. Division. Als deren Gerätschaften, Soldaten, militärische Ausrüstung und Journalisten in Kuwait ankommen, sind die anderen Truppenverbände bereits kurz vor Bagdad. Im Norden machen die Kurden den Job für die Amerikaner, erobern Kirkuk und auch Mossul. Ich erhalte den Auftrag, die Deutschen in Kuwait zu besuchen.

Ihr ganzer Stolz im »German Village« ist die Palme, die sie eigenhändig gepflanzt haben. Und das kleine Stück Rollrasen davor. »Schon deshalb bekommen wir immer wieder Besuch, die anderen finden es unheimlich gemütlich bei uns.« Der große kräftige Mann ist Bundeswehrhauptmann und Kompanieführer in dem seit Anfang 2002 in Kuwait stationierten ABC-Kontingent. Sechs Fuchs-Spürpanzer mit dem schwarzen Kreuz der Bundeswehr fahren Patrouille in Kuwait-City. »Auf Wunsch der kuwaitischen Regierung«, wie der Hauptmann betont. Der Fuchs kann nukleare, biologische oder chemische Waffen aufspüren. Kuwait befürchtet dementsprechende Angriffe aus dem Irak. Die deutschen Spezialpanzer können bei einem Einsatz von A-, B- oder C-Waffen feststellen, um welche Kampfstoffe es sich handelt. Sie können das betroffene Gebiet markieren und den Einsatzkräften wichtige Hinweise für Warnungen oder Evakuierungen geben. Auch das Dekontaminieren von Personen ist möglich.

Die 85 Bundeswehrsoldaten sind mit ihrem »Deutschen Dorf« Teil des Camps Doha in Kuwait, wo ansonsten Soldaten der Kriegsallianz, vor allem Amerikaner und Briten, stationiert sind und auf ihren Einsatz im Irak warten. Die Deutschen indes patrouillieren zwei Mal pro Tag mit ihren Panzern durch Kuwait-City, entlang der Uferpromenade am Golf, über die diversen Ringstraßen bis zum Beginn der Wüste, wo sich das Kraftwerk befindet, das die 2,2 Millionen Einwohner Kuwaits mit Strom versorgt. Der Kontrast, den die deutschen Soldaten bei ihren täglichen Touren sehen, könnte größer nicht sein. Hinter der siebten

Ringstraße grast eine Kamelherde, ein Stück weiter ein paar Ziegen. Stadteinwärts erstrecken sich Industrieparks, Gewerbegebiete und Wohnviertel. An der ersten Ringstraße dann, im Zentrum, Banken- und Hoteltürme, überragt vom »Freedom Tower«, dem 380 Meter hohen Fernsehturm und Wahrzeichen der Stadt. An jeder roten Ampel bleibt der Fuchs stehen, umgeben vom dichten Feierabendverkehr. Doch niemand kümmert sich um den Panzer. Den Anblick von Militärfahrzeugen sind die Kuwaiter gewohnt. So geht es Tag für Tag: jeden Morgen und jeden Abend für mehrere Stunden Patrouille in Kuwait-City. Präsenz zeigen. Als Bagdad am 9. April fällt, wird in Kuwait gefeiert. Die Menschen bejubeln das Ende von Saddam Hussein, der so viel Leid über ihr Land gebracht habe.

Fünfzehn Jahre später ist die Aussöhnung zwischen beiden Staaten auf einem guten Weg. Der Irak hat die Reparationszahlungen beglichen, die ihm nach dem Kuwaitkrieg auferlegt wurden. Die restriktiven Visabestimmungen sind gelockert, der Handel mit dem Nachbarn blüht. Im Februar 2018 organisiert Kuwait die bislang größte Geberkonferenz für den von der Terrormiliz Islamischer Staat (IS) schwer zerstörten Irak und wird mit mehr als einer Milliarde Dollar für den Wiederaufbau selbst zu einem der größten Geldgeber.

Per Anhalter nach Basra

Wie ein Phantom dominiert der Irak Gespräche und Gedanken in Katar und Kuwait in den ersten Monaten des Jahres 2003. Es gibt kein anderes Thema. Wie wird sich die Situation entwickeln? Werden die Amerikaner ihre Ziele erreichen? Hält die Kriegsallianz? Der Einmarsch erfolgte ohne UN-Mandat. Welche Konsequenzen wird das haben? Welche Rolle werden Deutschland und Frankreich spielen? Werden sich die beiden Länder auch weiterhin raushalten oder sich am Aufbau beteiligen? Und was denken eigentlich die Iraker? Fragen über Fragen. Ich mache mich auf Richtung Irak.

Der Taxifahrer fährt nur bis an die Grenze. Weiter gehe es nicht, meint er. Dann müsse ich alleine schauen, wie ich vorwärtskäme. Fünfzig Kilometer durch die Wüste. Kuwait ist heiß, staubig und nicht gerade einladend. Der Reichtum, den das Emirat am Golf seit der Entdeckung des Öls befallen hat, kann auf Dauer nicht darüber hinwegtäuschen, dass hier Extrembedingungen herrschen. Im Sommer ist es kaum auszuhalten. Die Klimaanlagen laufen auf Hochtouren. Drei Baracken im Wüstensand. Der Fahrer kassiert siebzig Dollar, und weg ist er.

Im Schatten des Mercedes-Lasters ist es einigermaßen auszuhalten. »Willi Betz« steht, etwas verwaschen, in leuchtend gelber Farbe auf der grauen Abdeckplane des Trucks. Wie das Fuhrwerk des schwäbischen Spediteurs an den kuwaitisch-irakischen Grenzort Abdaly gelangt ist, lässt sich unschwer erahnen. Mit dem Krieg winkt kuwaitischen Unternehmen das ganz große Geschäft. Hunderttausende Tonnen von Hilfsgütern gilt es in das Nachbarland zu schaffen. Die Lieferungen setzen nahezu zeitgleich mit den Truppentransporten ein. Die Kuwaiter kaufen auf dem internationalen Markt alles, was Räder hat und dreißig Tonnen schleppen kann. So kommt auch »Willi Betz« nach Kuwait. Husseini heißt sein jetziger Fahrer. Er ist Ägypter, trägt ein schmuddeliges gelbes Poloshirt und hat fast keine Zähne mehr im Mund. Trotzdem lacht er oft und gern. Wohin er fahre? »Basra«, die Antwort. Ob er mich mitnehmen könne? »No problem.« Er müsse noch seine Frachtpapiere abstempeln lassen, eine halbe Stunde würde das dauern, länger nicht. Als er meinen skeptischen Blick auf die rund hundert ebenfalls wartenden Lkw bemerkt, lacht er und sagt wieder: »No problem.«

Husseinis Ladung besteht aus 1200 Kartons. Jeder enthält 24,5 Kilo Pflanzenöl in Dosen, angereichert mit Vitamin A. »USAID« steht auf den Boxen. Mindestens sechs weitere Trucks haben an diesem Tag die gleiche Fracht geladen. Andere transportieren Reis, Mehl, Trockenmilch, Energiekekse. Nach gut einer Stunde kommt Husseini wieder. Die Tür muss man mit Gewalt zuknallen, Scheibenwischer und Seitenspiegel sind mit Wäscheleine festgebunden, der Motor röhrt gewaltig. Aber das Gefährt rollt. Zunächst allerdings nur 500 Meter. Passkontrolle auf kuwaitischer Seite. Rund eine Stunde warten auf den Ausreisestempel. Danach kommt nichts. Keine Grenzkontrolle zum Irak, nicht mal ein Beamter oder sonst jemand, der den Grenzübertritt signalisiert. »Open door« – offenes Haus – für jedermann. Ob das mal gut geht, denke ich still. Später stellt sich heraus, dass viele Ungebetene durch diese offenen Türen gingen, die schließlich dem Irak und der ganzen Welt zum Verhängnis wurden.

Dass wir Kuwait verlassen haben, wird aber trotzdem schnell deutlich. Krasser können die Gegensätze nicht sein. Wo im reichen Emirat mondäne Wohnhäuser mit grünen Vorgärten, blitzenden Karossen und reich gefüllten Geschäften das Straßenbild bestimmen, herrscht gleich nebenan ein Bild der Armut und Verwüstung. Statt Häuser sieht man Trümmerhaufen. Ein paar Kinder stehen am Straßenrand, zerlumpt, und halten die Hände auf. Doch sie betteln nicht etwa um Kaugummi oder Schokolade, wie es sonst in der Region üblich ist – sie haben Hunger. Ein Mann springt zu Husseini aufs Trittbrett und redet hastig auf den Fahrer ein. Sein Kind sei todkrank, ob er ihm etwas Trockenmilch aus Kuwait mitbringen könne, sonst sterbe das Baby. Husseini verspricht es. »Bukra«, sagt er, morgen, »wenn ich wiederkomme.«

Diese Bilder von hungernden Kindern auf der einen Seite und dem Überfluss auf der anderen lassen mich auch nach fünfzehn Jahren nicht los. Der Zorn auf Saddam Hussein, der seine Bevölkerung hungern ließ, während er trotz Embargo in seinem Palast in Bagdad ein angenehmes Leben führte, hat sich tief in mein Bewusstsein eingegraben. Für einen Augenblick denke ich, dass Deutschland sich vielleicht doch an der Kriegsallianz hätte beteiligen sollen, um diesen Schurken loszuwerden. Doch der Kriegsgrund war ein anderer. Hätte er einen humanitären Hintergrund gehabt, hätten Deutschland und auch Frankreich sich nicht entziehen können.

Wie viele Kinder an Hunger aufgrund der bislang schwersten Wirtschaftssanktionen, die jemals gegen ein Land verhängt wurden, starben, ist schwer festzustellen. Richard Garfield, Professor für öffentliches Gesundheitswesen an der Columbia University in den USA, gelangt in seinen Untersuchungen zu dem Schluss, dass die Zahl der gestorbenen Kinder zwischen 1991 und 2002 auf bis zu 530 000 wuchs. Ihm zufolge ist ein solch dramatischer Anstieg der Kindersterblichkeit »fast unbekannt in der Literatur zum Thema«. Zu noch erschreckenderen Zahlen kommt Tim Dyson, Professor für Bevölkerungswissenschaften an der London School of Economics, in einer Studie von 2006. Er schätzt, dass zwischen 1990 und 2003 etwa 660 000 bis 880 000 irakische Kinder unter fünf Jahren aufgrund des Zusammenbruchs der irakischen Ökonomie gestorben sind.

Öl für Lebensmittel

Die irakische Bevölkerung bezahlte also einen hohen Preis dafür, dass ihre Führung Kuwait annektieren wollte. Die Vereinten Nationen reagierten mit äußerster Härte. Als eine internationale Allianz unter Führung der USA mit George Bush Vater als Präsident die Iraker aus Kuwait vertrieben hatte und das Emirat befreit war, blieben die Sanktionen nach wie vor in Kraft, wurden teilweise sogar noch verschärft. Der Irak hatte einen Krieg verloren und kapituliert. Sein Volk war erschöpft und traumatisiert. Und doch blieb sein Diktator am Leben. Wie mir der spätere Koordinator des »Öl für Lebensmittel«-Programms der UNO, Hans-Christof Graf von Sponeck, in einem Gespräch in Freiburg sagte, hätten Untersuchungen der Vereinten Nationen ausführliche und glaubhafte Belege dafür geliefert, dass bereits in der ersten Hälfte der 1990er-Jahre die Unterernährung und die Sterberate vor allem bei Kindern drastisch anstieg. Ansteckende Krankheiten wie Masern, Kinderlähmung, Typhus und Mangelerkrankungen wie Marasmus und Kwashiorkor, die vordem im Irak unbekannt waren, breiteten sich plötzlich in epidemischem Ausmaß aus. Infolgedessen wuchs der Druck auf die irakische Regierung und den UN-Sicherheitsrat, zu einer Vereinbarung über die humanitären Bedürfnisse zu kommen, um eine völlige Verelendung der irakischen Bevölkerung abzuwenden. Die Regierung in Bagdad stellte sich allerdings als schwieriger und zögerlicher Verhandlungspartner heraus, so von Sponeck. Das »Öl für Lebensmittel«-Programm trat erst 1996 in Kraft. Dem Irak wurde damit erlaubt, auf dem Weltmarkt Öl gegen humanitäre Güter, vor allem Lebensmittel und Medikamente, einzutauschen. Die UNO überwachte das Programm.

Graf von Sponeck trat 1998 seinen Dienst im Canal Hotel in Bagdad an, dem Hauptquartier der UNO damals. Schon zu der Zeit galt das Programm als problematisch. Die Iraker meinten, dass ein Instrument gebildet wurde, das für sie da ist. »Dem war aber nicht so«, sagt von Sponeck. Stattdessen hätten strukturelle Probleme wie Budgetbeschränkungen und Programmverzögerungen, ein schwerfälliger Apparat und vor allem die Politik einiger ständiger

Mitglieder im Weltsicherheitsrat die rapide Verarmung der irakischen Bevölkerung und den Tod vieler unschuldiger Menschen ver-
ursacht. Dadurch sei ein schizophrenes Bild über die UNO entstanden. »Das konnte ich nicht mehr mittragen.« Anfang 2000 trat von
Sponeck aus Protest von seinem UN-Posten zurück. Später wurden
Korruptionsvorwürfe laut, die alle am Programm Beteiligten betra-
fen. Irakische Zeitungen druckten 2004 lange Listen mit Namen
von Firmen, UN-Mitarbeitern und irakischen Staatsangestellten,
die sich alle an dieser so gepriesenen humanitären Maßnahme be-
reicherten. 2005 folgte ein 500 Seiten umfassender Bericht zum
Thema. Demnach haben mehr als die Hälfte der insgesamt 4500
Unternehmen, die im Rahmen des UN-Hilfsprogramms »Öl für
Lebensmittel« mit dem irakischen Regime unter dem gestürzten
Diktator Saddam Hussein Geschäfte abwickelten, Schmiergelder in
Milliardenhöhe an Bagdad gezahlt und von illegalen Preisaufschlä-
gen profitiert. Auch deutsche Firmen wie Siemens waren darunter.

Das Scheitern der UNO und damit der Weltgemeinschaft
im Irak mit dem Embargo hatte tödliche Konsequenzen. Nicht
nur behaupten viele Iraker heute, dass die UN-Sanktionen die
eigentlichen Massenvernichtungswaffen waren, die sie hatten. Am
19. August 2003 begann der Terror im Irak mit einem Bombenanschlag auf das Hauptquartier der UNO in Bagdad im Canal
Hotel. Ziel war das ehemalige Büro von Hans-Christof Graf von
Sponeck, wo dann der Sonderbeauftragte der Vereinten Nationen, Sérgio Vieira de Mello, untergebracht war. Das Büro und
die angrenzenden Büros existieren nicht mehr, das Hotel wurde
komplett zerstört. De Mello und weitere 21 UN-Mitarbeiter wurden getötet, über hundert Personen verletzt. Der Autobomben-
anschlag war der Auftakt von al-Qaida im Irak. Ihr Gründer und
Anführer, der Jordanier Abu Musab al-Zarqawi, bekannte sich
dazu. Das Inferno nahm seinen Lauf.

Inzwischen hat sich das Bild, das die Iraker von der UNO haben, etwas relativiert. Die UN-Organisationen UNDP, UNICEF und WFP leisten beachtenswerte Arbeit bei der Betreuung von Flüchtlingen und beim Wiederaufbau des Landes nach dem IS. Von dem »Öl für Lebensmittel«-Programm ist erstaunlicherweise das System der Lebensmittelcoupons noch immer präsent. Jetzt ist es die irakische Regierung, die anhand der Coupons Lebensmittelrationen verteilt, allerdings nur an nachweisbar bedürftige Bürger. Das Programm soll schrittweise zurückgefahren werden. Im Frühjahr 2018 wurden Güter wie Mehl, Zucker, Speiseöl und Reis für sechs Monate verteilt. Ob Husseini noch immer Pflanzenöl in den Irak bringt, ist nicht festzustellen.

2003 ist die Straße von der kuwaitischen Grenze nach Basra gesäumt von den Spuren dreier Golfkriege. Im ersten (1980–1988) schlugen iranische Raketen und Granaten hier ein, 1991 trieben die Amerikaner die aus Kuwait fliehenden irakischen Truppen vor sich her. Der jüngste Krieg hat noch die wenigsten sichtbaren Zerstörungen hinterlassen. Als sich nach dem zweiten Golfkrieg die Schiiten gegen Saddams Regime erhoben, zogen sich die US-Truppen wieder zurück. Bei den folgenden Strafaktionen des Gewaltherrschers starben Zehntausende. Fast wöchentlich werden nach seinem Sturz Massengräber im ganzen Land gefunden. Doch die Rache des Diktators beschränkte sich nicht auf den Massenmord an seinem eigenen Volk. Er ließ die gesamte, ohnehin über Jahrzehnte vernachlässigte Region im Süden des Landes buchstäblich verkommen. Im an Öl zweitreichsten Land der Welt stehen jetzt Hunderte von Autos an den Tankstellen, um etwas Benzin zu ergattern. Aber nicht nur das.

Die Infrastruktur ist völlig zusammengebrochen. Es gibt kein Trinkwasser, Strom nur stundenweise, die Lebensmittelversorgung beschränkt sich im Wesentlichen auf die Verteilung von Hilfsgütern. Ich sehe Menschen, die sich in den schmutzigen Wassern des Schatt al-Arab, dem Zusammenfluss von Euphrat und Tigris, waschen, Geschirr spülen, sich ihres Mülls entledigen. 46 Fälle von Cholera gibt es bereits. »Und das ist nur der Anfang«, ist sich eine Vertreterin der WHO (Weltgesundheitsorganisation) sicher. »Im Sommer werden wir bestimmt noch eine Malaria-Epidemie bekommen.« Fast täglich treffen sich UN-Leute mit Vertretern von Nichtregierungsorganisationen und den Briten, die als Besatzungsmacht für Basra bestimmt sind, während die Amerikaner Bagdad unter sich haben.

Der Kampf um Basra war die längste Schlacht im dritten Golfkrieg und dauerte vom 21. März bis zum 6. April 2003. Erst als britische Fallschirmjäger eingesetzt wurden, um die Altstadt einzunehmen, neigte sich der Kampf dem Ende zu. In den schmalen Gassen konnten keine Militärfahrzeuge manövrieren. Mitglieder von Saddams Spezialeinheit »Fedajin« leisteten heftigen Widerstand und versteckten sich in den berühmten alten Shanasheel-Häusern, die im ersten Stock aus Steinen, darüber mit Holz gebaut sind. Für die Briten eine Herausforderung. Bagdad dagegen konnte ohne größere Gegenwehr von den Amerikanern innerhalb von vier Tagen erobert werden.

Nach der Eroberung von Basra, damals Iraks drittgrößter Stadt, geschah genau das, was sich Amerikaner und Briten erhofft hatten. Die knapp zwei Millionen Einwohner jubelten den fremden Soldaten zu. Rote Plastikrosen wurden verteilt und in die Gewehrläufe gesteckt. Endlich würde man Saddam Hussein loswerden, der so viel Leid über die mehrheitlich schiitischen Einwohner im Süden gebracht habe. Eine neue Zeit werde anbrechen, so die allgemeine Hoffnung. Nach dem Fall von Bagdad und dem Sturz des Diktators werde ein besseres Leben beginnen. Amerikaner und Briten wurden tatsächlich als Befreier gefeiert.

Deutschland dagegen scharf kritisiert: »Ihr haltet wohl zu Saddam«, bekomme ich in Basra zu hören. »Seht ihr nicht, was der hier angerichtet hat?«

Schon ein halbes Jahr später, bei meinem nächsten Besuch in der Südmetropole, vernehme ich völlig andere Töne. »Ihr hattet recht, nicht mitzumachen«, höre ich nun. »Deutschland ist nicht schuld an dem, was jetzt passiert.« Denn gleich nach der Befreiung setzen Plünderungen ein, denen Amerikaner und Briten zumeist tatenlos zusehen. Das Hotel Sheraton an der Uferstraße am Schatt al-Arab wird zum Symbol für die Zerstörungswut in Basra. Alles, restlos alles in dem Haus wird geplündert. Selbst die Steckdosen werden aus den Wänden gerissen. Das Gebäude, das durch den Krieg verschont blieb, sieht nach den Plünderungen aus wie eine Ruine. Große Teile des Inventars finden sich wenig später auf dem eigens dafür entstandenen Plünderermarkt am Stadtrand wieder. Der Leiter des Wasserwerks sagt: »Gebt mir Strom, dann gebe ich euch Wasser.« Der Leiter des Kraftwerks sagt: »Gebt mir Sicherheit, dann gebe ich euch Strom. Solange die Pumpen, Aggregate, Kabel, die am Tag herbeigeschafft werden, Nacht für Nacht wieder auf den Pickups der Plünderer verschwinden, ist kein Ende des Teufelskreises abzusehen.« In Bagdad brennt die Nationalbibliothek, wertvolle Bücher gehen in Flammen auf. Die Deutsche Botschaft im Stadtviertel Karrada Masbah wird völlig ausgeräumt. Am Ausgang steht ein amerikanischer Panzer. Die Besatzung greift nicht einmal ein, als letztendlich sogar die Ölbilder von den Wänden gerissen und aus dem Gebäude getragen werden. Als die Menschen zusehen, wie ihr Staat sich aufzulösen beginnt und die Plünderungen auch vor ihrer Haustür nicht haltmachen, kommen Verschwörungstheorien auf. Man habe Kuwaiter gesehen, die sich so am Irak rächen wollten, heißt es vor allem in Basra. Doch bei genauerem Hinsehen sind es Iraker, die sich bereichern und nehmen, was ihnen ihrer Meinung nach zusteht. Die Anarchie in den ersten Wochen der Besatzung ist allerdings nur ein Vorgeschmack dessen, was noch folgt. Ein britischer Offizier in Basra kommentiert das so: »Die können nicht unterscheiden zwischen Freiheit und Anarchie.« – »Wie denn auch«, frage ich zurück, »nach dreißig Jahren Gewaltherrschaft?«

Basra ist erbärmlich. Von der einstmals stolzen Hafen- und Handelsstadt am Schatt al-Arab ist nicht viel übrig geblieben. An der Uferstraße rotten Schlepper und Frachtkähne einer ungewissen Zukunft entgegen. Gleichwohl zeugen prachtvolle Villen, die teilweise völlig heruntergekommen sind, davon, dass hier einmal wohlhabende Iraker lebten. Auffallend ist, dass Satellitenschüsseln die Dächer zieren, was zu Saddams Zeiten verboten war. In seinen Palast am Ufer des Schatt al-Arab ist die britische Militärverwaltung eingezogen. Am Eingangstor zum britischen Hauptquartier drängen sich Tag für Tag Männer, die auf einen Job hoffen. Ali Baslim Aziz ist einer der Glücklichen, die einen gefunden haben. Der schmächtige junge Mann hat sich am örtlichen College ein exzellentes Englisch angeeignet. Jetzt arbeitet er als Dolmetscher für die Briten. Ein älterer Mann redet auf ihn ein. Er hat eine Plastiktüte mit vergilbten Papieren bei sich. Seinem Großvater, behauptet er, habe einst das Grundstück gehört, auf dem sich heute der Palast befindet. Sein Vater sei von Saddam hingerichtet worden, damit »er sich hier breitmachen konnte«. Nun will er einen Verantwortlichen sprechen, um seine Ansprüche geltend zu machen. Geschichten aus 1001 Nacht oder berechtigte Forderung eines Alteigentümers? Ali erklärt einem der britischen Soldaten den Fall, doch der zuckt ratlos mit den Schultern.

Wie es mit seinem Land weitergehen soll, weiß Ali nicht. Er hat erst mal einen Job, das ist schon viel in diesen Zeiten. Freiheit? So richtig etwas anfangen kann er mit dem Wort nicht. »Wir hatten so viele Jahre der Unterdrückung. Das Schlimmste wäre jetzt eine islamistische Regierung. Dann kämen wir vom Regen in die Traufe.« Der 23-Jährige möchte sein Sprachstudium fortsetzen. Er ist stolz, dass er sich schon unter Saddams Regime heimlich einen Internetzugang verschafft hat. »Es war für mich ein Fenster zur Welt. Aber diese religiösen Fanatiker würden am liebsten alles wieder verbieten.« Wie scharfsinnig der junge Mann schon damals vorhergesehen hat, was danach eintritt, ist bewundernswert und verdient Respekt. Dass das Diktat der Religion die Diktatur Saddams ersetzen wird, war zumindest in den Wochen unmittelbar nach der Invasion der Kriegsallianz alles andere als offensichtlich.

Drinnen im Palast kommt Generalmajor Peter Wall, erster Kommandant der Briten in Basra, gerade von einem Treffen mit seinem amerikanischen Kollegen in Bagdad zurück und ist aufgebracht. »Die Amerikaner bestehen darauf, dass jeder Iraker eine Waffe besitzen kann«, sagt der Brite, »so wie in Amerika.« Die Briten indes fordern die Entwaffnung der Iraker. »Der ist verrückt«, sagt Wall. »Der weiß nicht, welche Konsequenzen das hat.« Im September 2003 löst US-Administrator Paul Bremer die irakische Armee auf. 450 000 Mann sitzen auf der Straße und gehen mit ihren Waffen nach Hause. Unmittelbar danach formiert sich der irakische Widerstand gegen die Besatzer. Generalmajor Peter Wall bleibt bis 2005 in Basra.

Kapitel 2:
Die Weichenstellung zur Hölle

Alibaba und die Räuberfalle

In Jordanien sind die Straßen dunkler als anderswo. Jedenfalls die, die von der Hauptstadt Amman nach Bagdad führen. Bis zur Dreiländerkreuzung, wo die Pfeile Richtung Syrien, Saudi-Arabien und Irak zeigen, geht es noch einigermaßen mit der Sicht. Danach wird es rabenschwarz. Doch Maschid fährt die Strecke schon im Schlaf. Er kennt jedes Schlagloch, jede Welle, die auf den rund 400 Kilometern bis zur Grenze zum Irak auftaucht und den Stoßdämpfern der sechssitzigen Geländelimousine erheblich zusetzt. 700 solcher Autos sind permanent unterwegs auf den tausend Kilometern von Amman nach Bagdad. Allein seine Firma besitzt fünfzehn. Maschid fährt diese Route täglich, hin und zurück. Es sind aber nicht nur Jordanier, die den Pendelverkehr zwischen den beiden Hauptstädten bestreiten. Auch Iraker sind mittlerweile in das lukrative Geschäft eingestiegen. Ihr Transportmittel sind klassische Taxen, weiß mit orangefarbenen Streifen an den Türen. Zuweilen lässt der Zustand der Fahrzeuge allerdings berechtigte Zweifel an deren Straßentauglichkeit aufkommen. Dafür kostet das Wegegeld auch nur knapp die Hälfte.

Es ist Anfang Februar 2004, und der Flugverkehr von und nach Bagdad funktioniert noch nicht. Zu lange war die staatliche irakische Fluglinie »Iraqi Airways« durch das UN-Embargo ausgeschaltet worden. Ihre Maschinen standen jahrelang am stillgelegten Flughafen in Bagdad oder in den Nachbarländern Jordanien und Ägypten und rosteten vor sich hin. Ersatzteile und technisches Gerät für die Wartung durfte nicht eingeführt werden. Amerikaner und Briten blockierten im Sicherheitsrat die Genehmigung zur Einfuhr jeglicher noch so harmloser Güter, die für militärische Zwecke verwendet werden könnten. Selbst Kugelschreiber wurden zum Problem. Ihre Minen enthalten Stickstoff und könnten für die Produktion von Chemiewaffen verwendet werden, so die Begründung damals. »Das Überleben des Irak als Nation und der Iraker als Bürger war vor allem in den Sanktionsjahren vom UN-Sicherheitsrat abhängig«, schreibt Hans-Christof Graf von Sponeck in seinem Buch *Ein anderer Krieg* und wirft den beiden Sicherheitsratsmitgliedern USA und Großbritannien eine von Anfang an beabsichtigte Schwächung des Irak vor. »Der Stolz einer alten Kulturnation wurde dadurch verletzt. Die Iraker empfanden ein Gefühl der Erniedrigung gegenüber Leuten, die sie als Neuankömmlinge im Reich der Zivilisationen betrachteten«, so von Sponeck. Dieses Gefühl sollte sich nach der Invasion 2003 noch erheblich verstärken.

Eine Mischung aus Willkür, Angst und Unfähigkeit erwartet uns kurz vor Sonnenaufgang am jordanisch-irakischen Grenzübergang Karamah, was widersinnigerweise »Würde« heißt. Die irakischen Grenzkontrolleure sind sich dort selbst überlassen. Amerikaner in Uniform sieht man nicht. Wir erfahren, dass die Grenzbeamten gar keine Staatsangestellten, sondern Stammesführer aus der Provinz Anbar sind, die die monatelang vernachlässigte Sicherheit nach dem Einmarsch der Kriegsallianz in den Irak nun selbst in die Hand nehmen. »Sie haben wieder den Aids-Test eingeführt«, bemerkt die mitreisende Kollegin von der deutschen Presseagentur kenntnisreich. »Das gab es schon unter Saddam.« Unter dem Vorwand, sich bei der Einreise einem Bluttest unterziehen zu müssen, kassierten die Grenzbeamten damals fünfzig US-Dollar pro Kopf. Wer darauf bestand, dem wurde tatsächlich Blut abgezapft, die anderen umgingen der Prozedur. Das Ergebnis erfuhr man sowieso nie. Nach der Invasion entfiel dann die Devisenbeschaffungsmaßnahme. Jetzt gibt es sie wieder. Mit dem einen Unterschied, dass der Obolus gleich in die Taschen der Kassierer wandert. Eine Staatskasse im eigentlichen Sinn existiert im Irak nicht, und Grenzbürokraten handeln uneinheitlich. Wir sind zu dritt und zahlen hundert Dollar. »Ein echtes Schnäppchen«, schmunzelt die Kollegin. »Aber das ist nicht das Einzige, das wieder so ist wie früher«, ergänzt der männliche Mitreisende von der *Süddeutschen Zeitung*. Die Erfahrungen der letzten Wochen im Irak haben gezeigt, dass morgen möglich ist, was gestern unmöglich erschien und umgekehrt. Daran hat sich bis heute nichts geändert. Der Preis für ein Einreisevisum variiert auch heute noch drastisch, je nachdem, wem man in die Hände fällt.

Unmittelbar hinter dem Grenzübergang versammeln sich acht der weißen GMCs. »Wir fahren jetzt im Konvoi«, erklärt unser Fahrer. Jedes Auto ist mit zwei Fahrern bestückt; auf irakischer Seite wird nur tagsüber gefahren. »Es ist gefährlich geworden.« Highway des Todes wurde die Strecke Amman–Bagdad schon während des zweiten Golfkriegs 1991 genannt, als sie die einzige Möglichkeit darstellte, in die irakische Hauptstadt zu gelangen, und die Fahrzeuge in der offenen Steppenlandschaft schutzlos Flugzeugangriffen ausgesetzt waren. Nach dem dritten Golfkrieg ist sie eine Räuberfalle. Jeden Tag werden Autos oder Lkw ausgeraubt oder gestohlen. Ein großer Teil der irakischen Einfuhren wird über den jordanischen Seehafen Akaba abgewickelt und mit schwerbeladenen Lastwagen über die Autobahn nach Bagdad und weiter nach Basra geführt. Ein gefundenes Fressen für Diebe jeder Art. Was mit den Plünderungen unmittelbar nach dem Einmarsch der fremden Truppen begann, setzt sich nun mit Raub und Diebstahl fort. Deshalb fahren Maschid und seine Kollegen am liebsten auf beiden Fahrbahnen, damit niemand sie überholen kann.

Noch gefährlicher als die Räuber ist dieser Tage aber die Nähe der Amerikaner. Angriffe auf US-Militärfahrzeuge sind keine Ausnahme mehr, sondern die Regel. Wann immer Patrouillenfahrzeuge auftauchen, muss damit gerechnet werden, dass sie Zielscheibe von Angriffen sind. Dann ein plötzlicher Stopp kurz hinter der Abfahrt Ramadi, wo das berüchtigte sunnitische Dreieck (Ramadi, Falludscha, Baidschi) beginnt und der irakische Widerstand gegen die Besatzer sein Nest hat. Zwei US-Panzer rasen von rechts auf die Fahrbahn, Kübelwagen blockieren die Weiterfahrt. Ein Humvee liegt ausgebrannt im Straßengraben, die Leitplanken sind zerschossen. Bestimmt gab es Verletzte, vielleicht sogar Tote. Doch der Vorfall findet keinerlei Erwähnung in der Statistik der US-Militärverwaltung, wie wir später in Bagdad erfahren. US-Präsident George W. Bush hatte bereits Anfang Mai 2003 das Ende des Krieges verkündet und weigert sich seitdem anzuerkennen, dass es danach erst richtig losging. Viele verletzte US-Soldaten werden ins Krankenhaus nach Deutschland ausgeflogen. Hierüber gibt es keine verlässlichen Zahlen. Tatsache aber ist, es werden immer mehr.

Kein Tag vergeht, ohne dass nicht ein Anschlag oder Attentat gemeldet wird. Wir Journalisten jagen jeder Bombe hinterher, die Redaktionen wollen Sensationen. Die zunehmende Gewalt gegen die Besatzungstruppen ist immer eine Meldung wert, besonders in den Ländern, die sich nicht an diesem Krieg beteiligen – wie Deutschland und Frankreich. Die Amerikaner sind ratlos. Damit haben sie nicht gerechnet. Sie wollten die Iraker vom Joch des Diktators befreien, Freiheit und Demokratie bringen, und nun richten sich Zorn und Hass gegen sie. »Why do they hate us?«, »Warum hassen sie uns?«, titelt das *Time Magazine*. General Ricardo Sanchez weiß genau, wer hinter all dem steckt. Der Oberbefehlshaber der US-Truppen, der den Posten vom zurückgetretenen Tommy Franks übernommen hat, warnt davor, dass Osama bin Ladens Netzwerk im Irak Fuß fasse. Die Selbstmordattentate und Autobomben trügen seine Handschrift, sagt der General bei einer Pressekonferenz im Bagdader »Convention Center« in der schwer bewachten Grünen Zone, das unter Saddam Konferenzzentrum war und inzwischen Sitz des irakischen Parlaments ist. Als Beweis seiner Behauptung führt der Amerikaner die kürzliche Verhaftung von Hassan Ghul an, einem wichtigen al-Qaida-Mann. Er sei ein Kurier der Terrororganisation und sei durch kurdische Sicherheitskräfte verhaftet worden, als er versucht habe, von Iran in den Irak einzureisen. Allerdings kann der General keine Auskunft darüber geben, ob der US-Geheimdienst al-Qaida-Zellen in Bagdad oder anderswo im Land ausgemacht habe. Während die Kurden die Grenzen zwischen ihren Gebieten im Nordosten des Irak kontrollieren, stehen die Türen im Rest des Landes weitgehend unkontrolliert offen.

Die Polen schätzen die Lage im Irak anders ein. Als Mitglied der Kriegsallianz haben sie von den Amerikanern die Kontrolle über eine multinationale Division in Babylon übertragen bekommen. Ihr Einflussbereich ist das Gebiet südlich von Bagdad: Babylon, Hilla bis nach Al-Kut in der Provinz Wasit. Danach ist britische Zone. Der Sprecher des polnischen Oberkommandierenden, Robert Strzelecki, räumt zwar ein, dass über die lange, teils unbewachte Grenze zwischen dem Irak und Iran viele, auch »terroristische Elemente« ins Land einfielen, doch noch keine tiefer gehenden Organisationen zu erkennen seien. Die Tatsache, dass viele Sprengsätze danebengingen oder ziellos gezündet würden, lasse noch immer einen bestimmten Dilettantismus vermuten. »Die Iraker wollten Saddam nicht«, sagt der Pole, »aber sie wollen auch keine Besatzungsmächte.« Auch seine Soldaten würden täglich angegriffen.

Mein Besuch bei den Polen in Babylon endet mit einem Rundgang in den historischen Stätten. Die Ausgrabungen sind zum Militärlager geworden. Schlaf- und Wohncontainer für die Soldaten stehen neben dem Palast von Nebukadnezar. Im Amphitheater werden morgens und abends die Zähne geputzt, weil sich hier die einzige Waschgelegenheit für die Truppe befindet. Auf dem großen weiten Platz zwischen der Kopie des Ischtar-Tores, die Saddam Hussein anfertigen ließ, da das Original sich im Pergamonmuseum in Berlin befindet, und der berühmten Löwenstatue von Babylon ist ein Hubschrauberlandeplatz entstanden. Das Dröhnen der Rotoren lässt jegliche Konversation verstummen, und die Wände in den alten Gemäuern reißen. Es wird Jahre dauern, bis die US-Administration Gelder für die Renovierung der Schäden in Babylon bewilligt. Das liegt aber auch daran, weil die Iraker sich nicht einigen können, was sie mit ihrem kulturellen Erbe machen wollen. Disneyland in Babylon oder archäologische Ausgrabungsstätte, ist noch heute ein Zankapfel.

Hallas – es reicht

Dass der Frust über die Besatzer gewalttätiger wird, beweisen Flugblätter, die Anfang März 2004 in Ramadi, in der Provinz Anbar nordwestlich von Bagdad auftauchen. Darin werden Iraker bedroht, die für die Amerikaner arbeiten. Falls sie nicht innerhalb von zehn Tagen den Dienst quittieren, drohe ihnen der Tod, so das Pamphlet. 29 Einwohner Ramadis waren dort namentlich aufgeführt. Sie sind als Übersetzer oder sonstige Dienstleister für die US-Truppen tätig. Unterschrieben ist das Flugblatt mit der bisher unbekannten »Brigade Anbar Mudschahedin«. Wenig später werden zehn Frauen, die gerade auf dem Weg zu ihrer Arbeit in der Wäscherei einer US-Militärbasis sind, in der Nähe von Ramadi erschossen. Was in Anbar beginnt, dehnt sich bald auf das ganze Land aus. Die Angst unter der Zivilbevölkerung, für die Besatzungsmächte zu arbeiten, wächst immens. Viele quittieren ihren Job oder geben vor, woanders zu arbeiten. Manche wechseln ihren Wohnort, um von den Nachbarn nicht erkannt und verraten zu werden.

Für den ersten Sekretär der Deutschen Botschaft in Bagdad dienen die Anschläge einem einzigen Ziel: »Chaos zu schaffen, zu zeigen, dass die Amerikaner die Situation im Irak nicht in den Griff bekommen.« Eine straffe Koordination der einzelnen Aktionen sieht auch Andreas Fiedler zu dem Zeitpunkt nicht. Vielmehr koche jeder noch sein eigenes Süppchen. Schüsse aus Kalaschnikows oder Pistolen, Mörsergranatangriffe, Selbstmordattentate, Autobomben, Raketenabwürfe und Flugblattdrohungen könnten nicht miteinander in Verbindung gebracht werden. Wohl aber bestehe schon die Vermutung, dass geschulte Kräfte von außen den Irakern beibrächten, ihr Vorgehen zu intensivieren und zu perfektionieren. Einen Botschafter hat die Bundesrepublik damals noch nicht, lediglich einen Geschäftsträger. Die US-Administration wird von Berlin nicht als legitime Regierung im Irak anerkannt.

Die Erfahrung mit den täglichen Anschlägen lehrt uns Journalisten, die Art und Weise genau zu analysieren und zu unterscheiden. Mit der Zeit erkennen wir die Handschrift der Attentäter und wissen ziemlich schnell, ob es von US-Administrator Paul Bremer an die Luft gesetzte irakische Armeeangehörige sind, die improvisierte Sprengsätze am Straßenrand, sogenannte Improvised Explosive Devices (IED) zünden, Saddam-Anhänger, ehemalige Baath-Partei-Mitglieder und Geheimdienstler mit ihren Waffen Menschen erschießen oder ehemalige Häftlinge, Kriminelle, die noch kurz vor dem Sturz Saddam Husseins aus den Gefängnissen entlassen wurden, Gebäude in Brand setzen. Mit der Zeit formiert sich aus all diesen zunächst diffusen Gruppen ein organisierter und koordinierter irakischer Widerstand. Erst später verzahnt er sich mit den ausländischen Terroristen vom Schlage al-Qaidas.

Nach sechs Wochen Bagdad geht es zurück nach Amman. Die meisten in der irakischen Hauptstadt ansässigen westlichen Korrespondenten haben diesen Rhythmus, dass sie nach sechs Wochen für zwei Wochen Auszeit ausreisen. Um fünf Uhr morgens holt uns der GMC von unserem Haus an der Abu-Nawas-Straße im Stadtteil Karrada ab, wo wir deutschen Journalisten eine Wohn- und Zweckgemeinschaft unterhalten. Heike lässt sich übermüdet auf der Hinterbank nieder und schläft gleich wieder ein. Ich setze mich nach vorne neben den Fahrer. Zwischen Falludscha und Ramadi auf der Autobahn nach Jordanien prescht ein schneller, schwarzer Ford Mustang heran und überholt. »Alibaba« ruft unser Fahrer, »Räuber«. Bevor meine Kollegin wach geworden ist, stehen schon zwei junge, vermummte Männer mit Kalaschnikows an Fahrer- und Beifahrerfenster. Ein dritter macht hinten die Türe auf und verlangt nach »Flus«, Geld. Heike gibt ihm, was sie hat, 300 Dollar, das Fahrgeld für den GMC. Da der Irak kein funktionierendes Bankensystem hat, ist Bargeld das einzige Zahlungsmittel. Die Räuber wissen das. Allerdings ist die Beute beim Verlassen des Landes weitaus geringer als bei der Einfahrt. Doch an diesem

Morgen ist auf der gegenüberliegenden Fahrbahn kein Auto zu sehen. Nachdem Alibaba das Geld genommen hat, späht er im Wagen nach mehr Wertsachen. Mir fällt Heikes Fernsehkamera ein, unsere Laptops und meine Handtasche, die auf dem Rücksitz liegt und das Geld für die Visagebühren in Jordanien beherbergt. Plötzlich fährt es aus mir heraus. Ich gucke dem Vermummten neben mir in die Augen und schreie: »Hallas!« – »Es reicht!« Dieser ist so erschrocken, da ich bis dahin keinen Ton von mir gab, sagt zu den anderen »Yalla«, und sie ziehen von dannen. Als wir gegen Mittag an der jordanischen Grenze ankommen, die Visa bezahlen und die Erlebnisse erzählen, heißt es nur kurz: »Glück gehabt.« Bei den meisten Ausgeraubten gehe es nicht so glimpflich ab, sagt der Grenzbeamte. Sie hätten deshalb jetzt einen Geldautomaten hinter dem Kontrollpunkt installiert.

Wenige Tage nach unserem Alibaba-Raubüberfall wird in Falludscha ein Konvoi mit vier Amerikanern der privaten Sicherheitsfirma Blackwater, die als Vertragspartner der US-Armee für die Versorgung der Truppen zuständig ist, überfallen. Die vier Männer werden aus dem Wagen geholt und erschossen, ihre Leichen geschändet, verkohlt und im Triumph durch die Straßen Falludschas gezogen, um sie schließlich an der Brücke über den Euphrat aufzuhängen. Spätestens jetzt wird den Amerikanern klar, dass sie im Irak nicht willkommen sind. Sieben Tage später erwischt es zwei Beamte der GSG9 auf der Fahrt von Amman nach Bagdad. Die beiden sind Objekt- und Personenschützer an der Deutschen Botschaft in Bagdad. Rebellen hätten den aus sechs Geländewagen bestehenden Konvoi verfolgt, nachdem er ihren Kontrollpunkt durchbrochen habe. Der Wagen der beiden Deutschen sei der letzte gewesen; die Iraker hätten auf ihn mit Raketen und Gewehren geschossen, bis er mit zerschossenen Reifen von der Straße abgekommen und gegen ein Haus geprallt sei, haben die Kollegen der ARD herausgefunden. Die Deutschen hätten keine Chance mehr gehabt. Der Tod der beiden Sicherheitsbeamten sei ein Missverständnis gewesen, wird später bekannt. Die irakischen Aufständischen entschuldigten sich für den »Unfall«. Man sei von einem Konvoi einer US-Spezialeinheit ausgegangen, obwohl deutsche Flaggen auf den Fahrzeugen angebracht waren. Am 1. Mai 2004, mehr als drei Wochen nach dem Überfall, wird die Leiche eines der beiden vermissten Beamten, Tobias Retterath, gefunden. Die sterblichen Überreste des zweiten Beamten, Thomas Hafenecker, gelten bis heute als vermisst. Ab Mitte April 2004 nehmen Chartergesellschaften wie »Air Serve« den Flugbetrieb von und nach Bagdad auf. Die irakische Fluggesellschaft »Iraqi Airways« fliegt ab Oktober mit geleasten Maschinen. Heike und ich nehmen von da an nur noch das Flugzeug zu unseren Einsätzen in die irakische Hauptstadt. Beim ersten Mal werden wir mit Handschlag vom Piloten begrüßt.

Abu Ghraib und kein Ende

Ein Bild sagt mehr als tausend Worte. Natürlich wussten die Menschen in Falludscha, Ramadi und in der ganzen Provinz Anbar schon seit Monaten von dem, was sich in Abu Ghraib, nur dreißig Kilometer von Falludscha entfernt, abspielt. Schon unter Saddam Hussein war das Gefängnis als Folterknast bekannt. Dass jetzt die Amerikaner dort foltern, war deshalb für die Iraker zunächst einmal die Fortsetzung dessen, was sie vorher hatten. Ob die zunehmende Brutalität seitens der Aufständischen, wie in den vorhin beschriebenen Fällen, eine Konsequenz daraus ist, wird schwer festzumachen sein, lässt sich aber vermuten. In Bagdad formuliert die amerikanisch-kanadische Nichtregierungsorganisation

(NGO) »Christian Peacemaker Team« schon im Januar 2004 eine Petition an den US-Kongress mit der Bitte, die Vorfälle in Abu Ghraib zu untersuchen. Doch erst die Fotos vier Monate später verursachen ein Erbeben im Irak und weltweit.

Angeblich hat das Wachpersonal selbst die Bilder gemacht und sie nach Hause geschickt mit der Bemerkung: »Schaut mal, was wir hier tun.« Dadurch gelangen die Fotos in die Medien. Sie zeigen lächelnde Soldaten in US-Uniformen, die neben gefolterten Gefangenen knien oder, wie im Fall von Lynndie England, eine Soldatin, die einen Gefangenen mit einer Hand auf dem Boden an der Leine wie einen Hund hinter sich herzieht und in der anderen Hand eine brennende Zigarette hält. Zum Symbol wird das Foto des mit Elektroschocks gefolterten Satar Jabar. An beiden Händen und am Penis sind stromführende Drähte befestigt. Ihm wurde angedroht, dass er durch Elektroschocks hingerichtet würde, falls er von der Kiste falle. Als das Foto an die Öffentlichkeit gelangt, leugnen die US-Stellen, dass die Kabel stromführend gewesen seien.

Misshandelt, vergewaltigt, gefoltert, oft bis zum Tod: In Abu Ghraib werden keine Grausamkeiten ausgelassen. Die meisten der Insassen seien »Unschuldige gewesen, die zur falschen Zeit am falschen Ort waren«, sagt ein General später. Ein Teil der Bilder wird im Mai 2004 veröffentlicht, ein weiterer Teil im Februar und März 2006. Auch sind im Mai 2004 Aussagen und Bilder über Vergewaltigungen von männlichen und weiblichen irakischen Gefangenen in Abu Ghraib durch US-Soldaten in die Medien gelangt. Hinzu kommen etwa 100 Todesfälle durch das Folterprogramm im Irakkrieg. Dabei handelt es sich nicht um schlichte Unfälle, als welche die Fälle zunächst dargestellt werden, sondern um systematische Folter bis zum Tod. Das ist Mord.

Ein konkreter Fall ist Manadel al-Jamadi, der weltweit als Beweis dafür angeführt wird. Der Iraker ist am 4. November 2003 in Abu Ghraib gestorben. Bereits bei seiner Festnahme sei er geschlagen worden, bei einer Schlägerei mit einem Soldaten fiel ein Ofen auf al-Jamadi. Er wurde von SEALs, einer Spezialeinheit der US-Marines, abtransportiert und in deren Lager am Flughafen Bagdad gebracht. Schließlich wurde al-Jamadi dort in einen sogenannten »Toberaum« gesteckt, wo er unter anderem von CIA-Beamten mit Wasser übergossen und nackt ausgezogen wurde. Ein CIA-Vernehmer soll sich mit seinem ganzen Gewicht gegen al-Jamadis Brustkorb gestemmt haben. Dann wurde er nach Abu Ghraib gebracht. Dort steckte man ihn in den Duschraum und hängte seine Hände über seinem Kopf auf, sodass er zwar stehen konnte, aber wenn seine Knie nachgaben, hing er mit seinem gesamten Körpergewicht an den Handgelenken. Al-Jamadi trug eine Kapuze. 45 Minuten nachdem er in Abu Ghraib ankam, starb er an der Kombination aus einigen Rippenbrüchen (durch seine Behandlung auf dem Weg nach Abu Ghraib) und der Fesselung. Anwesende CIA-Agenten sollen die blutige Kapuze al-Jamadis als belastendes Beweisstück vernichtet haben. Die Soldaten Charles Graner und Sabrina Harman sind auf Fotos mit der Leiche al-Jamadis zu sehen.

Fortan sind die Bilder überall zu sehen und brennen sich tief in das Bewusstsein der Iraker ein. In Bagdad hängen sie in Übergröße an Marktständen, an Häuserwänden im Zentrum und werden in speziellen Fotoalben und auf CDs verkauft. Ein Bildhauer formt Skulpturen nach ihrer Vorlage und initiiert eine Ausstellung in der bekannten Galerie Hiwar. Damit ist auch die letzte Hoffnung zunichtegemacht, dass der Einmarsch der US-Armee den Menschen im Irak Menschenrechte und die Würde des Einzelnen bringen werde. Die Fotos zeigen, dass Vertreter einer westlichen, christlichen Regierung Muslime erniedrigen und bis aufs Mark demütigen – ein Umstand, der die stolzen und gläubigen Iraker zutiefst verletzt. Die Wunden sind bis heute nicht verheilt, wenn sie überhaupt heilen können. Abu Ghraib ist zum Synonym der menschlichen Entwürdigung geworden.

Der Bagdader Vorort an der Ausfallstraße in den Westen nach Jordanien gibt der Haftanstalt den Namen. Bis zu 50 000 Gefangene saßen hier zu Saddams Zeiten zuweilen ein, obwohl das Gefängnis nur über 15 000 Betten verfügt. Es war das größte Gefängnis im Irak. Folter und die Vollstreckung von Todesurteilen waren alltäglich, Häftlinge saßen oft jahrelang ohne Begründung und ohne Gerichtsverfahren ein. Wer »Abu Ghraib« flüsterte, wenn er nach dem Verbleib von Familienangehörigen oder Freunden gefragt wurde, beschrieb damit das ganze Ausmaß der Gewaltherrschaft Saddam Husseins. Und jetzt also auch der Amerikaner.

Die Folterfotos werden zur Zäsur in der Entwicklung im neuen Irak. Das Töten im Zweistromland kennt danach keine Tabus mehr. Während vor ihrer Veröffentlichung die Anschläge zumeist militärischen Zielen galten und denjenigen, die mit den Besatzungsmächten zusammenarbeiten, richtet sich der Terror danach gegen alle. Immer mehr irakische Zivilisten geraten in den Strudel der Gewalt, werden entführt, ausgeraubt, ermordet. Westlichen Ausländern geht es ebenso. Das Schicksal des US-Bürgers Nicholas Berg, der vor laufender Kamera Anfang Mai 2004, unmittelbar nach dem Abu-Ghraib-Skandal enthauptet wird, stellt nur ein Beispiel des verheerenden Terrors dar. Für uns Deutsche ist es besonders prekär. In all den Monaten zuvor waren wir weitgehend vor Gewalt und Übergriffen geschützt, weil wir nicht am Krieg beteiligt sind. Auf Anraten der Botschaft nähten sich einige sogar deutsche Fahnen auf die Schultern ihrer Jacken oder gaben sich sonst gut sichtbar als Deutsche zu erkennen. Jetzt sitzen wir mit Amerikanern und Briten in einem Boot. »Sind das eure Menschrechte, die ihr uns bringen wollt, die Demokratie, die ihr so hochhaltet?«, werde ich nach Abu Ghraib immer wieder gefragt. Im August werden die ersten französischen Journalisten entführt, danach zwei Italienerinnen, schließlich Susanne Osthoff und die Leipziger Ingenieure.

Im Herbst 2006 beschloss die irakische Regierung, Abu Ghraib zu schließen. Aus dem Gefängnis plante man ein Museum zu machen, das die Gräueltaten des inzwischen exekutierten Diktators Saddam Hussein dokumentieren sollte. Von Abriss war ebenfalls die Rede. Im Januar 2009 verkündete die Regierung jedoch, dass Abu Ghraib wieder geöffnet werde, unter neuem Namen und renoviert mit US-Geldern. »Unsere Gefängnisse sind heillos überfüllt«, begründete Ibrahim Busho, der damalige stellvertretende Justizminister, die Wendung. Bereits 35 000 Häftlinge säßen in anderen Haftanstalten ein, bis zu 120 Personen müssten sich eine fünfzig Quadratmeter große Zelle teilen. Abu Ghraib heißt jetzt Zentralgefängnis Bagdad mit bunten Blumen und neuen Straßenlaternen, die den Weg dorthin säumen. Die öde Landschaft ringsherum und die hohen Mauern mit Stacheldraht, die den 110 Hektar großen Komplex umgeben, lassen jedoch schon von Weitem erahnen, dass es auch jetzt nichts Gutes verheißt, wenn man dort einsitzt. Daran können auch die mit blauer und beiger Farbe gestrichenen Wände nichts ändern. Abu Ghraib ist und bleibt ein Fluch. Denn nach wie vor wird hier systematisch gefoltert, wie in anderen irakischen Haftanstalten auch. Amnesty International beklagt immer wieder die verheerenden Bedingungen, denen Gefangene im heutigen Irak ausgesetzt sind. Auch die Todesstrafe wird rigoros angewandt. Nach dem Iran werden in Saudi-Arabien und dem Irak die meisten Menschen pro Jahr hingerichtet.

Bosheit oder Naivität? Verschwörung oder Kardinalfehler?

Bernd Erbel sitzt im Gefängnis. Die Deutsche Botschaft ist eingemauert, eingezäunt, mit Stacheldraht gespickt, Sandsäcke bis unter die Decke. Ein winziger Schlitz Tageslicht dringt durch das Fenster ins Innere des Zimmers, in dem Erbel schläft, arbeitet und frühstückt. Wie ein normalgroßes Hotelzimmer, mehr nicht. An der Wand ein Ölgemälde mit röhrendem Hirsch in Alpenlandschaft – inmitten von Staub und Sand in Bagdad. Unter diesen Umständen zu arbeiten, erfordert Pioniergeist, notiere ich in mein Tagebuch. »Nehmt's doch den Erbel, den graut's vor nix«, soll ein hoher bayerischer Beamter im Auswärtigen Amt gesagt haben, als es um die Besetzung des Postens des Deutschen Botschafters in Bagdad ging, sagt mir der diplomatische Pionier später. Gegraut hat es ihn dann doch manchmal, als er sah, wohin der Irak unter der US-Administration abdriftete. »Ihr Deutschen wartet auf einem Bahnhof, wo kein Zug mehr hält«, bekam Erbel von einem Amerikaner ins Gesicht geschleudert, der mit Paul Bremer zusammenarbeitete. Da war der Deutsche zunächst noch als Beobachter in Bagdad. Erst als das Land eine erste Übergangsregierung bekam, wollte Deutschland einen offiziellen Vertreter an den Tigris entsenden. Bernd Erbel ist auch heute noch davon überzeugt, dass die Entscheidung, sich nicht an diesem »unsäglichen Krieg« zu beteiligen, richtig war. Doch hat er miterleben müssen, wie die Weichen in Richtung Hölle gestellt wurden.

Der Staat zerfällt völlig. Schon die Sanktionen in den 1990er-Jahren haben den Mittelstand zerstört, die staatlichen Strukturen ausgehöhlt. Doch die Befehlsketten funktionierten noch, als die »Koalition der Willigen« mit 160 000 Soldaten 2003 in den Irak einmarschierte. Diese hat Paul Bremer dann zerschlagen, indem er die irakischen Sicherheitskräfte auflöste, Politiker aus dem Exil holte, die den Irak seit Jahren nicht mehr kannten, und die Gerichtsbarkeit lahmlegte. 450 000 Mann saßen plötzlich auf der Straße. »Das kann nicht gut gehen«, sagt Erbel. 160 000 sollen 450 000 ersetzen? »Ein Großteil der ausländischen Soldaten weiß noch nicht einmal, wo sie sind.« Neulich habe die Desorientierung voll zugeschlagen, erzählt der deutsche Diplomat. Die amerikanischen Personen- und Objektschützer hätten die anderen Botschaften oft nicht gefunden oder die Objekte, die sie schützen sollten, seien die falschen. Der Irak sei schon immer ein Staat mit zentrifugalen Kräften gewesen. Die Einheit wurde nur geschafft durch eine starke Armee und Polizei. Den Kitt des Landes hat Bremer weggenommen. »Es ist eine konstruierte Zerstörung – das Ende der Staatlichkeit.« Und von Anfang an gewollt, ergänze ich. »Das haben wir schnell, sehr praktisch erfahren.« Was die Amerikaner mit dem Irak vorhaben, lässt sich an der Vergabe der Mobilfunklizenzen deutlich ablesen. Nachdem die Telekommunikationszentrale beim Angriff auf Bagdad zerbombt wurde, blieben nur Satellitentelefone, mit denen wir Journalisten kommunizieren konnten. Handynetze gab es im sanktionierten Irak bis dahin nicht. Doch schon Ende 2003 gibt es drei Mobilfunkanbieter: einer für den Süden des Landes mit Basra, einer für die Mitte mit Bagdad und einer für den Norden mit den Kurdengebieten. Das Problem ist, sie sind untereinander nicht kompatibel. Mit der Südnummer kann man nicht in den Norden telefonieren und umgekehrt. Die Bagdad-Nummer geht nicht in Basra, nur in Sulaimaniyya, nicht in Erbil. Die Teilung des Landes ist als Erstes beim Telefonieren vollzogen.

»Es ist wie mit einem Huhn, dem der Kopf abgeschlagen wird und es noch eine Weile weiterläuft, bevor es tot zusammenbricht«, erklärt Erbel bildlich das, was 2003 und Anfang 2004 im Irak geschehen ist. »Deshalb konnten wir anfangs auch noch ins Restaurant gehen, bevor dann alles zusammenbrach. Heute gibt es Neonlichtdinner in der Kantine«, schmunzelt der angehende Botschafter und führt mich zwei Häuser weiter, wo auch die GSG9-Sicherheitsbeamten untergebracht sind und Neonröhren an der Decke hängen. Am Anfang hatte die Botschaft nur drei Häuser für sich gemietet, inzwischen hat sie acht erworben. Das ursprüngliche Haus im Stadtviertel Karrada, an einer belebten Kreuzung gelegen, wurde vollkommen geplündert und angesichts des zunehmenden Terrors nicht mehr für sicher befunden. Da Deutschland nicht an der Kriegsallianz teilnahm, durfte seine Botschaft auch nicht in die schwer bewachte Grüne Zone. Man fand schließlich einen versteckten Compound auf der anderen Tigrisseite, im Stadtviertel Mansour, mit Privathäusern ringsherum und einer Bäckerei, die in Journalistenkreisen schnell beliebt wird.

Trotzdem mutet der anfangs kleine Botschaftscompound an wie ein Militärcamp. Man fühlt sich wie in einem Gefechtsstand. Sogar auf den wenigen Metern von Erbels Haus zur Kantine folgen uns zwei schwer bewaffnete GSG9er. Als er letzte Nacht etwas aus dem Kühlschrank holen wollte, stand ein Sicherheitsbeamter mit gezogener Pistole vor ihm. Die Spannung ist hoch in Bagdad. »Es ist wirklich kein Zuckerschlecken, so zu leben«, sage ich nur. Erbel erwägt, seinen Wohnsitz in Beirut einzurichten. Seine Frau ist Libanesin. Er würde dann pendeln und könnte sie ab und zu mitnehmen. Doch dazu kommt es nicht, seine Frau bleibt in Berlin. Aufgrund der sich immer mehr verschärfenden Sicherheitslage wird es niemandem an der Botschaft erlaubt, Ehe- oder Lebenspartner mit nach Bagdad zu nehmen. Das gilt nicht nur für die Deutschen, sondern für alle. »Abends fällt mir die Decke auf den Kopf«, höre ich nicht nur von Erbel, sondern von vielen Diplomaten und wenigen Diplomatinnen in Bagdad. Das diplomatische Corps ist ein Heer von Junggesellen – übrigens bis heute. Um sich abzulenken, habe er sich *Alf*-Kassetten mitgenommen, verrät er mir. Am 7. Juni 2004 übergibt Erbel seine Ernennungsurkunde an die neue irakische Regierung und wird damit der erste Deutsche Botschafter in Bagdad nach dem Sturz Saddam Husseins.

Tagebuch vom 13. Juni 2004: Heute den zweiten Tag für dpa ausgeholfen. Es war die Hölle los. Eigentlich seit Anne gestern ins Auto stieg und zum Flughafen fuhr. (Anne-Béatrice Clasmann war damals Gebietsleiterin der Deutschen Presseagentur im Nahen Osten.) Ein Anschlag jagt den anderen. Zwei politische Morde an zwei Tagen, zwei Mitglieder der irakischen Übergangsregierung. Leichen zählen und Verletzte ist das Los eines Agenturjournalisten in Bagdad derzeit. Das ist nichts für mich auf Dauer. Am Abend habe ich mir ein Drama im Nationaltheater angeschaut, das Premiere hatte. Es handelt von einem Mann, der 21 Jahre lang in einem Erdloch in Al-Kut saß, wo jetzt die Polen sind, und erst nach Saddams Sturz wiederauftauchte. Er ist Schiit und konnte so den Schergen Saddams entgehen, die ihn umbringen wollten. Seine Mutter brachte ihm Essen. Raji Abdullah hat das Stück inszeniert, ein in Berlin lebender Exiliraker und Theaterregisseur. Der Mann aus Kut ist zur Premiere gekommen, abgemagert, fahl im Gesicht. Heike Keuthen filmte für Sat1.

Bremer und der Proporz

Eines Morgens im Juli 2003 bekam sie einen Anruf, erzählt mir Rajaa Khuzai, die mit vier bewaffneten Bodyguards im Nationaltheater sitzt. »Paul Bremer war am Telefon.« Der damals mächtigste Mann im Irak, gefürchtet und respektiert zugleich. Lakhdar Brahimi, Sonderbeauftragter der UNO, nannte den US-Administrator in einem Interview mit der *New York Times* den neuen Diktator Iraks. »Er hat das Geld, die Zeichnungsgewalt, nichts passiert ohne seine Zustimmung in diesem Land.« Zwei Wochen später verkündet Brahimi den Rücktritt von seinem Posten. Er stelle gerade einen Regierungsrat zusammen, sagt Bremer am Telefon zu Rajaa Khuzai und sie solle eines der 25 Mitglieder werden. »Mir blieb die Luft weg«, ist Rajaas erste Reaktion. Die damals 55-jährige Ärztin war Direktorin der Kinderklinik in Diwanijah, ihrer Heimatstadt, 150 Kilometer südlich von Bagdad. Auf die Frage, warum er gerade sie dafür ausgesucht habe, bekam sie die Antwort: »Sie sind Schiitin.« Von Anfang an sei von den Amerikanern darauf geachtet worden, wer Schiit, Sunnit oder Christ, Araber oder Kurde war. Je nach Bevölkerungsanteil wurden die Posten vergeben, ein Schlüssel des Proporzes erarbeitet. Bis heute hat der kurdische Staatspräsident einen sunnitischen und einen schiitischen Stellvertreter, der schiitische Premierminister einen kurdischen und einen sunnitischen. Der Parlamentspräsident ist ein Sunnit mit entsprechenden Vizes. Diesen Proporz aufzulösen, haben die irakischen Politiker bis heute nicht geschafft. »Plötzlich wusste ich, dass ich Schiitin bin«, sagt Rajaa. Im Irak sei dies vorher nie ein Thema gewesen. Sunniten heirateten Schiiten, Araber heirateten Kurden. Nur die Christen blieben weitgehend unter sich. Das lag wohl am Erbrecht, mutmaßt die Ärztin. Bei Muslimen erben Frauen weniger als Männer. Und außerdem dürfen muslimische Männer zwar Christinnen heiraten, aber muslimische Frauen keine christlichen Männer. Rajaa ging nach Bagdad und wurde Regierungsrätin, zuständig für Gesundheit, ihre Familie blieb in Diwanijah – vorerst jedenfalls. Denn schon bald wurde ihr sunnitischer Ehemann, ebenfalls Mediziner, bedroht und aufgefordert, das städtische Krankenhaus zu verlassen. War es, weil sie mit den Amerikanern zusammenarbeitete oder weil sich sehr

schnell eine sektiererische Spaltung zwischen Schiiten und Sunniten entwickelte? Rajaa will sich über die Gründe nicht festlegen.
Als der Bürgerkrieg 2006 beginnt und Sunniten Schiiten umbringen und umgekehrt, verlässt Rajaa mit ihrem Mann den Irak und
geht nach Jordanien. Dort leben sie auch heute noch.

»Die Amerikaner haben alles zerstört, nur den Klerus nicht«,
kommentiert Botschafter Erbel das Vorgehen der US-Administration und ergänzt: »Den konnten sie nicht zerstören, da weder
Schiiten noch Sunniten über staatliche Strukturen verfügten.« So
wurde der Konfessionalismus zur Staatsordnung. Die Konsequenzen sind verheerend. Nach iranischem Vorbild sind im städtischen
Krankenhaus in Diwanijah, wo Rajaa Khuzais Mann arbeitete,
inzwischen nach Geschlechtern getrennte Stationen eingeführt.
Eine Ärztin darf keine Männer mehr behandeln, ein Arzt keine Frauen. Rajaa trägt aus Traditionsbewusstsein und religiöser
Überzeugung einen Schal oder ein Kopftuch, findet es aber nicht
gut, wenn Frauen dazu gezwungen werden. Doch die Flugblätter, die im gesamten Südirak zum Tragen des Hijab – den alle
Haare verdeckenden Schleier – aufrufen, sprechen Drohungen bei
Zuwiderhandlung aus. In Basra werden 48 Frauen ermordet, die
ihren Kopf nicht bedeckt haben. Das war 2005, nur zwei Jahre
nachdem der junge Übersetzer Ali Baslim Aziz in Basra mir seine
Angst vor einer »islamistischen Regierung« kundgetan hat. Da war
sein Land bereits vom Regen in die Traufe geraten. Die Wahl Iyad
Allawis, eines säkularen Schiiten, zum ersten Übergangspremier
durch den Regierungsrat konnte das Ruder nicht mehr herumrei-
ßen. Der Irak war auf dem Weg zum islamischen Fundamentalismus, sogar Extremismus.

Allawi scheitert an sich selbst und an Falludscha. Fast dreißig
Jahre war der studierte Neurologe im Exil in Großbritannien und
organisierte dort die Exilorganisation »Irakischer Nationalkon-

gress«, der dann zu seiner politischen Partei wurde. Als er zurück-
kommt aus London, ist der heute 74-Jährige für seine Landsleute
von Anfang an eine zwiespältige Figur. Als aktives Mitglied der
Baath-Partei saß der damals junge Medizinstudent von der Universität Bagdad zusammen mit Saddam Hussein 1964 im Gefängnis, nachdem die Baathisten einen Putsch gegen die Regierung
Abd al-Salam Arifs geplant hatten, der verraten wurde. Sieben
Jahre später ging er zum Masterstudium nach England und entfernte sich mehr und mehr von der Baath-Partei. 1971 trat er aus
der Partei aus. Nachdem Saddam Hussein vergeblich versucht
hatte, seinen früheren Weggefährten zurückzugewinnen, schickte
er ihm 1978 einen Killer, der ihn im Bett mit einer Axt ermorden
wollte. Allawi entging nur knapp dem Tod. Von da an organisierte
er die Exilopposition gegen Saddam. Aber es ist nicht sein Engagement in der Baath-Partei, was ihm viele Iraker nach Saddam
Hussein verübeln, auch nicht, dass er als Schiit an der Seite eines
Sunniten stand. Übrigens waren 65 Prozent der Baath-Partei-Mitglieder Schiiten, wie die Öffnung der Archive 2010 ergab. Es ist
sein Wankelmut und die Unberechenbarkeit, die Allawi vorgeworfen wird. Man weiß bei ihm nicht, woran man ist, höre ich
oft. Er sei gewalttätig, sagen die einen, zu sanft und gutmütig,
die anderen. Er greife nicht konsequent genug durch, sagen wieder andere. Drei Wochen nach seinem Amtsantritt am 28. Mai
2004 als Übergangspremier soll Allawi sechs mutmaßliche Aufständische in der Polizeistation von Al-Amariyya in Bagdad mit
eigener Hand erschossen haben, um der Polizei gegenüber Härte
zu demonstrieren. Allawi streitet dies ab. Ein Jahr zuvor sagte er
gegenüber der *Financial Times Deutschland*: »Die Deutschen haben die falsche Position eingenommen, wir werden dafür sorgen,
dass Deutschland keinen Fuß auf den Boden im Irak bekommt.«
Im Dezember 2004 fährt er zum Staatsbesuch nach Berlin und

bittet um deutsche Hilfe beim Wiederaufbau des Irak. Natürlich ist es schwierig, nach Jahrzehnten der Gewaltherrschaft einen Weg zwischen Diktatur und Demokratie zu finden. Allawi findet ihn nicht.

Sein größtes Problem jedoch wird Falludscha. Obwohl er nicht als Marionette der Amerikaner gilt, vertritt er in diesem Konflikt deren Position, führt das Kriegsrecht ein, ruft Ausgangssperren aus und lässt massenweise Verdächtige verhaften. Dann stellt er dem irakischen Widerstand die Entlassung derjenigen Verhafteten in Aussicht, die aus »patriotischen Gründen« gegen die Besatzer kämpfen. Sinn und Zweck seiner Zuckerbrot-und-Peitsche-Entscheidung ist es, den irakischen Widerstand von den erstarkenden internationalen Terroristen um den Jordanier Abu Musab al-Zarqawi zu separieren. Doch dazu kommt es nicht. Dem Zusammentreffen erteilen die Amerikaner eine Absage. Allawi muss gehorchen und verwirft seine Absicht. Stattdessen ordnet er am 8. November 2004 die Operation Al-Fadschr (arabisch für Morgendämmerung) an, eine Offensive von amerikanischen und wenigen neu rekrutierten irakischen Soldaten gegen die Stadt Falludscha, der Rebellenhochburg des Widerstands gegen die Besatzer. Die Verluste sind enorm. Das US-Militär gibt nach den Kämpfen bekannt, dass es sich um den schwersten Häuserkampf seit der Schlacht um Hué in Vietnam gehandelt habe, die im Jahre 1968 stattgefunden hatte. Dass Iraker gegen Iraker vorgingen, war dabei der psychologische Aspekt. Iyad Allawi, der säkulare Schiit, der immer auch seine Nähe zu den Sunniten betonte und von ihnen Zustimmung bekam, hat durch Falludscha seine Glaubwürdigkeit eingebüßt. Irakische Aufständische setzten daraufhin eine Belohnung über 285 000 US-Dollar für denjenigen aus, der Allawi umbringt. Von jetzt an ist der irakische Widerstand nicht mehr von al-Qaida zu trennen. Als ich Allawi im Januar 2005 im

Aluja Club in Bagdad treffe, sind seine Tage als Übergangspremier gezählt. Die ersten Parlamentswahlen stehen an, aus denen die religiösen schiitischen Parteien als Sieger hervorgehen. Auf die Frage, ob es nicht ein Fehler gewesen sei, die Gespräche mit den irakischen Aufständischen dann doch nicht zu führen, antwortet Allawi: »Wir reden nicht mit Terroristen.«

»Für viele Iraker ist das blutige Chaos, in das der Irak in der Zeit nach Saddam stürzt, das Ergebnis einer perfiden Verschwörung von Präsident George W. Bush, die zum Ziel hatte, den Zerfall des Irak herbeizuführen«, schreibt Anne-Béatrice Clasmann in ihrem Buch *Der arabische (Alb-)Traum*. Dass hier einfach viel politische Unfähigkeit mit im Spiel war, mögen die Iraker nicht glauben. »Ich bin dagegen der festen Überzeugung, dass es keineswegs die Absicht der damaligen US-Regierung war, einen Zerfall der staatlichen Einheit des Irak zu riskieren, eine Massenauswanderung der Christen auszulösen und dafür zu sorgen, dass in Bagdad keine Regierung ohne Zustimmung Teherans gebildet wird.« Bernd Erbel sieht das anders. Zwar würde auch er sagen, dass nicht der US-Präsident die Absicht hatte, den Irak zu zerschlagen, wohl aber die zwölf bis vierzehn Neokonservativen (Neocons) um Bush, Leute wie Richard Perle und Paul Wolfowitz. So schrieb Perle zu Beginn des Irakkriegs in einem Beitrag im britischen *Spectator*: Saddam Husseins Terrorherrschaft stehe vor einem schnellen Ende. Er werde aber nicht allein fallen, sondern auch die Vereinten Nationen mit zu Fall bringen. Es werde nicht die gesamte UNO, aber die Vorstellung der UN als das Fundament der »Neuen Weltordnung« sterben. Ein anderer sprach sich später bei einem Besuch in Bagdad deutlicher aus: »First we crash Afghanistan, then Iraq.« (»Zuerst machen wir Afghanistan kaputt, dann den Irak.«) Es sollten proamerikanische und proisraelische Strukturen geschaffen werden, eine neue Ordnung im Nahen Osten müsse her, eine neue Weltordnung ebenfalls. Selbst 2006, als der Bürgerkrieg zwischen Sunniten und Schiiten schon im Irak tobt, hält Bushs Außenministerin Condoleezza Rice noch eine Rede vor der Knesset in Jerusalem, in der sie die Ausrottung des Schlechten im Irak bekundet, damit etwas Gutes entstehen kann. »Wir sind dort Zeugen der Geburtswehen einer neuen Weltordnung.« Bernd Erbel spricht immer wieder von einem Homunkulus, wenn er die Absicht der Amerikaner im Irak und in der Region analysiert. Damit ist ein künstlich geschaffener Mensch gemeint, ein dämonischer Helfer mit magischen Praktiken. Die vielleicht bekannteste Verwendung der Homunkulus-Idee findet sich in Goethes *Faust* und jetzt im Irak. Ich meine, dass man gar nicht so viele Fehler machen kann, wie die Amerikaner im Irak gemacht haben. Da muss ein System dahinterstecken.

Kapitel 3:
Bürgerkrieg

Immer wieder Falludscha

Die neue Weltordnung der Amerikaner soll ausgerechnet in Falludscha beginnen. Kaum hat der amerikanische Militärhubschrauber die schwer bewachte Grüne Zone von Bagdad verlassen, wo die irakische Regierung und die Amerikanische Botschaft ihre Sitze haben, werden die beiden Maschinengewehre entsichert. Die Amerikaner müssen nachts fliegen – aus Sicherheitsgründen. Erst vor Kurzem wurde am Tage ein ziviler Hubschrauber abgeschossen.

Die Stadt liegt zwar nur achtzig Kilometer von Bagdad entfernt. Doch die Straße dorthin ist noch gefährlicher als der Luftweg. Der Name Falludscha steht für erbitterte Kämpfe zwischen sunnitischen Aufständischen, irakischen Sicherheitskräften und amerikanischen Soldaten, für die erste Großoffensive der Streitkräfte nach dem offiziellen Ende des Krieges, für eine belagerte Stadt, aus der nur Erzählungen zu hören, keine Bilder zu sehen waren. Laut den Berichten von Augenzeugen lagen damals tagelang Leichen in den Straßen, die nicht geborgen werden konnten; Moscheen, die als Waffen- und Munitionslager der Aufständischen zweckentfremdet worden waren, wurden gestürmt. Wer nicht aus der Stadt geflohen war, hatte Mühe, sich in Falludscha mit dem

Nötigsten zu versorgen. Ich bin die erste deutschsprachige Journalistin, die nach der Militäroffensive im Frühjahr 2005 die Stadt besucht, das erste und einzige Mal, dass ich mit den US-Truppen embedded bin, weil ich sonst nicht hinkommen könnte.

Dem Besuch vorausgegangen sind unzählige Pressemitteilungen über die neue Strategie der US-Truppen, die sich am Wiederaufbau von Falludscha zeigen solle. Von jetzt an werde alles anders, so der Tenor. »I only believe it, when I see it«, war meine Antwort: Ich glaube es erst, wenn ich es sehe. Drei Tage später stehe ich nachts um ein Uhr am Heliport in der Grünen Zone in Bagdad und warte auf den Hubschrauber, der mich nach Falludscha mitnimmt. Ich bin in dieser Nacht die einzige Medienvertreterin zwischen amerikanischen Soldaten im Bauch des riesigen, zweimotorigen Chinook, der mich an den Auszug der US-Truppen aus Saigon erinnert. »Ich hoffe, wir ziehen hier nicht auch wieder zu früh ab«, kommentiert die amerikanische Presseoffizierin meine offensichtliche Verblüffung. Doch es sollte so kommen.

Auf der Militärbasis außerhalb von Falludscha gibt Kommandeur Mark Gurganus zu, dass die Truppen auf den Guerillakampf im sunnitischen Dreieck nicht vorbereitet waren. Obwohl die obersten Strategieplaner schon vor dem Einmarsch in den Irak im März 2003 mit Straßen- und Häuserkämpfen in Bagdad rechneten und sogar Spezialeinheiten in Israel und den palästinensischen Gebieten dafür ausbilden ließen? »Wohl wahr«, sagt der fünfzig Jahre alte Kommandeur, »aber als es in Falludscha losging, waren die ja schon wieder zu Hause.«

Am nächsten Morgen fahren wir im Militärkonvoi ins Zentrum der Stadt. Für Gurganus und seine etwa 4000 Soldaten heißt die Devise jetzt »Wiederaufbau«. Aufzubauen gibt es viel in Falludscha. Die Stadt, die einst 400 000 Einwohner hatte, ist weitgehend zerstört. Ganze Straßenzüge sind zerbombt. Nur noch

Stein- und Schutthügel zeigen, dass hier einmal Häuser standen. Nirgends ist ein Haus ohne Einschusslöcher zu sehen, nicht eine Moschee blieb unversehrt. Sogar die aus Stein gehauene orientalische Schnabelkanne, die als Skulptur an der Einfahrt zum »Civil Military Operation Center« steht, ist durchlöchert, der Schnabel weggeschossen. Das Operationszentrum in der Stadtmitte ist der Ort, an dem sich amerikanische Militärs mit der Zivilbevölkerung treffen. Es ist schwer bewacht und wird trotzdem fast täglich zum Ziel von Mörsergranaten.

Für mich ist die Fahrt durch Falludscha ein Schock. Noch nie habe ich eine derart zerbombte Stadt gesehen. Zwar gab es in den letzten Jahren immer wieder Bilder aus dem zerbombten Grosny in Tschetschenien oder davor vom Balkan, aber eine vom Krieg zertrümmerte Stadt in Echtzeit vor sich zu haben, ist anders als auf dem Bildschirm. Viele meiner Kollegen in Bagdad sind Kriegsberichterstatter, waren vordem in Serbien, im Kosovo, manche in Afghanistan. Für mich ist das der erste Krieg und Falludscha die erste Stadt in Trümmern. Vielleicht ist es das, warum ich in den folgenden Jahren regelmäßig nach Falludscha reise und die Entwicklung hautnah miterlebe. Falludscha wird zum meistumkämpften Ort des Irak, zum Ausgangspunkt eines blutigen Schicksals, zum Synonym der Hölle.

Das Zauberwort der US-Militärs in Falludscha heißt »Civil Military Operation«, ziviles militärisches Aufbauteam, das aus altgedienten Offizieren der US-Armee besteht, zumeist Reservisten, die den Wiederaufbau der Stadt vorantreiben sollen. Parallel dazu sollen auf lokaler Ebene demokratische Strukturen entwickelt werden. Hierfür wird das IRI, International Republican Institute, eine Stiftung der in Washington regierenden Republikaner, in die Spur geschickt. Diese Konstellation wird in Falludscha zum ersten Mal angewandt, später jedoch auf den gesamten Irak ausgedehnt. Mich verblüfft, wie sehr diese neu geschaffene Initiative militärisch geprägt ist. Die amerikanischen zivilen Aufbauhelfer treten in Uniform auf und wohnen auf der Militärbasis. Eine Trennung zwischen Kampfeinheiten und ihnen ist für die meisten Iraker nicht sichtbar. Später wird die Abhängigkeit vom Militär besonders deutlich, als die Truppen 2010 mit dem Abzug aus dem Irak beginnen. Mit den Soldaten verlassen auch sämtliche zivile Organisationen das Land.

Zunächst aber werden in Falludscha Türen repariert. Das zivile Aufbauteam hat ein »Türen-Erneuerungsprogramm« beschlossen. Es soll die ehemaligen Ladenbesitzer ermuntern, Sicherheitsschlösser anzubringen. Insgesamt 250 000 Dollar können dafür ausgegeben werden. Kommandeur Gurganus hofft auf einen psychologischen Effekt durch ein verändertes Straßenbild. Noch vor einem Monat waren die Militärs alleine für die Stadt verantwortlich. Jetzt kehrt ziviles Leben zurück. Von den 69 Schulen Falludschas sind 38 wieder geöffnet. »Jede Woche kommen neue dazu«, sagt Gurganus stolz. Insgesamt achtzehn Millionen Dollar wollen die Amerikaner für den Wiederaufbau Falludschas ausgeben. Ein guter Teil geht in die Renovierung der Schulen. »Wir wollen den Irakern zeigen, dass wir etwas tun«, sagt Oberleutnant Steve McKinley. Seine Truppe umfasst 200 Marineinfanteristen, alle Reservisten, die ein Jahr lang Wasserpumpen installieren und elektrische Leitungen reparieren, sich um die Abfallentsorgung und die Abwässer kümmern sollen. Die Arbeitslosigkeit liege in Falludscha bei 75 Prozent. »Wir müssen unbedingt Jobs schaffen«, sagt McKinley. Vor allem junge Leute täten derzeit alles für Geld – »auch Bomben zünden«. Ausgleichend wolle er wirken, als Mittler zwischen der Zivilbevölkerung und den Militärs. Das sei die neue Strategie der amerikanischen Truppen. »Wir sind nur Gäste hier.«

Doch die Strategie geht nicht auf. Der Irak versinkt mehr und mehr im Sumpf des Terrors. Und Falludscha nimmt dabei eine

Schlüsselstellung ein. Hier laufen die Fäden zusammen. Traditionell konservativ, hat die Stadt mehr Moscheen als anderswo und mehr verschleierte Frauen als irgendwo sonst im Irak. Wenn Religion sich mit Stammeskultur vermischt: Falludscha ist ein gutes Beispiel für den sich rasant entwickelnden Extremismus. Einige der mächtigsten Stämme Iraks kommen aus Anbar, aus Falludscha. Sie sind durchweg Sunniten. Schiiten leben in der flächenmäßig größten der achtzehn irakischen Provinzen nur wenige. Saddam Hussein waren die Stämme loyal ergeben. Besonders der Duleimi-Stamm, der größte Stamm in Anbar, stellte viele Offiziere der Saddam-Armee und Mitglieder der Republikanischen Garde, Saddams spezieller Schlägertruppe. So ist es zu verstehen, dass der Widerstand gegen die Besatzer hier besonders ausgeprägt ist und von hier ausgeht.

Der Oberkommandierende der amerikanischen Luftstreitkräfte, Richard Myers, spricht im Herbst 2005 von sechzig bis siebzig Anschlägen am Tag im Irak. Vor einem Jahr habe diese Zahl genauso hoch gelegen. Allerdings sind in den vergangenen Monaten die irakischen Sicherheitskräfte von 27 auf achtzig Bataillone angewachsen. 55 000 Polizisten wurden neu eingestellt und ausgebildet. Entweder ist ihre Ausbildung unzureichend oder aber die Zahl der Terroristen hat sich dramatisch erhöht, folgert man daraus. Wahrscheinlich ist beides der Fall. Groß ist die Angst vor Autobomben, obwohl die Terroristen längst auf andere Methoden setzen: Selbstmordattentäter dringen in Bagdad etwa zu Fuß bis in die Büros der Nationalgarde, einer Spezialeinheit der irakischen Sicherheitskräfte, vor und zünden dort ihre Sprengstoffgürtel. »Es ist ein grausames Spiel«, sagt Kommandeur Gurganus in Falludscha. Melden irakische Sicherheitskräfte Erfolge bei der Terroristenfahndung, berichten sie von Verhaftungen, werden Tage später Polizisten oder Nationalgardisten Ziel heftiger Anschläge. Meldet die amerikanische Armee die Befriedung einzelner Städte, kann man fast sicher sein, dass tags darauf genau dort eine Bombe explodiert. Unter diesen Umständen ist Aufbauen unmöglich, wenn gleich wieder alles zerstört wird.

Ende Februar 2006 wird in Samarra, 125 Kilometer nordöstlich von Falludscha, die goldene Kuppel der Moschee durch einen Bombenanschlag zerstört, für den sunnitische Extremisten mit Verbindungen zum Terrornetzwerk al-Qaida verantwortlich gemacht werden. Die Moschee zählt zu den wichtigsten Heiligtümern der Schiiten. Ihre Zerstörung ruft eine Welle der Gewalt zwischen Anhängern der beiden Religionsgruppen hervor und gilt allgemein als Auftakt des Bürgerkrieges im Irak, der drei Jahre dauern wird. Der Proporz von US-Administrator Paul Bremer findet seine Perversion. Sollte er tatsächlich vorgehabt haben, alle religiösen und ethnischen Gruppen künftig an der Macht im neuen Irak beteiligen zu wollen, wie er vorgab, verkehrt sich dies ins Gegenteil. Bremer öffnete die Büchse der Pandora, und die Differenzen und Schwierigkeiten der Volksgruppen untereinander, die die eiserne Faust Saddam Husseins unter dem Deckel hielt, treten nun offen zutage. Es ist ein leichtes für al-Qaida, diese Spannungen für sich auszunutzen. Im Sommer 2006 ruft die Terrororganisation in Falludscha das Kalifat aus, das aber erst der IS acht Jahre später konkretisieren wird.

Sahwa heißt Erwachen

Scheich Eifan Saadoun al-Issawi lädt meinen Kollegen von der französischen Zeitung *Le Monde* und mich zu sich nach Hause ein. Er wohnt am Stadtrand von Falludscha. Sein Haus ist schwer bewacht, er weiß, dass viele ihm nach dem Leben trachten. Der Scheich gehört dem Albu-Issa-Stamm an, einem kleinen, aber sehr einflussreichen Stamm, der nur in Falludscha beheimatet ist, während andere, größere Stämme Provinzgrenzen, ja sogar Landesgrenzen überspannen. Der Irak ist eine stark tribal geprägte Gesellschaft. »Schlonek«, sagt man traditionell zur Begrüßung, was so viel heißt wie »Was ist deine Farbe?«, deine Abstammung. Eifans Freund Abdul Sattar vom Abu-Rischa-Stamm in Ramadi ist bereits ermordet worden, nachdem er mit den Amerikanern eine Allianz gegen al-Qaida eingegangen ist. Eifan Saadoun, erst 33 Jahre alt, als wir uns treffen, befürchtet dasselbe Schicksal. Während ihre Väter führende Köpfe im Widerstand gegen die Besatzer waren, verhandeln die Söhne die Sahwa, was so viel heißt wie Erwachen, mit US-General David Petraeus. Der wird im Februar 2007 von US-Präsident Bush in den Irak geschickt, als das Land den Amerikanern völlig entglitten war und im Chaos zu versinken drohte. Petraeus soll es nun richten. »Surge« heißt sein Programm zur Rettung. »Die Söhne Iraks«, wie der Viersternegeneral die jungen Scheichs an seiner Seite nennt, sollen fortan gemeinsam mit den US-Truppen gegen die Terroristen von al-Qaida vorgehen.

Und das klappt. Scheich Eifan, der in Saudi-Arabien studiert hat und hervorragend Englisch spricht, zeigt stolz ein Foto mit Bush, als er nach Washington eingeladen war, um das Bündnis der »Söhne Iraks« mit den Amerikanern zu besiegeln. Sie hätten Waffen, militärische Ausrüstung und Ausbildung von Washington erhalten. Außerdem würden die etwa 80 000 Stammeskämpfer Sold bekommen. »Als al-Qaida anfing, unsere Leute umzubringen, weil sie nicht nach ihrer Pfeife tanzen wollten, sind wir von ihnen abgerückt«, sagt uns der Scheich als Begründung für den Seitenwechsel. Außerdem seien die finanziellen Zusagen nicht eingehalten worden. »Unsere Leute konnten ihre Familien nicht mehr ernähren.« Genau daran ist später auch der IS gescheitert, den in Falludscha alle nur al-Qaida Plus nennen. Jedenfalls kann das Bündnis von Stämmen und US-Armee den Fall des Landes in den Abgrund noch in letzter Minute abwenden und al-Qaida aus Anbar und anderen Provinzen vertreiben. So jedenfalls scheint es zunächst. Die Amerikaner jubeln und verkünden das Ende von al-Qaida. Zwei Jahre später (2011) haben die US-Truppen den Irak verlassen. Scheich Eifan wird am 15. Januar 2013 von einem Selbstmordattentäter gezielt getötet, als er auf dem Weg zu einer Anti-Kriegs-Demonstration in Falludscha ist. Der Attentäter, der sich als Bauarbeiter verkleidet hat, nähert sich dem Scheich und zündet seinen Sprengstoffgürtel. Die Terrororganisation ISIL »Islamischer Staat im Irak und der Levante«, womit Syrien gemeint ist, später dann nur noch IS genannt, bekennt sich zu der Tat. Ziemlich genau ein Jahr nach der Ermordung des jungen Scheichs übernehmen sie Falludscha. Davon mehr im nächsten Kapitel.

Entführungen sind der Albtraum

Inzwischen hat Botschafter Bernd Erbel einen Dom bekommen. Die Decke seines Arbeitszimmers im Neubau des Botschaftsgebäudes hat die Form einer Kuppel, wirkt sakral und ähnelt einer romanischen Basilika. »Passend zum Gottesstaat draußen«, kommentiere ich sarkastisch, als ich das Zimmer das erste Mal sehe. Denn die Religion dominiert mehr und mehr den Alltag der Iraker, religiöse Rituale und Gebote werden zum Dogma. Wer sie nicht einhält, wird bedroht. Das gilt sowohl für Sunniten als auch für Schiiten. Als Erbels Dom im Oktober 2005 pünktlich zum deutschen Nationalfeiertag eingeweiht werden soll, muss der Botschafter verkünden, dass er den Gästen kein deutsches Bier anbieten könne, wie ursprünglich geplant. Aber das nicht etwa, weil man sich den strikten islamischen Regeln des Alkoholverbots unterordnen will, sondern weil der Lkw mit dem Bier auf dem Weg von Amman nach Bagdad gekidnappt wurde. Er hoffe nur, so Erbel ironisch, dass die Diebe nun einen kräftigen Schluck auf die deutsche Einheit trinken. Statt Bier gibt es dann deutschen Wein. Susanne Osthoff trinkt keinen Alkohol. Seitdem sie zum Islam konvertiert sei, trinke sie nicht mehr. Die deutsche Archäologin erzählt von ihrem Projekt in der Provinz Ninive bei Mossul im Nordirak und dass sie demnächst wieder dorthin fahre. Ob sie nicht Angst habe, entführt zu werden, will ich wissen. »Nein«, sagt sie, »mir passiert so etwas nicht.« Und wenn, meint sie noch, würde sie sich rausreden, sie könne Arabisch, sogar die Dialekte der Region, und habe gute Kontakte. Sie spielt auf den Stamm ihres Exmannes an, ein Schammari. Die Schammar sind einer der größten Stämme in Arabien überhaupt. Ihre Zweige reichen vom Irak bis nach Jordanien, Syrien und Saudi-Arabien. Sieben Wochen später ist Susanne Osthoff in Geiselhaft.

Es sei nicht der Fahrer gewesen, der sie verraten habe, sagt sie später, obwohl alles darauf hindeutet, dass dem so war. Bei den meisten Entführungen von Ausländern in den letzten Monaten sind immer die Fahrer die Schwachstellen. Und bei Susanne ganz besonders, denn der ursprüngliche Fahrer hatte kurzfristig abgesagt und einen Kollegen geschickt. Dieser gehört, wie sich herausstellt, dem Duleimi-Stamm an, jenem Stamm in der Provinz Anbar, der maßgeblich am Widerstand gegen die Besatzer beteiligt ist. Und der Widerstand braucht Geld. So gelten die zunächst vorgeschobenen politischen Forderungen, wie das Schließen der Deutschen Botschaft in Bagdad und der Abzug aller Deutschen aus dem Irak – es gibt sowieso nur einige wenige – von Anfang an als lächerlich. Deutsche werden nicht aus politischen Gründen entführt, wie Amerikaner und Briten, sondern mit einer Lösegeldforderung verbunden. Dass die Entführung von Susanne Osthoff dann doch zum Politikum wird, hat mehr mit der deutschen Politik zu tun, als mit der irakischen. Sie zeigt, dass nicht nur die amerikanischen und britischen Dienste oft gegensätzliche Positionen einnehmen und sich gegeneinander ausspielen, sondern auch die deutschen Institutionen nicht immer kooperieren. Susanne Osthoff weiß nicht damit umzugehen, weiß nicht zwischen Bundesnachrichtendienst (BND), Bundeskriminalamt (BKA) und Auswärtigem Amt, die alle in den Fall verwickelt sind, zu unterscheiden. Wie auch? Sie liegt gefesselt im Kofferraum eines Autos, wird hin- und hergefahren, um Spuren zu verwischen, redet auf die Entführer ein und wird schließlich nach gut drei Wochen in die Deutsche Botschaft nach Bagdad gebracht, wo sie sich erst einmal ausgiebig unter die Dusche stellt. Danach wird sie nach Dubai ausgeflogen, von deutschen Beamten verhört, tritt vollverschleiert vor die Kamera des arabischen Nachrichtensenders Al Jazeera, dem sie beteuert, sie sei von den Entführern gut behandelt worden. Danach wird live zum ZDF geschaltet, und das Interview mit Marietta Slomka wird zum Skandal. Jetzt heißt es in Deutschland, Susanne Osthoff hätte gemeinsame Sache mit den Entführern gemacht, das Ganze sei von ihr mitinitiiert worden, sie führe ein unstetes Leben und überhaupt: Warum gibt sie ihre Tochter in ein Internat, während sie sich im kriegsgeschwängerten Irak rumtreibt? Die Medien lassen kein gutes Haar mehr an ihr.

Zwei Monate später sitzt eine völlig traumatisierte Frau auf dem Balkon meiner Wohnung in Amman, aufgewühlt, übernervös, rastlos, heimatlos. Sie habe ihren Entführern das Interview mit Al Jazeera versprechen müssen. Das sei die Bedingung für ihre Freilassung gewesen. Dass Deutschland dafür einen Millionenbetrag bezahlt hat, davon wisse sie nichts. Auch nicht, dass der Freund, der sich als Mitarbeiter der Deutschen Botschaft in Bagdad ausgab, in Wirklichkeit für den BND arbeitet und eine

Mitschuld an dem Verwirrspiel um ihre Entführung hat. Eine Woche lang versuchte er, die Sache im Alleingang zu regeln, setzte einen Vermittler ein, besorgte das Lösegeld aus Berlin. Da Susanne Osthoff die letzte Nacht vor ihrer Entführung im Haus der beiden BND-Mitarbeiter in Bagdad, dem dritten Gebäude im Botschaftsareal, verbracht hatte und ihr Freund auch noch die Autonummer des Fahrers aufschrieb, als sie losfuhr, wurde die Sache äußerst prekär für ihn und sollte unter keinen Umständen herauskommen. Erst als der Mittelsmann nicht mehr aufzufinden war, wurde Botschafter Erbel eingeschaltet. Dessen Vermittler, ein ehemaliger irakischer Ingenieurstudent in Deutschland, hatte Erfolg. In Dubai dann wird Susanne Osthoff vom BKA »in Empfang« genommen und verhört, nicht vom BND. Nach wie vor ist sie fest davon überzeugt, dass sie sich alleine aus der Geiselhaft befreien konnte, indem sie mit den Entführern in ihrer Sprache verhandelt hatte. Warum so viel Aufheben um das Geld gemacht wurde, das man bei ihr nach der Befreiung gefunden hat, ist ihr unverständlich. Das sei das Geld gewesen, das man ihr abgenommen habe, als sie entführt wurde, und das ihr wiedergegeben wurde. »So ehrlich waren die zu mir«, sagt sie mir in Amman. Doch die Scheine des zurückgegebenen Geldes tragen die Nummern des Lösegeldes, das offiziell nie gezahlt worden ist. In der Nacht weckt Susanne mich zwei Mal auf und fragt, ob die Türe auch wirklich richtig verschlossen sei. Sie habe Schritte gehört, man wolle sie wieder entführen. Am Morgen, als ich aufwache, ist sie verschwunden. Ein Zettel liegt auf dem Tisch: »Muss weiter, Danke, SO.« Seitdem habe ich Susanne Osthoff nicht mehr gesehen.

»Solange du in Bagdad bist, fühle ich mich sicher«, sage ich zu Halim, nachdem er auch noch die beiden deutschen Ingenieure aus Leipzig aus der Geiselhaft abgeholt hat. Nur wenige Wochen nach der Freilassung von Susanne Osthoff wurden René Bräunlich und Thomas Nitzschke entführt. Sie waren im Auftrag ihrer Firma in Baidschi, 180 Kilometer nördlich von Bagdad, um dort eine Stickstoffschutzgasanlage aufzubauen. Baidschi war damals die größte Erdölraffinerie des Irak und belieferte ganz Bagdad mit Strom. Nach 99 Tagen Geiselhaft kamen die beiden am 2. Mai 2006 frei. Auch hier wurde reichlich Lösegeld gezahlt. Dass Botschafter Erbel ausgerechnet Abdul Halim Al Hajjaj in diesen Angelegenheiten einschaltet, hat mehrere Gründe. Der Iraker ist gut vernetzt, kennt sich im sunnitischen Dreieck bestens aus, spricht fließend Deutsch und ist Vorsitzender in dem von Erbel ins Leben gerufenen Club der Absolventen deutscher Hochschulen. »Als ich nach Bagdad kam, gab es keine Akten mehr«, erzählt der Botschafter, »kein örtliches Infonetz.« Ein kleines Schächtelchen mit Visitenkarten aus den Achtzigerjahren habe er vorgefunden, »das war alles«. Darin fand er die Namen von Irakern, die in Deutschland studiert hatten, zumeist mit Stipendien des irakischen Staates. Manche in Ost-, andere in Westdeutschland, ganz unterschiedlich. Erbel organisierte ein Treffen bei ihm in der Botschaft. Fünfzig Leute seien gekommen, es gab Bier und einen Happen zu essen. »So habe ich mir ein Netzwerk im Irak geschaffen. Wir Deutschen werden als Freunde gesehen, die ehemaligen Hochschulabsolventen wollten etwas an Deutschland zurückgeben.« Ihre Informationen und Hilfe werden für Erbel unverzichtbar, was sich im Falle der Entführungen deutlich zeigt.

Als ich mit meiner christlichen Freundin an einem Sonntag zum Gottesdienst in eine Kirche im Bagdader Stadtteil Karrada gehe, verabschiedet uns der Priester mit der Frage, woher ich käme, da ich nicht so sehr irakisch aussehe. Als ich Deutschland sage, reagiert er so: »Ohhh, da müssen Sie aber sehr auf sich aufpassen, denn sie sind sieben Millionen Lösegeld wert.« Wenn der Pfarrer in der Kirche davon weiß, dann hat es sich tatsächlich herumgesprochen, und wir wenigen verbliebenen Deutschen im Irak leben gefährlich, denke ich. Zwar ist die genannte Summe übertrieben, aber Gerüchte verbreiten sich schnell. Obwohl ich von Anfang an weiß, wie viel Lösegeld pro Kopf gezahlt wurde, habe ich es nie gesagt oder geschrieben, aus Selbstschutz. Und die Bundesregierung hat eine Zahlung stets bestritten. Denn Kidnapping ist zum einträglichen Wirtschaftszweig im irakischen Bürgerkrieg geworden. Dass in den westlichen Medien meist nur von entführten Ausländern die Rede ist, liegt in der Natur der Berichterstattung. Wird Lösegeld bezahlt, werden sie freigelassen, wird nichts bezahlt, werden sie umgebracht. Die USA zahlen grundsätzlich nicht. Der Amerikaner Tom Fox von der NGO Christian Peacemaker Team, die den Abu-Ghraib-Skandal in den US-Kongress trugen und im Erdgeschoss unserer Journalisten-WG wohnen, wird ermordet, seine beiden kanadischen Teamkollegen kommen frei. Kanada zahlt nach zähem Ringen Lösegeld. Nie werde ich Weihnachten 2005 vergessen, als die verbliebenen zwei weiblichen Peacemaker und ich bei Kerzenlicht um die Entführten bangen. Kerzen sind Mangelware in Bagdad, da ständig der Strom ausfällt.

Der Großteil der Entführten jedoch sind Iraker. Alle Volksgruppen sind davon betroffen. Die Motive sind finanzieller Natur, Racheakte oder Säuberungsaktionen. Denn die Kämpfe zwischen Sunniten und Schiiten entwickeln sich zunehmend um die Frage, wer im neuen Irak die Macht ausüben wird. Dafür wird die Elite eliminiert. Rechtsanwälte, Ärzte, Wissenschaftler, Professoren, Lehrer und Journalisten sind ihres Lebens nicht mehr sicher. Walid, ein im Irak bestens bekannter Chirurg für Brustkrebs, entgeht drei Kidnappingversuchen in seiner Privatklinik in der Saadoun-Straße im Stadtteil Karrada. Als die Entführer versuchen, seine Tochter zu Hause zu kidnappen, flieht der Arzt mit seiner Familie nach Kanada. Die Klinik übernehmen andere. Sein Bruder entkommt nicht und wird entführt. Er ist einer der wenigen Nierenspezialisten des Landes, die die Lizenz zu Transplantationen haben. Die Familie muss ihr gesamtes Vermögen hergeben, um ihn freizukaufen. Danach zieht sie nach Jordanien. Denn wenn einmal gezahlt worden ist, besteht die Gefahr, dass weitere Familienmitglieder gekidnappt werden. Andere werden wegen ihrer Position erschossen, wenn sie sich weigern, Platz zu machen. Geht man morgens zur Arbeit, weiß niemand, ob er abends noch lebend nach Hause kommt. »Ich verabschiede mich immer sehr innig von meiner Frau, wenn ich morgens gehe«, sagt mir ein Professor der Bagdader Universität Mustansiriyya, »weil ich nie weiß, ob es das letzte Mal ist.« Der Irak erfährt in den Jahren 2006/07 und 2008 einen Brain-Drain sondergleichen. Bald gibt es kaum noch Ärzte, Juristen, Uni-Professoren oder Lehrer. Sie werden durch schlecht oder gar nicht ausgebildete Neulinge ersetzt. Nach den staatlichen brechen nun auch die gesellschaftlichen Strukturen zusammen.

Am 7. Juli 2006 werfen die Kidnapper Abdul Halim Al Hijjaj irgendwo im Bagdader Stadtteil Amirija, unweit des Flughafens, aus dem Auto. Seine Frau hat das Familienvermögen verpfändet, um ihren Mann freizukaufen. Ursprünglich wollten die Entführer 200 000 Dollar, waren dann aber mit 150 000 zufrieden. Halim glaubt, dass sie zu einer der Gruppen gehörten, die an der Bräunlich-Nitzschke-Entführung beteiligt waren. Nur sie hätten gewusst, »wo ich wohne«. Warum er entführt worden sei? Weil er zwei Ausländer befreit habe, so die Begründung, und er habe das nicht umsonst gemacht. Dass er für seine Vermittlerdienste außer einem hochrangigen Dankeschön vom Auswärtigen Amt und zwei WM-Tickets für das Spiel Deutschland–Portugal in Stuttgart nichts weiter bekommen habe, nahm ihm niemand ab, außer Bernd Erbel, der dies bestätigt. Auf die Anfrage des Botschafters bei seinem Dienstherrn, dem mittellos gewordenen Krisenhelfer finanziell unter die Arme zu greifen, hieß es schroff, dafür gebe es keinen Haushaltstitel. Zudem verweist das Auswärtige Amt darauf, dass sie ja offiziell gar kein Lösegeld gezahlt hätten. Und wegen eines nicht gezahlten Lösegeldes, das sei logisch, könne auch niemand entführt worden sein. Basta. Inzwischen ist der Chef der Leipziger Firma Cyrotec zu Hilfe gekommen, dessen Mitarbeiter der Iraker aus der Geiselhaft geholt hatte. Halim lebt jetzt mit seiner Familie in Berlin. *Der Spiegel* hat seine Geschichte aufgeschrieben, während ich, von Gewissensbissen geplagt, geschwiegen habe. Nachdem Susanne Osthoff befreit war, wurde in der *FAZ* ein Interview veröffentlicht, das ich mit ihm geführt hatte und in dem ich seine Identität preisgab. Später beruhigte er mich in Berlin und meinte, dass seine Entführung nicht darauf zurückzuführen sei. Doch der bittere Nachgeschmack bleibt. Danach nenne ich die vollen Namen meiner Gesprächspartner nicht mehr.

Halim hat nach seiner Freilassung aus der Geiselhaft den Irak verlassen, Bernd Erbel sitzt auf gepackten Koffern. Vor seiner Abreise lässt der Botschafter seine zweieinhalb Jahre im Irak Revue passieren und lädt mich zu selbst gebratenen Spiegeleiern und Kartoffelpüree aus der Packung ein. Es ist Freitag, der islamische Sonntag, und die Botschaftsangestellten haben frei. Der Chef kocht deshalb persönlich. Für die Situation im Irak hat Erbel einen Witz parat: Die Präsidenten Bush, Putin und Saddam Hussein treffen sich in der Hölle, und jeder will nach Hause telefonieren. Bush muss fünfzig Dollar bezahlen und beklagt sich. Putin zahlt die Hälfte und beschwert sich ebenfalls. Als Saddam bezahlen soll, heißt es achtzig Cent. Wie das käme, fragen die beiden anderen Präsidenten erstaunt den Telefonvermittler. »Ortsgespräch«, antwortet dieser als Begründung. Als Erbel zum Airport fahren will, war eine Stunde vorher eine Bombe auf der Flughafenstraße hochgegangen, die zu der Zeit zu den gefährlichsten Straßen Bagdads zählt. Die Straße ist gesperrt. Er muss zurück in die Botschaft. Erst am nächsten Tag lassen ihn die Sicherheitsleute fahren.

»Zum ersten Mal habe ich so richtig Angst«, notiere ich tags darauf in mein Tagebuch. Nicht die Bombenanschläge sind mein Problem, sondern die Entführungen. Gekidnappt zu werden, ist mein Albtraum. Andere Menschen bestimmen über dein Schicksal, du verlierst die Kontrolle über dich selbst. Ich habe nicht ein Entführungsopfer getroffen, bei dem eine Geiselhaft spurlos vorübergegangen ist. Alle, wirklich alle haben psychische Schäden danach. Die Traumata sind vielseitig. Von Verfolgungswahn über Todes- und Verlustangst, von Klaustrophobie bis hin zu Schizophrenie und alle Varianten dazwischen. Da fällt mir ein Satz von Nelson Mandela ein: »Mut ist nicht, wenn man keine Angst hat, sondern wenn man Angst überwindet.« Ich versuche, Mandela nachzueifern. Doch es fällt mir manchmal schwer. Immer mehr mir vertraute Menschen verlassen das Land. Die Fernsehkollegen sind schon lange weg, seitdem die ersten Entführungen von Ausländern im Sommer und Herbst 2004 begannen. Dann gingen die internationalen Vertreter der NGOs, nachdem die Irin Margaret Hassan von Care International ermordet wurde. Und dann die irakische Elite, von denen einige für mich als geschätzte Gesprächspartner unentbehrlich sind. Fühle mich jetzt wie Kevin allein zu Haus, auch wenn die Situation keine Komödie, sondern eine Tragödie ist. Gerade der Austausch mit den Kollegen fehlt mir am meisten. Doch meine irakischen Freunde flehen mich an zu bleiben. »Geh du nicht auch noch«, sagen sie, »wer soll denn sonst darüber berichten, wie es uns ergeht?«

Die Amerikanische Botschaft bietet für die wenigen westlichen Korrespondenten, die noch in Bagdad sind, ein Überlebenstraining an. Der Trainer verteilt einen Zettel, auf dem Punkte aufgezählt sind, die bei einer Entführung zu beachten seien. An erster Stelle steht: »Your main concern is to survive.« – Dein Hauptanliegen ist zu überleben. Ich überlege, wie ich diesen Ratschlag befolgen soll, wenn ich vor einer Kamera sitze und mir das scharfe Messer an den Hals gehalten wird. Wie man sich die anderen Überlebensweisheiten merken kann, weiß ich nicht. Wahrscheinlich muss man den Zettel überall mit hinnehmen und im betreffenden Moment herauskramen? Einen Aspekt des Trainings allerdings habe ich sofort umgesetzt. »Entweder, ihr fahrt high profil«, wie der Trainer es formuliert: »Mindestens vier schwer bewaffnete Bodyguards, ein gepanzertes Auto und kugelsichere Westen.« Oder low profil: »Eintauchen in die irakische Bevölkerung, zerbeultes Auto und entsprechende Kleidung.« Alles andere sei Murks. Recht hat er. Von da an trage ich die schwarze Abaja und den Schleier, wenn ich das Haus verlasse, fahre mit meinem Assistenten in seinem schäbigen Auto und spiele irakisches Ehepaar mit ihm. Denn vier Bodyguards kann ich mir erstens nicht leisten, und zweitens redet dann niemand mehr mit mir. Wie soll ich unter diesen Umständen meinen Job machen? Als der Chefredakteur der *Welt* mich anruft und mir mitteilt, dass es verlässliche Hinweise von unterschiedlichen Geheimdiensten gebe, dass ich entführt werden solle, verlasse ich für sechs Wochen den Irak, kehre dann allerdings wieder zurück. Das Schwierige an diesen Warnungen ist, dass es danach keine Entwarnung gibt, wenn die Situation sich entspannt.

Der Terror ist überall

Die Lage in Bagdad wird immer schlimmer. Die Brutalität, mit der Iraker Iraker umbringen, kennt keine Grenzen mehr. Morgens öffne ich vorsichtig die Tür, um zu schauen, ob schon wieder Leichen auf dem Bürgersteig liegen. Der Terror ist überall. Kein

Stadtviertel in Bagdad ist mehr sicher. Die Menschen sind völlig paralysiert. Jahrelang haben sie von Saddam Hussein Staatsterror ertragen müssen, wenn er gegen aufständische Kurden oder Schiiten vorging, aber Terror buchstäblich vor der Haustür kennen sie nicht. Manche Bagdader, vor allem Frauen, trauen sich monatelang nicht mehr aus dem Haus. Die Vermutung macht sich breit, dass dieser Wahnsinn von außen gesteuert sein muss. »In unser Viertel ziehen plötzlich Menschen, die ich nie zuvor gesehen habe«, höre ich immer wieder. Auch die Amerikaner werden beschuldigt, direkt an den Morden beteiligt zu sein. Unterstützung erhält diese These durch eine Studie des Zentrums für Globalisierungsrecherchen im kanadischen Montreal, die die Verhältnisse im Irak mit der Situation in Lateinamerika vergleicht, als der US-Geheimdienst CIA unterschiedliche konterrevolutionäre Gruppen unterstützte, um das Prinzip »Teile und herrsche« durchzusetzen.

Anneke van Ammelrooy hat eine realistischere Erklärung für das Inferno, das nach Samarra entsteht. Wie kaum eine andere westliche Journalistin harrt die Holländerin in Bagdad aus, bis ihr irakischer Ehemann nur knapp einem Mordversuch entgeht und das Paar nach Jordanien flieht. Nach dem Beginn der Entführungen westlicher Ausländer haben wir uns nur noch selten gesehen, heimlich und tief verschleiert. Manchmal erkenne ich meine blonde Freundin nicht einmal, so entstellt ist sie durch die Kleidung. »Nach der Bombardierung der goldenen Kuppel der Moschee im Februar 2006 sieht man plötzlich überall Mitglieder der Schiitenmiliz Mahdi-Armee von Moktada al-Sadr. Trotz Fahrverbot rasen ihre Autos durch die Straßen von Bagdad«, stellt Anneke fest. Todesschwadronen entstehen, die vom damaligen Innenminister der zweiten Übergangsregierung gedeckt werden und ungehindert regelrechte Säuberungen vornehmen. »Natürlich sind das auch Rachefeldzüge«, meint die Holländerin, »denn bis dahin hetzten die sunnitischen Imame gegen die Schiiten.« Jetzt liefern sich Radikale auf beiden Seiten erbitterte Schlachten, mit Duldung der irakischen Regierung. Und auch die Amerikaner schreiten nicht ein. Leidtragender ist der einfache »Bagdadi«, wenn er zwischen die Mühlen der Fanatiker gerät. Das kann leicht geschehen. Mancher besorgt sich gar zwei Identitätsnachweise: einen mit schiitischem und einen mit sunnitischem Namen. »Man muss nur herausfinden, welche Miliz gerade den Kontrollpunkt besetzt, an dem du angehalten wirst.« Oft aber geht es schief. General Petraeus' »Surge« setzt in Bagdad erst ein, als es fast zu spät ist und immer mehr Leichen in der braunen Brühe den Tigris hinuntertreiben.

Im Verlauf des Bürgerkriegs gerät der Fokus tatsächlich immer mehr auf die Schiiten. Sie haben sich schnell organisiert und drängen nun mit aller Härte und Gewalt in die Positionen, die früher Sunniten bekleideten. Wegbereiter für den Regimewechsel ist der junge Schiitenrebell Moktada al-Sadr. Seine Mahdi-Miliz wird zum mörderischen Bulldozer und walzt alle nieder, die der Forderung der Schiiten zur Machtübernahme im Wege stehen. »Jetzt sind wir dran«, hört man sie allenthalben sagen, »ob ihr wollt oder nicht.« Dschaisch al-Mahdi, wie die Miliz auf Arabisch heißt, wird zum Horrorwort in Bagdad, das Angst und Schrecken verbreitet. Der Name hat einen endzeitlichen Beiklang. In der schiitischen Theologie ist der Mahdi der Messias, der Erlöser, und soll mithelfen, ein weltweites Kalifat zu begründen, in Vorbereitung auf den »Jüngsten Tag«, dem Tag der Auferstehung. Al-Sadr gibt an, mehr als eine halbe Million Kämpfer unter seinem Kommando zu haben. Nachzuprüfen ist das nicht, aber im inzwischen von Saddam City in Sadr City umbenannten Schiitenviertel Bagdads gehen Hunderttausende mit Moktada al-Sadr auf die Straße und unterstreichen so ihren Führungsanspruch im neuen Irak. Bemerkenswert ist die Parallele zu den sunnitischen Extremisten in Falludscha. Auch für sie ist die Errichtung eines Kalifats das Fernziel. Später wird bekannt, dass beide zunächst gemeinsam im Widerstand gegen die Amerikaner kooperiert haben, schließlich aber gegeneinander vorgehen.

Doch Moktada al-Sadrs Schiitenmiliz ist nicht die einzige, die in den Jahren des Bürgerkrieges immer mächtiger wird. Die Badr-Miliz ist mindestens genauso tonangebend. Mit ihr wird der Einfluss Irans im Irak zementiert, der sich bis heute zur unausweichlichen Tatsache entwickelt hat. Wie eine Schattenarmee etablieren sich die Badr-Milizen im Irak, als die irakischen Sicherheitskräfte aufgelöst werden. Ihre Gründer, der Oberste Rat der Islamischen Revolution im Irak, auch SCIRI genannt, kommen nach dem Sturz Saddam Husseins aus dem Exil in Iran zurück und bringen schätzungsweise zwischen 5000 und 10 000 in den 1990er-Jahren in Iran ausgebildete Kämpfer mit. Und wieder schreiten die Amerikaner nicht ein. Auch heute noch wird die Badr-Organisation von der iranischen Revolutionsgarde, den Quds-Brigaden, unterstützt und instruiert. Als ihr Chef, Großajatollah Mohammed Baqir al-Hakim im August 2003 durch eine Autobombe vor der Imam-Ali-Moschee in Nadjaf getötet wird, übernimmt zunächst sein Bruder, nach dessen Tod sein Sohn Ammar. Der SCIRI befürwortet, analog zu den Verhältnissen in Iran, einen Gottesstaat, in dem die Macht in der Hand religiöser Gelehrter liegt. Dies steht im Gegensatz zu den Zielen anderer schiitischer Parteien, die die Macht in die Hand des Volkes legen wollen. Trotzdem gewinnt der SCIRI in einem Bündnis mit anderen religiösen Schiitenparteien die ersten Parlamentswahlen im Irak, im Januar 2005. Bei den Wahlen 2010 werden sie allerdings nur drittstärkste politische Kraft. Einen neuerlichen Machtzugewinn erfahren die Badr-Brigaden seit dem Blitzkrieg des IS 2014. Unter der Führung ihres Generalsekretärs Hadi al-Amiri sind sie zu einem der wichtigsten Akteure der irakischen Politik aufgestiegen.

Ein Jahr wird es dauern, bis der militärische Plan der Amerikaner zur Rettung des Irak Erfolg zeigt. Seit Anfang 2008 gehen die Anschläge zurück. Von durchschnittlich achtzehn pro Tag allein in der Hauptstadt Bagdad während 2006 und 2007 auf dann »nur« noch vier. Zum ersten Mal seit der Invasion der Amerikaner und Briten vor fünf Jahren gibt es in Bagdad während der viertägigen Feiern zum islamischen Opferfest im Dezember 2008 weder Bombenanschläge noch Sprengfallen oder sonstige tödliche Attacken. Die Hauptstädter atmen auf. »Es war eine noch nie da gewesene Ausgelassenheit«, erzählt Bushra, die mit ihrer Familie in der Nähe des Zawra-Parks wohnt, dem der Zoo angegliedert ist. Bis in die Nacht hinein hörte sie Kindergeschrei, fröhliches Singen und Musik, herübergeweht vom Park mit dem Wind in ihren kleinen Vorgarten. Vor fast genau fünf Jahren habe ich die zierliche Hausfrau bei einem Spaziergang im Park getroffen, als die Bomben noch weniger und Entführungen kein Thema waren. Seitdem haben wir uns regelmäßig gesehen. Als der Terror am schlimmsten ist, geht Bushra vor Angst oft wochenlang nicht aus dem Haus. Flugblätter wurden verteilt, die unter Strafandrohung streng islamische Kleidung für Frauen vorschreiben. Auch in Bagdad, nicht nur im südirakischen Basra. Nachdem dann eine Frau erschossen wurde, als sie Auto fuhr, tendierte die Zahl der weiblichen Fahrer nahezu gegen null. Jetzt trauen sich schon einige wieder ans Steuer und ernten erstaunte, auch ermutigende Blicke der männlichen Kollegen. »Trotzdem sind wir noch weit davon entfernt, wie es vor dem Terror war«, meint die 38-jährige Bushra mit unverhohlener Skepsis. Leise Hoffnungen aber bleiben.

Als ich im Januar 2009 vom Weihnachtsurlaub nach Bagdad zurückkomme und wie üblich auf der Toilette des Flughafens verschwinde, meine schwarze Abaja und den Schleier aus der Computertasche hole und mich verkleiden will, protestiert die Toilettenfrau: »Nein«, sagt sie, »machen Sie das nicht. Abaja und Hijab sind jetzt vorbei.« Seitdem habe ich in Bagdad nie wieder die schwarze Kutte getragen.

Nachtrag

Im Dezember 2017 wird Bernd Erbel siebzig Jahre alt. Kurz danach treffen wir uns in Kairo. Seine Haare sind jetzt braun gefärbt und nicht mehr hennarot wie in Bagdad. Pumuckl habe ihn seine Tochter deshalb genannt, das wollte er nicht mehr. Seit seinem Weggang im Juli 2006 war der ehemalige Botschafter nicht mehr im Irak, bekam danach den Posten in Kairo und Teheran. Insgesamt 21 Jahre hat der jetzige Pensionär im diplomatischen Dienst in den arabischen Ländern verbracht, vier Jahre in Iran – so viel wie kein anderer Diplomat vor ihm. Er wird dem Nahen Osten immer verbunden bleiben. »Es ist doch ein Wahnsinn, was jetzt passiert«, sagt er bekümmert. Die Kriege in Syrien, Libyen, im Jemen und jetzt auch in der Türkei mit den Kurden. Die Krisen am Golf, im Libanon, die Flüchtlingskatastrophe in Jordanien, der Stellvertreterkrieg zwischen Saudi-Arabien und Iran. Und auch der Krieg im Irak ist noch nicht zu Ende, Tunesien auch nicht stabil – und Ägypten?

Wenn die Deutschen und der Vatikan als moralische Oberliga im Irak gälten, dann könne das nicht mit rechten Dingen zugehen, sagt Erbel scherzhaft, wie es seine Art ist. Der Aufmarsch der Extremisten im Irak nach der Invasion der Amerikaner und

Briten 2003 würde jetzt in der ganzen Welt Früchte tragen. »Die Demokratie hat im Moment einen sehr schlechten Ruf im Nahen Osten«, sagt Bernd Erbel zusammenfassend, »auch daran sind die Amerikaner schuld.« Als ich nach seinem Kater Nemo frage, wird Katzenfreund Erbel traurig. Der Kater aus der Schweizer Botschaft, den der Deutsche aufnahm und der zu seinem treuesten Begleiter während der schwierigen Zeit in Bagdad wurde, zog zunächst mit um nach Kairo. Dort wurde er nur wenige Tage nach seiner Ankunft von einem Auto überfahren. »Kairo ist Nemo nicht bekommen«, kommentiert der erste deutsche Botschafter im Irak nach Saddam Hussein. Ob er Bagdad manchmal vermisse, will ich schließlich noch wissen. »Ja«, sagt Erbel, »manchmal schon.« Das Leben dort reduziere sich durch die Umstände auf den Augenblick. »Ich bin nicht der deutsche Botschafter, sondern der Bernd. Es geht nicht darum, ob meine Krawatte gut sitzt oder der Anzug passt, sondern darum, ob ich noch lebe.« Und plötzlich wird mir klar, warum ich so lange schon in Bagdad bin. Die Stadt ist zu einer Droge für mich geworden: Nur das pure Sein zählt, das Hier und Jetzt. Ein völlig anderes Lebensgefühl.

Kapitel 4:
Daesh oder die Terrormiliz IS

Wo alles begann

Der Weg nach Bucca ist staubig. Eigentlich sind es bloß 94 Kilometer von Iraks mittlerweile zweitgrößter Stadt Basra bis dorthin. Doch kein Schild nennt den Namen des Lagers, das einmal das größte Gefängnis des Irak war. Man muss sich durchfragen. Plötzlich tauchen mitten in der Wüste grüne Felder am Straßenrand auf: Oliven- und Orangenbäume. Und dann ein Wachturm, Betonmauern und ein Schlagbaum. »Ja«, sagt ein Wachmann, »hier ist Bucca.« Während in die ehemaligen Verwaltungsgebäude der US-Armee eine Logistikfirma aus Basra Einzug hielt, werden die Gefängniszellen jetzt von einer Marineeinheit der irakischen Armee genutzt. Alles ist noch so, wie die Amerikaner das Camp Ende 2009 verlassen haben. Nichts ist dem Erdboden gleichgemacht, wie es in Medienberichten hieß. Selbst die Ziegelei, in der die Gefangenen gearbeitet haben, steht noch. Davor ein großer Platz mit überdimensionierten Scheinwerfern, wo die Häftlinge ihren Freigang absolvierten. Dahinter dann die Baracken, die jeweils bis zu 200 Gefangene beherbergten. Kurz vor dem Haupttor steht eine Betonstele mit einer aufgemalten US-Fahne. Darunter ist auf Englisch und Arabisch geschrieben: »Ein Geschenk des amerikanischen Volkes an das irakische Volk.«

Das einst größte Gefängnis des Irak unter amerikanischer Administration wurde zur Kaderschmiede der Terrormiliz »Islamischer Staat« und der Schiitenallianzen Haschd al-Schabi (Volksmobilisierungsfront) gleichermaßen. Die Wiege des Terrors im Nahen und Mittleren Osten liegt hier, im Süden Iraks.

Über 30 000 Insassen hat Bucca in den vier Jahren verzeichnet, in denen Marwan seinen Dienst für das Internationale Komitee vom Roten Kreuz (IKRK) in diesem Gefängnis versehen hat. Manche blieben über Jahre, manche Monate, einige nur Wochen. Wie lange Terrorchef Abu Bakr al-Baghdadi hier einsaß, kann nicht mit Bestimmtheit nachvollzogen werden. Es gibt Quellen, die behaupten, er sei nur vier Monate in Bucca gewesen, andere sprechen von Jahren. Möglich ist auch, dass der Chef des IS mehrere Male inhaftiert wurde. Das erste Mal 2004, als sein Vorbild, der Jordanier Abu Musab al-Zarqawi, al-Qaida im Irak gründete und der Terror gegen die US-Administration internationalisiert wurde. Und dann ein weiteres Mal nach dem Anschlag auf die goldene Kuppel in Samarra 2006. Möglich ist aber auch, dass Baghdadi diese Attacke aus dem Gefängnis heraus organisierte. Der 46-jährige Topterrorist stammt aus Samarra. »Die meisten Verhaftungen gab es zwischen 2007 und 2008«, weiß Rotkreuzmann Marwan, der seinen vollen Namen nicht nennen will. Das IKRK hat sich zum Schweigen verpflichtet. Seine Mitarbeiter arbeiten stets inkognito. Marwan war zuständig für den Besuch der Gefangenen, kümmerte sich um die Familien, die oft von weit her anreisten, um die Häftlinge zu sehen. Zwei Jahre lang habe das IKRK mit den amerikanischen und britischen Besatzern verhandelt, bis es 2005 Zugang zum Lager bekam. Marwan wohnte fortan in einem der Verwaltungsgebäude, die jetzt durch die Logistikfirma genutzt werden.

»Die meisten Häftlinge kamen aus den sunnitischen Gebieten, die der IS später unter seine Kontrolle brachte«, erzählt Marwan.

Ramadi, Falludscha, die Provinzen Salah ad-Din, Diyala und Ninive. Der Widerstand gegen die amerikanischen und britischen Besatzer war anfangs vornehmlich sunnitischen Ursprungs. Fast täglich explodierten Sprengsätze, detonierten Autobomben, zündeten Selbstmordattentäter ihre Sprengstoffgürtel, um Amerikaner und Briten zu töten und alle, die mit ihnen zusammenarbeiteten. Bucca war der Knast der Aufständischen. Es herrschte ein regelrechter Konkurrenzkampf darüber, wer die meisten Menschen getötet hat. »Ich habe 300 von denen erledigt«, gibt Marwan die Gespräche der Gefangenen wieder. Andere brüsteten sich mit wesentlich mehr Toten. Bis 2007 seien hier fast nur Sunniten inhaftiert gewesen. Danach kamen auch Schiiten. Und dann saßen sie alle in ihren hellgelben Haftanzügen vor den Baracken, von wo aus man die Schiffe im Ölhafen von Umm Qasr beobachten kann: die nahezu vollständige Führungsriege des späteren Islamischen Staates, Mitglieder und Sympathisanten des sunnitischen Terrors von al-Qaida, Saddam Husseins ehemalige Geheimdienstoffiziere, der Ehemann seiner Tochter, sein früherer Innenminister und schließlich auch Schiiten wie Saad Abdullah al-Fatlawi. In Bucca wurden die Pläne für den Islamischen Staat ersonnen, die Struktur eines sunnitischen Kalifats entworfen, schiitische Milizen-Allianzen geschmiedet. »Hier wurden sie zu dem, was sie heute sind«, sagt Marwan.

»Wir wollten ihn umbringen, wenn wir ihn zu fassen bekommen hätten.« Der Hass auf den Mann mit dem langen schwarzen Bart steht al-Fatlawi ins Gesicht geschrieben. Ibrahim al-Badri sei verantwortlich gewesen für den folgenschweren Anschlag auf das schiitische Heiligtum in Samarra im Februar 2006. Die Zerstörung des Al-Askari-Schreins, eine der wichtigsten Wallfahrtsstätten der Schiiten, war der Auslöser für die blutigen Auseinandersetzungen zwischen Schiiten und Sunniten im Zweistromland und darüber hinaus. Davor tobte der Terror gegen die amerikanische Besatzungsmacht. Jetzt brachten sich Schiiten und Sunniten gegenseitig um. Iraker töteten Iraker. Der Bürgerkrieg dauerte drei Jahre, forderte Hunderttausende Tote und brachte das Land zwischen Euphrat und Tigris an den Abgrund. Danach setzte er sich in der ganzen Region fort. »Dafür sollte Badri büßen«, sagt al-Fatlawi überzeugt. Doch die Amerikaner hätten den sunnitischen Terroristen fünfzehn Tage lang in Sicherheit vor den anderen Gefängnisinsassen gebracht und ihn der Rache der Schiiten entzogen, behauptet al-Fatlawi. Als Saad aus dem Gefängnis entlassen wurde, sprachen alle über Abu Bakr al-Baghdadi. »Als ich sein Foto sah, habe ich Ibrahim al-Badri wiedererkannt.«

In einer Seitenstraße am Ufer des Schatt al-Arab in Basra sitzt der ehemalige Häftling von Bucca in seinem Büro und schnippt mit den schwarzen Perlen seiner Gebetskette. Hinter ihm hängt eine irakische, vor ihm eine iranische Fahne. Al-Fatlawi verkauft hauptberuflich Reisen nach Iran. Im Nebenjob kämpft er auf Seiten der Schiitenmiliz Hisbollah gegen den IS und seinen Haftkollegen Abu Bakr al-Baghdadi an der Front in Samarra, dort wo der Konflikt zwischen Sunniten und Schiiten vor zehn Jahren begann. Inzwischen hat er sich weit über die Grenzen des Irak ausgebreitet, tobt in Syrien, im Jemen, in Libyen, im Golfstaat Bahrain und auch ein bisschen im Libanon. Ob Baghdadi noch lebt, wie die irakischen Behörden behaupten, oder tot ist, wie die Russen sagen? Niemand weiß es genau. Jedenfalls wurde er in den letzten Jahren öfters totgesagt und tauchte danach irgendwo wieder auf.

»Bucca bedeutete für mich ein Friedhof von Überlebenden«, kommentiert Saad Abdulla al-Fatlawi seine Zeit als Gefangener im amerikanischen Wüstenlager. »Sie kamen eines nachts mit Hubschraubern, traten die Tür meines Hauses ein, schoben mir eine Pistole in den Mund, fesselten meine Hände im Badezimmer und traten mich in die Knie«, erzählt der 49-jährige Schiit den Hergang seiner Verhaftung durch amerikanische Soldaten. »Sie hatten es gezielt auf mich abgesehen.« Fatlawi fiel hin und brach sich das Handgelenk. Mit einer dunklen Plastikmaske über dem Kopf wurde er nach Bagdad geflogen, wo er eine Sonderbehandlung bekam: vorgetäuschte Erschießungen, Kälteschocks bis fast zum Erfrieren, dröhnende Musik, damit man nicht schlafen konnte. »Sie verdächtigten mich, der Geldbeschaffer der Hisbollah zu sein. Ich sollte Informationen preisgeben, Kameraden verraten, ein Geständnis unterschreiben.« Danach kam er nach Bucca, wo Baghdadi und seine »Truppe« bereits einsaßen. Die amerikanische Administration musste Schiiten und Sunniten trennen, berichtet IKRK-Mann Marwan, »sonst hätten wir hier auch noch Bürgerkrieg gehabt«.

Im Bagdader Gefängnis »Cropper« sah Fatlawi im September 2009 Ibrahim al-Badri wieder. Die Amerikaner bereiteten ihren Rückzug aus dem Irak vor und lösten die Gefängnisse auf. In regelmäßigen Abständen wurden jeweils 170 Gefangene von Bucca nach Bagdad verlegt. Irakische Politiker wie der damalige Vizepräsident Tarek al-Hashimi kamen zu Besuch, um die Häftlinge zu inspizieren. Nur 250 wurden schließlich der irakischen Regierung überstellt. Unter ihnen waren vor allem hochrangige Würdenträger des Regimes Saddam Husseins. Die anderen schickte man auf einen »Happy Bus« in die Freiheit. Saad Abdullah al-Fatlawi kehrte zunächst zu seinen zwei Frauen und fünf Söhnen nach Basra zurück. Ibrahim al-Badri wurde zu Abu Bakr al-Baghdadi und gründete ein Jahr später die Organisation ISIS – Islamischer Staat im Irak und Syrien und verschwand ins Nachbarland. Als Baghdadi und seine finsteren Gesellen im Juni 2014 in den Irak zurückkamen, weite Teile des Nordens überfielen und ihr Kalifat errichteten, war Fatlawi nicht überrascht. Die Ideologie einer Weltherrschaft der Scharia-Kolonialisten sei schon bei Osama bin Laden vorhanden gewesen. Baghdadi wollte sie jetzt umsetzen und kam weiter als alle anderen vor ihm.

Amerikaner gehen, der Terror kommt

Kurz vor Weihnachten, am 18. Dezember 2011, macht der letzte amerikanische Soldat symbolträchtig das Tor an der Grenze zwischen dem Irak und Kuwait zu und verschwindet in der Wüste des Emirats. Für die Iraker bedeutet dies das Ende einer knapp neunjährigen Besatzung. Doch es finden keine größeren Freudenfeiern auf den Straßen von Bagdad statt, denn die Menschen ahnen schon, was ihnen bevorsteht. Nur wenige Stunden nach dem kompletten Abzug der US-Truppen bricht in Bagdad die nach langen, zähen Verhandlungen geschmiedete Regierungskoalition zusammen. Das entstehende Machtvakuum sollte zum Dilemma werden.

»Kriegen wir denn nicht endlich mal Ruhe, so wie alle anderen?«, fragt eine junge Frau tags darauf im Bagdader Stadtteil Karrada verzweifelt, als Bomben vor einem Kindergarten hochgehen. In der Stadt explodieren fast zeitgleich vier Autobomben und zehn Sprengsätze am Straßenrand, als die Straßen dicht bevölkert sind und die Menschen zur Arbeit gehen. Sunnitische, schiitische und gemischte Viertel sind gleichermaßen davon betroffen. Fast siebzig Menschen werden getötet, beinahe 200 verletzt. »Früher haben sie uns gesagt, dass der Terror gegen die Amerikaner gerichtet sei«, sagt die 23-Jährige verzweifelt. »Jetzt sind die weg, und das Morden geht trotzdem weiter!« Über 120 000 Iraker haben seit dem Sturz Saddam Husseins im April 2003 bis zum Abzug der US-Truppen Ende 2011 ihr Leben lassen müssen. Und der Terror nimmt kein Ende. Die Spannung unter den sechs Millionen Einwohnern der irakischen Hauptstadt steigt, ebenso die Angst vor einem erneuten Aufflammen des Konflikts zwischen Sunniten und Schiiten, der vor fünf Jahren dem Irak einen Bürgerkrieg einbrachte.

Kritik richtet sich jetzt vor allem gegen Premierminister Nuri al-Maliki, der vom scheidenden US-Präsidenten George W. Bush als »the right guy for Iraq«, »der richtige Kerl für den Irak«, bezeichnet wurde. Auch hier sollte sich der Amerikaner irren. Als Maliki dem neuen Chef im Weißen Haus, Barack Obama, einen Besuch in Washington abstattete, erklärte er, der Irak könne selbst für seine Sicherheit sorgen. Obama hörte dies nur allzu gerne, denn er wollte diesen Krieg, der von Anfang nicht sein Krieg war, schnell beenden. Zwar wurde das Abkommen für den Abzug der Amerikaner noch unter George W. Bush ausgehandelt, Obama vollzog es jedoch ohne Wenn und Aber. Am Ende des Jahres 2011 werde kein ausländischer Soldat mehr auf irakischem Boden stehen, verkündete Maliki laut und triumphierend, als die Verhandlungen mit den Amerikanern für einen Verbleib zumindest von Militärberatern im Oktober 2010 scheiterten. Der Irak wollte den amerikanischen Soldaten keine Immunität zubilligen, was Washington jedoch als Bedingung forderte. Dass der Irak eben nicht für seine Sicherheit sorgen kann, stellt sich schnell heraus. Unmittelbar nach dem Abzug der US-Truppen ereignen sich in den letzten Dezembertagen die wohl schwersten Anschläge seit Jahren. Zuletzt gab es 2008 eine derart koordinierte Vielzahl von Explosionen in Bagdad.

Der Terror im Irak ist immer auch politisch motiviert gewesen. Wenn ein politisches Vakuum existiert, kommt es zu vermehrten Anschlägen. So war es auch 2010, als acht Monate lang eine Regierungskoalition verhandelt wurde und der Machtpoker zwischen den einzelnen Fraktionen eine Zunahme der Bombenanschläge zur Folge hatte. »Die Politik provoziert den Terror«, sagt Yonadam Kanna, einer der fünf christlichen Abgeordneten im irakischen Parlament. Er behauptet gar, dass die Anschläge von politischen Parteien oder Gruppierungen in Auftrag gegeben und von den in der Region rivalisierenden Mächten Iran und Saudi-Arabien finanziert werden – je nachdem, welche Zielrichtung sie verfolgen. Auch al-Qaida sei mittlerweile zum »Auftragnehmer« geworden, dessen Know-how gefragt sei.

Dass auch dieses Mal politische Motive hinter den Anschlägen stecken, liegt auf der Hand. Der Bruch der Regierungskoalition und die gezielte Verdrängung sunnitischer Politiker aus politischer Verantwortung dürfte wohl der Auslöser gewesen sein. Malikis diktatorische Ambitionen, sein Machthunger und seine sektiererische Politik verschrecken aber nicht nur seine Rivalen, sondern auch die ihm bislang gewogenen Koalitionspartner. So hört man selbst in den eigenen, schiitischen Reihen massive Kritik an seinem Führungsstil. Seit über einem Jahr ist der Posten des Verteidigungsministers und des Innenministers vakant. Maliki selbst führt diese Ministerien »kommissarisch«. Keiner der vorgeschlagenen Kandidaten sei ihm recht, kommentiert sein Vorgänger Ibrahim al-Jaafari, Premierminister der zweiten Übergangsregierung und Malikis Parteikollege, die Situation. Das Verteidigungsministerium wurde bislang von einem Sunniten geleitet, während dem Innenministerium ein Schiit vorsaß. Der eingeführte Proporz von US-Administrator Paul Bremer lebt weiter. Maliki wolle aber nicht nur die Polizei mehrheitlich von Schiiten besetzt haben, sondern auch die Armee, verlautet aus inneren Regierungskreisen.

Immer mehr Kräfte wenden sich von Premier Maliki ab. So überraschte die Provinz Salah ad-Din Anfang November mit dem Beschluss des Provinzrates in Tikrit, Saddam Husseins Heimatstadt, eine »unabhängige Region im vereinten Irak« gründen zu wollen: 20 von 28 Mitgliedern stimmten für die Autonomie. Die Provinz Diyala, nordöstlich von Bagdad, will dem Beispiel folgen. Und selbst die südlichen, meist schiitischen Provinzen Nadschaf, Kerbela, Basra, Maisan und Muthanna streben als Ergebnis der Provinzräte die Gründung einer autonomen Südprovinz an. Sie alle wollen eine Loslösung von Bagdad und mehr Mitsprache für die Gestaltung der Zukunft erreichen. Der Boden für die Terror-miliz IS ist bereitet.

Premier Maliki stellt ein Ultimatum

Das Protestcamp ist nicht zu übersehen. Gleich wenn man auf der Hauptstraße von Bagdad nach Falludscha hineinfährt, sind auf einem großen Platz Zelte aufgebaut, eine Bühne mit den Fotos getöteter Demonstranten und jede Menge Fahnen. Sie stammen noch aus der Zeit Saddam Husseins, als seine Baath-Partei regierte und die Sunniten einen wichtigen Teil der Elite des Irak stellten. Jetzt fühlen sie sich ausgegrenzt. Nach dem Sturz des Diktators sollte schnell eine neue Fahne gefunden werden. Doch konnten sich die Abgeordneten des ersten Übergangsparlaments nicht einigen, sodass nur die grünen Sterne der Baath-Partei entfernt wurden. Der Rest blieb. In Falludscha sind die Sterne wieder auf-erstanden. Sie sind zum Symbol des Kampfes gegen die von Schi-iten dominierte Regierung in Bagdad geworden. Scheich Khaled, der Anführer der Proteste in Falludscha, steht vorne auf der Bühne am Mikrofon und ruft den Anwesenden zu, dass man den Platz nicht räumen werde, wie es Premierminister Nuri al-Maliki gefor-dert habe. »Wir denken nicht daran, hier wegzugehen!« Tosender Beifall.

Die Proteste dauern seit Dezember 2012 an und weiten sich seitdem kontinuierlich aus. Damals verhafteten Sicherheitskräfte zwei der Leibwächter von Finanzminister Rafa al-Issawi, einem prominenten sunnitischen Regierungsmitglied. Ihnen wird vorgeworfen, Terroranschläge gegen Schiiten durchgeführt und einen Putsch gegen Premier Maliki mitgeplant zu haben. Inzwischen ist auch Issawi selbst wegen Terrorverdachts angeklagt. Der Fall erinnert sehr an den ehemaligen Vizepräsidenten Tarek al-Hashemi zwei Tage nach dem Abzug der letzten US-amerikanischen Kampftruppen im Dezember 2011, als drei seiner Leibwächter verhaftet wurden und im irakischen Staatsfernsehen ihre angebliche Verwicklung in Terroraktivitäten gestanden. Danach widerriefen sie ihre Geständnisse und behaupteten, diese unter Folter gemacht zu haben. Inzwischen ist Hashemi zum Tode verurteilt und hält sich in der Türkei auf. Er ist bis heute nicht in den Irak zurückgekehrt. Finanzminister Issawi dagegen gab kurze Zeit nach der Verhaftung seiner Bodyguards seinen Rücktritt bekannt und versteckt sich seitdem in der Provinz Anbar, die zur Hochburg der Proteste wurde und sich inzwischen weitgehend der Kontrolle der Regierung entzieht. Falludscha ist zwar umgeben von Soldaten der irakischen Armee, in die Stadt selbst traut sich aber keiner.

»Das Ultimatum wird verstreichen, ohne dass etwas passiert«, prophezeit Scheich Saadon Talib El Jumeili, der am Rande des Protestcamps steht und die Szenerie beobachtet. Der Regierungschef hat den Demonstranten 48 Stunden gegeben, die Sit-Ins zu beenden. Ansonsten werde die Armee eingreifen, drohte er. Doch auch die Protestbewegung im benachbarten Ramadi, der Provinzhauptstadt von Anbar, denkt nicht daran aufzugeben. Zwar hat der neuerliche Entzug der Sendelizenzen für zehn arabische TV-Sender, darunter Al Jazeera, bewirkt, dass weniger Bilder an die Öffentlichkeit gelangen, doch ist man sich sicher, dass auch so die Forderungen der Demonstranten Verbreitung finden. Der »sunnitische Gürtel« der Proteste weitet sich beständig aus. Inzwischen verläuft er nahezu in der gesamten Nordhälfte des Irak: von der Provinz Anbar im Westen ausgehend, erstreckt er sich mittlerweile über Kirkuk und Ninive, Salah ad-Din und Diyala im Osten. Die schwersten Zusammenstöße zwischen der irakischen Armee und den Demonstranten fanden nicht in Anbar, sondern in Hawidscha, nahe Kirkuk statt, als 69 Menschen getötet und über 100 verletzt wurden. Zwei Tage später kam es in Suleiman Beg in der Provinz Salah ad-Din zu schweren Kämpfen und ebenfalls über zwanzig Toten. Die Protestbewegung will zur Selbstverteidigung gegen die übermächtige, von Schiiten geprägte Armee gehandelt haben. Premier Maliki behauptet, dass Terroristen und Sympathisanten der Baath-Partei dahintersteckten und macht Anbar als deren Brutstätte verantwortlich. Mit 712 Toten und über 1600 Verletzten war der April 2013 der tödlichste Monat seit fünf Jahren, wie die Mission der Vereinten Nationen im Irak mitteilt. »Wenn das Bewusstsein in einem Menschen stirbt, kommt das Tier heraus«, kommentiert Scheich El Jumeili die momentane Situation philosophisch.

Zum Bewusstsein gehören für den Scheich auch Respekt und Würde. Diese aber seien in den letzten zehn Jahren mit Füßen getreten worden. Zunächst seien die Amerikaner gekommen, hätten Massenverhaftungen auf bloßen Verdacht der Loyalität zu Saddam Hussein unternommen, hätten die Frauen respektlos behandelt und sie wie Männer angefasst. »Frauen sind für uns Juwelen«, sagt El Jumeili, »sie zu entwürdigen ist eine rote Linie.« So ist auch jetzt eine der Hauptforderungen der Protestbewegung, in erster Linie die inhaftierten Frauen freizulassen. Bei den Razzien der irakischen Armee nach Terrorverdächtigen in den letzten Monaten wurden oftmals Frauen mitgenommen, wenn die Männer nicht anzutreffen waren. »Es ist schwer, den Irak zu führen«, seufzt der 58-Jährige und rückt sein rot-weiß kariertes Tuch zurecht, das mit einer schwarzen Kordel um den Kopf festgehalten wird.

Als die Amerikaner kamen, schickten sie den Scheich nach Hause und lösten über Nacht die Sicherheitskräfte auf. El Jumeili wusste nicht, wie er seine Familie ernähren sollte. Er schloss sich dem Widerstand an. Seine Stimme wird leiser, wenn er über die dunklen Jahre des Terrors spricht. In einem seiner Häuser wurden die Anschläge gegen US-Truppen geplant, nebenan Sprengsätze gebaut. Falludscha wurde zur Hochburg des Widerstands gegen die Besatzer. Und dann kamen die internationalen Terroristen. Im Nachhinein betrachtet, sei der Widerstand nicht sehr hilfreich gewesen, gibt der Scheich nachdenklich zu. »Er hat al-Qaida die Tür geöffnet.« Nachdem die berühmt gewordenen Stammesführer Abu Risha in Ramadi und Eifan Al-Issawi in Falludscha, die inzwischen beide ermordet worden sind, mit den Amerikanern die Sahwa-Allianz begründet hatten, machte auch Jumeilis Stamm Jagd auf die extremistischen Eindringlinge. Er habe Ausländer festgenommen, die sowohl Dollars als auch iranische Rial bei sich hatten. Dass Iran al-Qaida in ihrem Kampf gegen Amerika unterstützte, ist lange als abwegig bezeichnet worden. Iran ist schiitisch geprägt, al-Qaida sunnitisch. Das Ausbrechen des Bürgerkriegs zwischen Sunniten und Schiiten in den Jahren 2006/07 führte eine derartige Behauptung ad absurdum. Doch neuerliche Recherchen haben ergeben, dass Iran sehr wohl al-Qaida-Kämpfern als Durchgangsland diente und sie auch finanziell unterstützte.

Jetzt fürchten einige irakische Politiker und internationale Beobachter, dass die Spannungen zwischen Sunniten und Schiiten erneut eskalieren werden und den Bürgerkrieg zurückbringen. Stammesführer in Anbar haben ihre Mitglieder aufgefordert, eine eigene, sunnitische Miliz zu gründen, um sich gegen die, wie sie sagen, schiitisch geprägte Armee zu verteidigen. Die sunnitischen Soldaten sind aufgefordert worden, die irakische Armee zu verlassen und die Waffen mitzunehmen. Abu Risha junior in Ramadi steht unter Druck, die nach dem Abzug der US-Truppen noch fortbestehende Sahwa-Allianz gegen al-Qaida mit der Regierung aufzulösen und die Kämpfer in die neue Miliz zu integrieren. Doch der Protestführer in Falludscha will davon nichts wissen. »Wir setzen unsere Forderungen nicht mit Waffen durch«, ist Scheich Khaled überzeugt. Eine Woche nach unserem Interview ist der Scheich tot und die neue Miliz heißt zunächst ISIS, danach IS. Im Januar 2014 übernimmt sie die Kontrolle über Falludscha. Im Sommer unternimmt sie ihren Blitzkrieg durch den Norden des Irak.

Soldaten laufen weg

Im Sturm erobern Terroristen der Organisation »Islamischer Staat im Irak und Syrien« (ISIS) im Juni 2014 immer größere Teile Iraks. Die bislang zweitgrößte Stadt des Landes, Mossul, gerät genauso unter ihre Kontrolle wie Saddam Husseins Heimatstadt Tikrit. Danach erobern sie Baidschi, das Energiezentrum des Landes, wo vor acht Jahren die beiden deutschen Ingenieure entführt wurden. Die größte Raffinerie des Irak versorgt ganz Bagdad mit Strom. Dann sind sie auf dem Vormarsch auf die irakische Hauptstadt selbst. Wie kann das geschehen, dass innerhalb von wenigen Tagen ganze Landesteile, Regierungspaläste, Fernsehsender und Polizeistationen schwarze Dschihadisten-Fahnen tragen? Gibt es im Irak keine Sicherheitskräfte, die diesen selbst ernannten Gotteskriegern entgegentreten?

Über eine Million Soldaten zählt die neue irakische Armee inzwischen. Zusammen mit der Polizei sind es 1,5 Millionen Männer und wenige Frauen, die auf der Lohnliste der Regierung stehen. Ihr Verdienst gilt als gut, 1000 Dollar und mehr pro Monat. Die Jobs sind begehrt. Fast jede Familie in Bagdad hat mindestens ein Mitglied in Polizei oder Armee. Sie sind die finanziell tragende Säule der Gesellschaft, denn noch immer ist die Arbeitslosigkeit hoch, andere Jobs unsicher. Und trotzdem bieten die Soldaten den marodierenden ISIS-Terroristen keinen nennenswerten Widerstand. Mossul wurde weitgehend kampflos eingenommen. Auch Tikrit fiel innerhalb weniger Stunden in die Hände von ISIS. Augenzeugen aus beiden Städten berichten, die Soldaten hätten ihre Uniformen ausgezogen, die Waffen niedergelegt, die Fahrzeuge verlassen und seien nach Hause gegangen. Andere seien samt ihren Fahrzeugen in die kurdischen Autonomiegebiete Richtung Erbil und Dohuk geflüchtet.

Auch Hani hat sich aus dem Staub gemacht. Seit sechs Jahren gehört der Kurde der irakischen Armee an und ist Grenzsoldat. Er ist in Badusch stationiert, einem Dorf in der Nähe von Rabia im äußersten Nordwesten des Irak, an der Grenze zu Syrien. Hani ist 36 Jahre alt, durchtrainiert und muskulös, Frau und Kinder leben im kurdischen Dohuk. Die Provinz Ninive mit der Hauptstadt Mossul, wo Hani seinen Dienst versah, ist schon lange ins Kreuzfeuer von ISIS geraten. Der Kurde hat sie gesehen, wie sie über die grüne Grenze hin- und hergegangen sind. Er nennt sie immer noch al-Qaida, wovon sie ursprünglich abstammen. Dass die Organisation Bin Ladens sich inzwischen von ISIS distanziert hat, weil die inzwischen zu radikal geworden seien, weiß Hani nicht. »Als der Bürgerkrieg in Syrien begann, sind viele von al-Qaida vom Irak nach Syrien gegangen«, erzählt er. Manchmal seien sie zurückgekommen und hätten sich Waffen besorgt. Das Geld kam aus den Golfstaaten. Mossul ist zum Umschlagplatz geworden für alles, was die Rebellen in Syrien gebrauchen können. Hanis Leben wurde gefährlich. Einen Lkw voll mit TNT haben er und seine Kollegen neulich abgefangen. Er wollte illegal über die grüne Grenze von Syrien in den Irak rollen. Der Fahrer wurde verhaftet, der Wagen in die Luft gesprengt. Illegale aus Saudi-Arabien, Pakistan und Jordanien haben sie ebenfalls geschnappt. Orte wie Badusch gibt es zu Hunderten entlang der Grenze zu Syrien.

Fast 25 Milliarden Dollar haben die Vereinigten Staaten für die Ausbildung der neuen irakischen Armee ausgegeben, nachdem US-Administrator Paul Bremer nach dem Einmarsch im Frühjahr 2003 die gesamten irakischen Sicherheitskräfte aufgelöst hatte und eine neue Armee gründete. Doch beim Abzug der US-Truppen acht Jahre später stellte ein interner Bericht des Pentagon fest, dass die Armee noch immer »unzureichende Standards« aufweise. So sei die Ausrüstung beispielsweise der Grenztruppen völlig unzulänglich. Zwar seien Sondereinheiten für den Anti-Terror-Kampf ausgebildet worden, aber das Gros der Soldaten sei nur minimal trainiert. Als absoluten Schwachpunkt nennt der Bericht die Unfähigkeit der irakischen Armee, sich gegen äußere Feinde zu verteidigen. Es gebe so gut wie keine Luftabwehr, eine Luftwaffe sei praktisch nicht existent. Auch Hani bemängelt die ungenügende technische Ausstattung an der Grenze. Sie hätten keine Nachtsichtgeräte, nicht einmal genügend Ferngläser. Ob ein illegaler Passant ein Flüchtling oder ein Selbstmordattentäter sei, könne kaum festgestellt werden. Es gebe keine Sprengstoffdetektoren, »nichts dergleichen«.

Was jedoch noch schwerer wiegt als die unzulängliche Ausbildung und mangelhafte Ausrüstung, ist die Moral der Truppe. »Ich kämpfe doch nicht für Maliki«, hörte Hani in den letzten Monaten immer häufiger von seinen Kameraden. Auch auf ihn wurde der Druck seitens der Familie und seiner Freunde immer stärker. Als es zwischen dem Regierungschef Nuri al-Maliki in Bagdad und dem Kurdenpräsident Masud Barzani in Erbil zum offenen Streit kam, traute sich Hani nicht mehr zuzugeben, dass er noch immer Mitglied der irakischen Armee sei. Scharenweise hätten die Kurden schon vor einem Jahr die Streitkräfte verlassen und sich den eigenen, kurdischen Peschmerga angeschlossen. Der Kampfgeist der Sunniten sei ebenfalls minimal. »Die kleinen Soldaten werden doch nur verheizt«, gibt Hani ihre Haltung wieder. In höheren Positionen habe der schiitische Regierungschef keinen Sunniten geduldet. Das zeige sich schon daran, dass er den Posten des Verteidigungs- und Innenministers mit sich selbst besetzt hat, eine Position, die im Parteienproporz des Irak einem Sunniten zustünde. Der Ruf der Armee, eine Streitmacht für alle Volksgruppen zu sein, wie von den Amerikanern zunächst angedacht, ist durch die Haltung Malikis zunichtegemacht worden. »Die Armee hat er zu einer Schiitenmiliz umgebaut«, sagt Hani bitter. Den Grenzsoldaten wundert es daher nicht, dass ISIS speziell in den mehrheitlich von Sunniten bewohnten Provinzen Ninive, Salah ad-Din und Anbar so schnell Fuß fassen konnte.

Furchtlos in Bagdad

Die Dichterin Amal Ibrahim hat verlernt, Angst zu haben. »Wer Überlebenstraining braucht, soll nach Bagdad kommen«, sagt die 44-Jährige im Juni 2014 lächelnd. Sorgfältig hat sie ihre Augen geschminkt, das beigefarbene Kostüm sitzt perfekt, ihr Kopftuch hat sie mit einer eleganten Brosche zusammengesteckt. Amal lebt am Ostufer des Tigris, wo viele schiitische Mittelklassefamilien ihre Häuser gebaut haben. Sie arbeitet als Übersetzerin im Büro des irakischen Ministerrats, außerdem schreibt sie Gedichte. Am Samstag, ihrem freien Tag, ist Amal auf dem Weg zu einer Lesung ins Kulturhaus, einem Treffpunkt der Künstlerszene. Sie erinnert sich an die Zeit, als sie sich nicht so frei bewegen konnte. Als Schiiten wie sie nicht studieren durften und der Diktator Saddam Hussein, ein Sunnit, sie drangsalierte und verfolgte. An die Ermordung ihres Vaters im Jahr 1980, der sich geweigert hatte, im ersten Golfkrieg gegen seine Glaubensbrüder in Iran zu kämpfen. An den Bürgerkrieg zwischen Schiiten und Sunniten, der nach dem Sturz Saddams im Jahr 2006 ausbrach und drei Jahre lang anhielt. Nachbarn ermordeten Nachbarn, Amal zog dreimal um. Aus diesen Jahren stammen die Gedichte, die Amal landesweit berühmt gemacht haben. Eines davon lautet so:

> *Zum Greifen nah war der Himmel, als das Land gefallen ist, als die Gebete ausgeblieben sind. Der Himmel — unvollendetes Dach, Decke über einem Fleckchen Erde, das verwüstet ist, das nach und nach verwaist — schaut zu uns herein, Ruine für Ruine.*

In diesen Tagen scheint es, als könnte der Bürgerkrieg nach Bagdad zurückkehren. Die sunnitische Terrororganisation Islamischer Staat im Irak und in Syrien hat in kurzer Zeit ganze Landesteile erobert, vor allem im Nordirak. Die Millionenstadt Mossul, bis dahin zweitgrößte Stadt des Irak, ist ebenso unter die Kontrolle der Dschihadisten geraten wie Tikrit, Saddam Husseins Heimatstadt. Ihr nächstes Ziel ist die Hauptstadt Bagdad. Amals Mutter fürchtet sich davor. Sie hat Angst, dass sich die Vergangenheit wiederholen könnte und reihenweise Schiiten wie sie umgebracht werden. Das ist vor allem die Sicht der älteren Generation. Doch Amal glaubt nicht, dass ISIS Bagdad einnehmen kann. »Wir sind einfach zu viele hier, die das nicht mehr haben wollen«, sagt sie.

Seitdem der höchste schiitische Geistliche im Irak, Großajatollah Ali al-Sistani, beim Freitagsgebet die Gläubigen aufgerufen hat, gegen die Terroristen in den Kampf zu ziehen, kommen immer mehr Freiwillige aus dem schiitischen Süden des Irak in Bagdad an. Sie treffen sich in einem nördlichen Außenbezirk der Hauptstadt, wo Militär und Polizei bereits einen Sicherheitsring um die Hauptstadt gebildet haben. Besonders an den Hauptstraßen nach Mossul und Kirkuk sind die Kontrollen verstärkt worden. Noch unfertige Checkpoints wurden in den letzten Tagen hastig hergerichtet. Kofferraum- und Identitätskontrollen werden mittlerweile bei jedem Fahrzeug durchgeführt.

Mit seinem Besuch in Samarra hat Premier Maliki, der auch den Posten des Verteidigungs- und Innenministers bekleidet, indirekt seine Absicht kundgetan. Hier sollen die Rebellen gestoppt werden. Die 110 Kilometer nördlich von Bagdad liegende Stadt ist für die Iraker zum Albtraum geworden. Das Spiralminarett dort ist weltberühmt, die Al-Askari-Moschee ein Heiligtum der Schiiten. Obwohl die Mehrheit der 160 000 Einwohner der Stadt Sunniten sind, ist sie für die Schiiten ein unverzichtbares spirituelles Zentrum. Im Februar 2006 zerstörte eine Bombe die goldene Kuppel der Moschee, was zum Ausbruch des Konfessionskrieges führte. Tausende Sunniten und Schiiten mussten ihn mit dem Leben bezahlen. Entsprechend groß ist die Angst, dass sich das wiederholen könnte. Augenzeugen berichten, gesehen zu haben, wie ISIS-Kämpfer zahlreiche Fahrzeuge zwischen Tikrit und Samarra zusammengezogen haben, und deuten dies als Vorbereitung für den bevorstehenden Kampf um die Stadt. Außerdem seien Bewaffnete im Norden, Osten und Südosten von Samarra aufmarschiert. Im Eiltempo haben die selbst ernannten sunnitischen Gotteskrieger von ISIS binnen weniger Tage im Juni 2014 Mossul und Tikrit erobert und bewegen sich nun auf Bagdad zu. Ihr Siegeszug scheint für viele nicht mehr aufzuhalten zu sein.

Ich dagegen vertrete die Haltung von Amal und beruhige meine Redaktionskollegen in den Stuben Deutschlands. »Bagdad kriegen die nicht«, betone ich gebetsmühlenartig in Rundfunk, Fernsehen und Zeitungen. Einige vertrauen meiner Einschätzung, andere sind skeptisch. Wiederholt wird mir klar: Je weiter man vom Ort des Geschehens entfernt ist, desto düsterer scheint die Realität. Dass wir abends in Bagdad ausgehen, Kulturveranstaltungen boomen, sogar der Jahre während Ausnahmezustand aufgehoben wird und Betonblöcke abgebaut werden, glaubt fast keiner. Dass wir nicht vor Angst erstarren, nimmt mir niemand ab. Erst als ich eine Reportage von der sogenannten Front mit dem inzwischen ausgerufenen Kalifat liefere, in der ich die Positionen der irakischen Armee und der Schiitenmilizen rund um Bagdad beschreibe, den Ring, den sie um die Hauptstadt gebildet haben, wächst bei den Redaktionskollegen die Überzeugung, dass ich vielleicht doch in Bagdad bleiben könnte. Jedenfalls ruft mich danach keiner mehr zur Ausreise auf.

Kapitel 5:
Minderheiten

Die Jesiden haben kein Vertrauen mehr

Die Tragödie spielt sich auf den Straßen ab. Wie ein Tsunami spült der Terror die Flüchtlinge auf die Fahrbahnen der kurdischen Autonomiegebiete im Nordosten des Irak. Tausende, Abertausende schieben sich auf Lastwagen, Pick-ups, Jeeps, Pkw, Motorrädern, einmotorigen Tuk-Tuks und Fahrrädern über die Hauptstraße von Erbil nach Dohuk. Sogar Tanklaster werden zu Fluchtfahrzeugen umgebaut, indem der obere Teil der Trommel abgeschweißt wird und so eine Öffnung entsteht. Viele laufen auch zu Fuß. Menschen, denen nichts bleibt außer einer Plastiktüte mit Papieren und Dokumenten, Fotos und einem Teddybären für die Kinder. Manche haben noch nicht einmal das mitgenommen. In Panik haben sie ihr Zuhause verlassen, als die mordenden Truppen des IS Anfang August 2014 auf die Kurdengebiete vorrücken, um ihr Kalifat zu erweitern. Mitte Juni hatten sie bereits Mossul unter ihre Kontrolle gebracht und auch Tikrit, die Heimatstadt von Ex-diktator Saddam Hussein. Vierzig Kilometer vor Bagdad konnten die dschihadistischen Eroberungen gestoppt werden. Jetzt gilt es, Erbil und Dohuk einzunehmen und alles, was auf dem Weg dorthin liegt. 130 Kilometer Asphalt trennen die Kurdenmetropole Erbil von der Provinzhauptstadt Dohuk. 130 Kilometer, in denen sich ein Flüchtlingstreck an den anderen reiht. Die Hitze lässt viele Menschen innehalten und Schutz suchen im Schatten der wenigen Bäume, die die Straßen säumen. Ich sehe Familien unter der Rückseite von Werbeplakaten sitzen, weil dort die Sonne nicht in ihrer vollen Unbarmherzigkeit brennt. Verzweiflung und Panik sind in ihre Gesichter geschrieben. Es ist Sommer im Irak, als der IS kommt.

Als wenige Tage zuvor Mitglieder von Daesh, wie die Terrororganisation IS auf Arabisch heißt, Sindschar nahe der syrischen Grenze angriffen, war das alles noch weit weg. Nur spärlich drangen Nachrichten aus der zumeist von der jesidischen Minderheit bewohnten Stadt ins 250 Kilometer entfernte Erbil und von dort in die Welt. Als ein weiterer Genozid von islamischen Fanatikern an den Minderheiten des Irak wurde der Übergriff zunächst interpretiert. Zuerst die Christen in Mossul, jetzt die Jesiden in Sindschar. Dann aber fliehen auch Turkmenen, Schabak und Mandäer vor den Gräuel der Dschihadisten-Bande, die mit ihrem Steinzeitislam auf der Jagd nach »Ungläubigen« sind. Der Vielvölkerstaat ist auf der Flucht vor einer barbarischen Meute, die vor niemandem haltzumachen scheint. Wer nicht deren Auslegung des Islam Folge leisten will, wer sich weigert zu konvertieren oder dem Kalifat und dessen selbst ernanntem Kalifen Abu Bakr al-Baghdadi nicht huldigt, wird gnadenlos niedergemetzelt. Insgesamt mehr als drei Jahre hat es gedauert, bis der grausame Spuk des Kalifats ein Ende fand und der irakische Premier Haidar al-Abadi die Befreiung seines Landes von der Terrormiliz IS bekannt geben konnte.

Der Irak ist von alters her einer der klassischen multireligiösen Staaten. Viele der Religionsgruppen waren immer wieder Flucht und Verfolgung ausgesetzt. Einen gewissen Schutz gab es unter

Saddam Hussein, der jedoch mit Ausbruch des Krieges aufgehoben wurde. Freilich haben auch schon vor dem dritten Golfkrieg Angehörige nichtmuslimischer Minderheiten, aber auch muslimische Kurden dem Land den Rücken gekehrt. Die vormals etwa 130 000 Menschen starke, blühende jüdische Gemeinde des Irak hatte das arabische Land schon nach der Gründung Israels zwischen 1948 und 1951 verlassen. Doch was seit 2003 geschehen ist, bleibt ohne Beispiel. Die Minderheiten im Vielvölkerstaat sterben aus.

Im Nordirak sind gegenwärtig die Jesiden besonders betroffen. Diese vornehmlich im Gebiet des Dschebel Sindschar lebende geheimnisumwitterte Minderheit, in deren religiösen Überzeugungen sich alte babylonische und islamisch-sufische Elemente sowie altpersische, zoroastrische Lehren finden, besteht praktisch nur aus Kurden. Auch in der Türkei, in Transkaukasien und in Westiran leben Jesiden. Ihrer muslimischen Umgebung galten und gelten sie wegen der Verehrung eines Engels, den sie in Gestalt eines Pfaus (Melek Taus) abbilden, als Götzen-, ja Teufelsanbeter. Schon zu Zeiten Saddam Husseins wurden sie dafür geächtet und verunglimpft. Nie waren sie, wie Juden oder Christen, als eine schützenswerte Minderheit des Islam anerkannt, sondern immer wieder blutigen Verfolgungen ausgesetzt. Die dunkelsten Stunden aber erleben sie jetzt durch den IS. Die Jesiden sprechen von einem Genozid an ihrem Volk, den die Dschihadisten an ihnen verüben.

Als die Mobilmachung zur Gegenoffensive der Peschmerga-Truppen gegen den IS in Sindschar im Dezember 2014 beginnt, ist die Hoffnung groß. Die Truppenbewegungen sind nicht zu übersehen. Eine Woche lang rollen Konvois mit Soldaten, Panzern und Humvees durch das kurdische Dohuk in Richtung Mossul-See, wo der Tigris gestaut wird. Dort ist die Sammelstelle für die bis dahin größte Militäroffensive gegen den Islamischen Staat. Über 8000 kurdische Kämpfer sind daran beteiligt. Kurdenpräsident Masud Barzani persönlich hat das Oberkommando über die Aktion übernommen. Frühmorgens erfolgt der Angriff auf die Mörderbande, die seit Anfang August die gesamte Region westlich des Mossul-Sees in Angst und Schrecken und unter ihrer Kontrolle hält. Die Amerikaner fliegen mehr als 100 Angriffe, als die islamistischen Gotteskrieger gerade beim Morgengebet sind. Die Peschmerga-Soldaten greifen von hinten den Gebirgszug an. Die Evakuierung von über 1000 Jesiden, die sich monatelang in den Bergen vor den IS-Kämpfern versteckt halten, beginnt. Über Syrien werden sie nach Dohuk in die Flüchtlingslager gebracht. Doch es soll noch ein ganzes Jahr dauern, bis die Region Sindschar tatsächlich vom IS befreit ist.

Nareen Shammo ist erleichtert. Seitdem die Tragödie um Sindschar begann, war die 28-jährige Jesidin rund um die Uhr im Einsatz. Ihre Arbeit beim kurdischen Fernsehsender Rudaw hatte die Journalistin vorerst aufgegeben, um sich ganz dem grausamen Schicksal ihrer Volksgruppe zu widmen. Nie werde sie die Schreie am Telefon vergessen, als am 3. August 2014 die Monster des IS über die Jesidenstadt herfielen. »Nareen hilf uns!«, hätten verzweifelte Frauen gerufen, und Shammo musste mit anhören, wie Schüsse fielen, Menschen getötet oder verschleppt wurden. Über 4000 Fälle von Verschleppung haben sie und andere Aktivisten namentlich dokumentiert, 4000 Menschen, die durch Nareen Gehör fanden. »Ich war die Erste, die unser Schicksal im kurdischen Regionalparlament vortrug und die Politiker aufrüttelte.« Immer wieder beklagt die kleine Frau mit wachen Augen die Versäumnisse der kurdischen Peschmerga und der Regionalregierung, die Jesiden im Stich gelassen zu haben. Der Rückzug der kurdischen Kämpfer vor den heranrückenden Dschihadisten im August werten Shammo und andere Jesidenvertreter auch heute noch als Verschwörung gegen ihre Volksgruppe. Die Sorge vor einem Völkermord an den Jesiden war einer der Gründe, warum US-Präsident Barack Obama eine Woche nach dem Überfall auf Sindschar Luftangriffe gegen die Dschihadisten anordnete. Mit der Hilfe syrischer Kurdenkämpfer gelang es damals, einen Großteil der etwa 80 000 Flüchtlinge über die Grenze nach Syrien und in die kurdischen Autonomiegebiete zu bringen. Die meisten von ihnen sind seitdem in der Grenzstadt Zakho und in Dohuk untergebracht. Nur wenige sind nach der Befreiung vom IS in ihre Region zurückgekehrt, auch weil unterschiedliche kurdische Organisationen um deren Kontrolle streiten. Während die irakischen Kurden unter Masud Barzani Sindschar für sich beanspruchen, erheben die syrischen Kurden wie die YPG ebenfalls Ansprüche. Auch die Zentralregierung des Irak in Bagdad will die Region verwalten.

Warum die kurdischen Peschmerga-Kämpfer im August vor den Angreifern gewichen sind, darüber zerbrechen sich nicht nur die Jesiden den Kopf. Auch Tausende von Christen, deren Dörfer und Städte ebenfalls von der Terrortruppe des IS überrollt wurden, können den Rückzug der Kurden nicht verstehen. Peschmerga heißt übersetzt: die dem Tod ins Auge sehen. Genau das aber haben Tausende von ihnen nicht getan. Angeblich soll es einen Befehl zum Rückzug gegeben haben, der von »ganz oben« kam. Im Juni desertierten Tausende Soldaten der irakischen Armee, als der IS aus Syrien kommend Mossul und Tikrit überfiel, und sie ließen Waffen und Kriegsgerät zurück. Eine willkommene Beute für die Terrorgruppe. Im August dann kapitulierten die Peschmerga-Kämpfer. Allerdings nahmen sie auf ihrem Rückzug zumindest ihre Ausrüstung mit.

Es sei vor allem das Vertrauen, das verloren gegangen ist, beschreibt Nareen Shammo die Gefühlslage ihrer jesidischen Landsleute. »Wir haben den Kurden vertraut, dass sie uns beschützen, und sie haben uns enttäuscht.« Engagiert trägt sie das Leid ihres Volkes vor, wann immer ihr Gelegenheit dazu gegeben wird. So auf einer Konferenz der deutsch-irakischen Nichtregierungsorganisation WADI und des Kasseler Felsberg-Instituts im kurdischen Sulaimaniyya im Dezember 2015. »Rettet die jesidischen Frauen!«, steht groß auf der Leinwand geschrieben. Die Mörder des IS hätten nicht nur getötet, sondern die Jesidinnen aus Sindschar versklavt. Sie seien verkauft, zwangsverheiratet, vergewaltigt worden. »Gestern rief mich eine Dreizehnjährige an, die abhauen konnte und schwanger ist. Was machen wir jetzt mit den Mädchen, die ein Dschihadisten-Kind in sich tragen?« Nareen ist den Tränen nah, als sie vom Schicksal der geschundenen und gedemütigten Frauen erzählt. Über 400 ehemalige IS-Bräute hat sie dokumentiert, die fliehen konnten oder freigekauft wurden. Jesidische Organisationen in Deutschland gaben Geld für den Freikauf, aber auch die kurdische Regionalregierung hat über Mittler die Mädchen aus den Fängen des IS ausgelöst. Das Verrückte war, so hat Shammo erfahren, dass die sunnitischen Extremisten die Mädchen nur an Muslime weiterverkauften, damit sie ihrem Anspruch zur Konvertierung gerecht werden. Die Freikäufer mussten versprechen, die Mädchen zu überreden, Muslima zu werden. Das Trauma der Jesiden geht also weiter, auch wenn Sindschar bereits seit Ende 2015 komplett vom IS befreit wurde. Doch noch immer ist der Verbleib von bis zu 1000 Jesidinnen ungeklärt, werden nahezu wöchentlich Massengräber gefunden und der Wiederaufbau ihrer Dörfer und Städte verläuft schleppend. Inzwischen haben viele Jesiden den Irak Richtung Deutschland verlassen. Das Bundesland Baden-Württemberg hat ein Programm aufgelegt für traumatisierte Jesidinnen, die aus IS-Gefangenschaft kamen. Auch Nareen Shammo ist jetzt in Deutschland.

Schon lange bedroht ist die religionsgeschichtlich nicht minder interessante Gemeinschaft der Mandäer oder Johannes-Christen, die Johannes den Täufer als zentrale Gestalt verehren. Man befürchtet, dass sie bald ganz ausgelöscht sein wird. Die kleine Religionsgemeinschaft von nur wenigen Tausend Bekennern hatte ihre Sitze vornehmlich im Süden des Irak, in und bei Basra, doch gab es auch in der Hauptstadt Bagdad eine Gemeinde. Die Mandäer vereinen in ihrem um einen Taufritus kreisenden Glauben frühchristliche Elemente mit solchen der einst mächtigen spätantiken Religion der Gnosis, die zeitweise auch im frühen Christentum ihre Spuren hinterlassen hat. Das Wort »manda« bedeutet so viel wie »höheres Wissen, Erkenntnis«. Obwohl sie eine »Buchreligion« sind und damit zu den »ahl al-kitab« zählen müssten, waren die Mandäer vor Nachstellungen nicht sicher. Auch die Terrormiliz IS bezeichnete die Minderheit als »Ungläubige« und gab sie somit der Verfolgung preis.

Eine weitere, historische Minderheit im Irak sind die Schabak, die wie die Jesiden zumeist im Norden des Irak leben. Wie die Jesiden, betrachten sich auch die Schabak als ethnische Kurden, sprechen aber einen eigenen Dialekt und hängen mehrheitlich dem schiitischen Glauben an, während die Kurden zu neunzig Prozent Sunniten sind. Wann die Schabak als Gruppe hervortraten, ist unklar, möglicherweise im 16. Jahrhundert. Die Menschenrechtsorganisation Human Rights Watch kritisiert, dass die kurdischen Behörden den Schabak eine kurdische Identität aufzwingen, obwohl sie seit 1952 offiziell als eigenständige Ethnie im Irak anerkannt sind. Um das Jahr 2000, also vor dem dritten Golfkrieg, soll es etwa 250 000 Schabak im Irak gegeben haben. Heute ist ihre Zahl erheblich dezimiert, wie die aller Minderheiten im Zweistromland. Viele sind inzwischen in die USA oder nach Kanada ausgewandert.

Christen im Irak in Bedrängnis

»Die Christen im Irak sind wie das Feuer, das noch unter der Asche schwelt.« Pater Joseph ist aus dem Libanon nach Alqosch gekommen, um seinen Glaubensbrüdern in diesen schweren Zeiten beizustehen. Im Kloster »Unserer lieben Frau« am Fuße der Dohuk-Berge im Norden des Irak wird emsig gearbeitet. Kerzen werden aufgestellt, rote und weiße Tücher aufgehängt, das Weihrauchfass für die sonntägliche Messe vorbereitet. Als Daesh kam, so erzählt der Pater, hätten sie alles im Keller eingemauert, um es dem Zugriff der Dschihadisten zu entziehen, die auch Jagd auf Christen machten, die sie als Ungläubige bezeichnen. »Daesh« ist das arabische Wort für die Kämpfer des Islamischen Staates, das hier jeder benutzt. Auch für die Christen ist Daesh zum Schreckgespenst geworden. Anfang August 2014 überrannte die Mörderbande auf ihrem Weg in die Kurdenmetropolen Erbil und Dohuk die 50 000 Einwohner zählende Christenstadt Karakosch und alle Dörfer, die dazwischenlagen. In Tilkef, nördlich von Mossul, konnte sie gestoppt werden. Von dort sind es nur noch zwanzig Kilometer nach Alqosch.

Die Chaldäer sind die größte nichtmuslimische Minderheit im Irak; die Zahlen ändern sich von Woche zu Woche. Die Chaldäer, die ihren eigenen Patriarchen, derzeit Louis Sako, mit Sitz in Bagdad haben, sind seit dem 16. Jahrhundert mit Rom uniert und begreifen sich vielfach als die »Ur-Iraker«. Sie nennen sich nach der Landschaft Chaldäa im Südirak, aus der, wie die Bibel berichtet, schon der Stammvater Abraham aufbrach. Es ist dies der südliche Teil Mesopotamiens, der in der Antike Kern der sumerischen Stadtstaaten mit ihren Zentren Ur und Uruk gewesen ist, das Land der Zikkurats oder Stufentürme, deren bekanntester in Babylon stand.

»Das wichtigste ist jetzt, die Zukunft vorzubereiten«, sagt Joseph aufmunternd. Die Vergangenheit sei dunkel. Zwei Drittel der irakischen Christen seien in den letzten zehn Jahren entweder ermordet worden oder hätten das Land verlassen. »Zuerst wütete al-Qaida und jetzt Daesh.« Christen wurden massakriert, durch Bomben getötet, erschossen, verschleppt, um Lösegeldzahlungen zu erpressen. Ihre Kirchen wurden zerstört und in Brand gesteckt. Das Kloster St. Georg in Mossul, dem Alqosch untersteht, sei von den islamistischen Gotteskriegern besetzt und zum Frauengefängnis umfunktioniert worden, hat der libanesische Pater erfahren. In der einst christenreichen Stadt Mossul lebe heute kein Christ mehr. Joseph schätzt, dass sich sowieso nur noch etwa 300 000 Chaldäer im Zweistromland befinden – von ehedem 1,2 Millionen.

Alqosch hatte Glück im Unglück. Die historische Gemeinde, deren Wurzeln bis ins 8. Jahrhundert vor Christus zurückreichen, ist mit einem blauen Auge davongekommen. Zwei Tage vor dem Angriff von Daesh am 7. August 2014 erhielt das Kloster eine Warnung des kurdischen Geheimdienstes Asayesh, dass die Terrormiliz nicht nur die Jesidenstadt Sindschar, sondern auch andere Gebiete unter ihre Kontrolle bringen wolle. Binnen weniger Stunden war der Ort leergefegt. Fluchtartig verließen 1000 Familien ihr Zuhause und flüchteten in die Berge oder nach Dohuk. Alqosch und die umliegenden Dörfer wurden zu Geisterstädten. Jetzt sind fast alle wieder zurückgekehrt. Die Dschihadisten haben Alqosch und die umliegenden Orte nie betreten und konnten sie so auch nicht »entweihen«, wie Pater Joseph es deutet.

Alqosch ist allerdings eine Ausnahme. Schaut man von den historischen Klostermauern in den Felsen herab auf die Ninive-Ebene und weiß, was sich dort unten abspielt, überkommt einen Wehmut und Sorge. Denn entgegen anders lautender Meldungen in den internationalen Medien sind die meisten Christen auch sechs Monate nach der Befreiung vom IS eben nicht zurück in ihre angestammten Gebiete gegangen. Zwar wurde Weihnachten 2017 symbolträchtig in Mossul und auch Karakosch gefeiert, doch die Menschen zögern, für länger dort zu bleiben und ihr ehemaliges Zuhause wieder anzunehmen. »Die Angst sitzt zu tief«, erklärt Lilian den Grund dafür. Die 34-Jährige aus Bartella, sieben Kilometer von Karakosch entfernt, floh mit ihrer Familie vor dem IS nach Bagdad. Dort ist ein Flüchtlingslager nur für Christen eingerichtet worden, das mitten in der Stadt den Familien aus dem Norden Schutz bot. Die meisten der fast 700 Insassen stammen aus Karakosch und Umgebung. »Bis jetzt sind nur drei Familien in ihre Heimat zurückgekehrt«, sagt die Leiterin des Lagers, Eileen, die alle Umm Yousef nennen, die Mutter Josefs. Doch müssten sie sich dort offiziell wieder anmelden, weil sie sonst ihre Häuser verlören und Anspruch auf Entschädigung. Lilian, die in Eileens Lager Unterschlupf gefunden hat, erzählt, dass die Schäden in A-, B-, C-Status kategorisiert werden: »A, leicht beschädigt, B ziemlich beschädigt, C völlig zerstört.« In Bartella, wo sie herkommt, gebe es kein einziges Haus, das nichts durch die Kämpfe abbekommen hätte. So sähe es auch in den anderen, ehemals von Christen bewohnten Orten aus. 3000 Dollar hätte ihre Familie für die Reparatur des Dachs bekommen. »Wir sind C«, und weiter seien die Behörden mit der Bestandsaufnahme bis jetzt nicht gekommen.

Doch Umm Yousef weiß, dass es nicht nur die zerstörte Infrastruktur ist, die die Christen nicht in ihre Heimat zurückkehren lässt. »Es ist auch die Angst, erneut ins Kreuzfeuer zu geraten«, berichtet sie von der Begründung, wie sie die Flüchtlinge ihr im Lager anvertrauen. Seitdem die Spannung zwischen der Zentralregierung in Bagdad und der kurdischen Regionalregierung in Erbil wächst, befürchten die Christen, erneut zwischen die Fronten zu geraten. Dieses Mal zwischen die der irakischen Sicherheitskräfte und der kurdischen Peschmerga-Soldaten. Denn viele der Christen aus Karakosch und den anderen Städten mit christlicher Mehrheit sind in die Kurdengebiete geflohen. Dort seien sie gut aufgenommen worden. Yonadam Kanna, einer von fünf christlichen Abgeordneten im irakischen Parlament in Bagdad, sagt, dass Kurdenführer Masud Barzani einen Preis dafür forderte. »Die Christen sollten im Referendum zustimmen, dass ihre Gebiete zum künftigen kurdischen Staat gehören sollten.« 6000 Christen seien von der kurdischen Regionalregierung in Erbil dafür bezahlt worden, unter den anderen für die Zugehörigkeit der Christensiedlungen zu Kurdistan zu werben und im Referendum Ende September 2017 über ein unabhängiges Kurdistan mit Ja zu stimmen. »Seitdem der Zug nun in die andere Richtung fährt und Bagdad die Oberhand gewinnt, haben die Christen Angst, dafür büßen zu müssen.« Solange sich die Kurden und die Zentralregierung in Bagdad nicht einigen, bleibt die Lage für die Christen angespannt. »Jeder wartet auf den nächsten Angriff«, gibt Kanna die Stimmung unter den Christen wieder.

Gut 500 Kilometer südlich von Bagdad wird der Gesang in der chaldäischen Kirche Sankt Ephrem immer lauter und inbrünstiger. Obwohl nur ein Drittel der Plätze besetzt ist, hört es sich an, als ob das Gotteshaus voll wäre. Wie ein Hilfeschrei schicken die Christen ihre Gebete zum Himmel. Ein alter Vorsänger mit klarer Stimme fängt an, die Gläubigen antworten ihm. Sie singen aramäisch, in der Sprache Jesu, eine uralte semitische Sprache, die mit Hebräisch und Phönizisch verwandt ist. Erzbischof Habib Jajou hält seine Predigt auf Arabisch. Außer der Liturgie gibt es kaum noch Schriften in der alten Sprache. Im Alltag ist Aramäisch längst ausgestorben. Wir sind in Basra, der mit über drei Millionen Einwohnern mittlerweile zweitgrößten Stadt des Irak. Neben Mossul

war sie einst die Stadt mit den meisten Christen im Land. Das Erz-
bistum von Habib Jajou zählt zu den ältesten der Ostkirche. Unzählige Kirchen, Klöster und christliche Kulturzentren wuchsen
im ehemals südlichen Mesopotamien aus dem Boden. Sumerer,
Chaldäer und Araber pflegten die aramäische Sprache und Kultur über Jahrhunderte hinweg. Der Bischof hat die Geschichte der
Christen im Süden in einem Buch festgehalten. »Damit sie nicht
vergessen wird«, sagt er resigniert in dem Besucherempfangszim-
mer nach der Messe. »Denn was seit 2003 hier passiert, kommt einer Katastrophe gleich.« Über neunzig Prozent der Christen hätten
seitdem Basra und Umgebung verlassen. Der Bischof schätzt, dass
es derzeit lediglich noch 400 Christen in der Stadt gäbe. »Christen
aller Konfessionen wohlgemerkt, nicht nur Chaldäer.«

Dass Christen den Nordirak und auch Bagdad in Scharen verlassen, ist bekannt. Zuerst wurden sie von al-Qaida, dann vom IS
verfolgt und vertrieben. Aber Basra? Wo keine der beiden Terror-
organisationen jemals Fuß fassen konnte, so gut wie keine Anschläge passieren, keine Kirchen brennen? Basra, das als einer der
wenigen sicheren Orte vor Terror im Irak gilt? Habib Jajou ist
2014 in den Irak zurückgekehrt, nachdem der chaldäische Patriarch Louis Sako ihn eindrücklich gebeten hat, eine christliche
Präsenz im Süden des Irak aufrechtzuerhalten, weil dort sonst
die Christen gänzlich aussterben. Inzwischen ist Basra eine fast
ausschließlich schiitische Stadt. Im Bürgerkrieg vor zehn Jahren
zwischen Schiiten und Sunniten haben Letztere den Kürzeren gezogen und Basra weitgehend verlassen. Jetzt gehen die Christen
weg. Jajou war zehn Jahre lang in London, geboren ist er 1960
in der nordirakischen Provinz Ninive, wo alle Christen ihren Ursprung haben. Seit er in Basra ist, muss er erfahren, dass nicht
nur sunnitische Dschihadisten wie al-Qaida und der IS Jagd auf
Christen im Irak machen, sondern auch Schiiten einen tödlichen

Fundamentalismus entwickelt haben. Seit 2003, als die Amerikaner und Briten in den Irak einmarschierten und Saddam Hussein stürzten, seien alleine 23 chaldäische Christen in Basra ermordet worden. Man habe ihre Leichname nicht in der Stadt selbst, sondern außerhalb gefunden. Auch Kidnapping sei an der Tagesordnung. Das Zermürbende aber sei die subtile Verfolgung. »Sie beschimpfen uns als Affen und als unrein«, sagt der Bischof. Kaufe nichts bei Christen, sei die Schlussfolgerung. Christliche Kinder in den Schulen hörten oft, dass sie nicht erwünscht seien. Das Eigentum der Christen werde durch Muslime kontrolliert, außer Kirchen gebe es schon gar keine christlichen Institutionen mehr.

Nachdem ihr Sohn in der Schule nicht bei seinem Vornamen, sondern nur noch mit »der Christ« gerufen wurde, schickte ihn seine Mutter nach Europa, erzählt Istefan, die bei der Messe in der Kirche dabei war und nun zusammen mit dem Erzbischof über die Situation der Christen in Basra berichtet. Der Druck seitens der gläubigen Schiiten auf die Christen im Süden sei so groß, dass auch Christinnen gezwungen würden, Schleier zu tragen und sich islamisch zu kleiden. »Früher, als wir noch mehr waren, war es ganz normal, neben Christen zu wohnen und Christen als Freunde zu haben«, erzählt Juliana, die zusammen mit ihren zwei Töchtern in die USA oder nach Kanada auswandern möchte. »Heute sind Christen selten und entsprechend Exoten. Man geht auf Distanz zu uns.« Und Amal ergänzt: »Wir haben unser Leben verloren.« Früher sei sie ausgegangen bis tief in die Nacht, mit muslimischen wie christlichen Freunden. »Jetzt gehe ich von zu Hause zur Arbeit und zurück nach Hause.« Wenn sie zum Arzt müsse, bitte sie den Fahrer, auf sie zu warten, um sich böse und diskriminierende Kommentare auf der Straße zu ersparen. Die Bevölkerung habe sich dramatisch verändert. Die religiösen Parteien seien schuld daran.

Sie waren es auch, die nach dem Sturz Saddam Husseins das Zepter in die Hand nahmen und die Menschen auf ihre Seite zogen. So gilt im gesamten Süden des Irak ein striktes Alkoholverbot. Während Basra zuvor als Vergnügungsviertel der arabischen Welt galt, wo Nachtclubs und Bars viele Golfbewohner vor allem am Wochenende anzogen, herrscht jetzt islamischer Fundamentalismus. Unter dem Einfluss Irans ist Alkohol tabu, Drogen dagegen sind überall zu haben. Damit aber wurde vielen Christen die Lebensgrundlage entzogen. Denn wie häufig in der islamischen Welt, durften auch in Basra nur Christen Alkohol vertreiben und ausschenken. Muslimen ist dies nicht erlaubt. Jetzt geht in dieser Hinsicht gar nichts mehr. Wie gnadenlos das Alkoholverbot in Basra befolgt wird, zeigte sich jüngst im Ramadan, als ein Christ auf offener Straße hingerichtet wurde, da er angeblich eine Whiskyflasche bei sich trug. Die Abschreckung zeigte Wirkung. Die Zahl der Ausreiseanträge von Christen aus Basra ist erneut angestiegen.

Doch inzwischen geschieht etwas Bemerkenswertes. Immer mehr junge Leute wenden sich von der Religion ab und gehen eigene Wege. An der Uni seien die meisten Studenten Atheisten, sagt Ahmed, der im dritten Semester Medizin studiert. Fast alle seine Kommilitonen seien vom Glauben abgefallen. Dies sei zum einen dem IS zu schulden, der mit seiner brutalen Auslegung des Islam mehr Feinde als Freunde geschaffen habe. Zum anderen aber wolle man sich generell aus den Fängen einer islamischen Ideologie befreien, die einengt und Abtrünnigkeit vom Glauben mit dem Tod bestraft. Auch Erzbischof Jajou hat dies beobachtet. Jede Menge Muslime wollten derzeit zum Christentum konvertieren. »Das dürfen wir nicht zulassen, sonst bringen uns die Fundamentalisten um«, ist seine Reaktion. Deutlich zutage trat dieses Phänomen an Weihnachten. Während es noch vor zwei Jahren als

»haram« (verboten) galt, einem Christen zum Fest zu gratulieren, feiern Muslime heute selbst Weihnachten. Basra konnte sich dieses Mal kaum retten vor roten Weihnachtsmännern, Plastik-Tannenbäumen, bunten Lichterketten und »Merry Christmas«-Devotionalien. Die Stadt ohne Christen feierte die Geburt Jesus Christus.

Die Turkmenen mucken auf

Im Stadtviertel Tasain in Kirkuk herrscht am Wahltag gähnende Leere. Hier wohnen zu 95 Prozent Turkmenen, jene irakische Volksgruppe, die von den Türken abstammen und sich im Norden des heutigen Irak ansiedelten. Eigentlich sind sie nach Arabern und Kurden als drittstärkste Ethnie des Landes offiziell in der Verfassung verankert, doch gelten sie weithin als Minderheit. In Kirkuk allerdings sind die Turkmenen besonders stark vertreten. Doch an diesem Montag machen sie sich rar. Nur Yilmaz und Fatma steuern auf das Wahllokal zu, das in einer Schule untergebracht ist. »Wir gehen wählen«, sagt Yilmaz überzeugt, »einer muss doch mit Nein stimmen.« Sonst bekämen die Befürworter womöglich noch hundert Prozent Ja-Stimmen. Und das wäre ja wie zu Saddams Zeiten. Ihre Nachbarn hätten sich entschieden, nicht ihre Stimme abzugeben und dem Boykottaufruf der turkmenischen Parteien zu folgen. Doch Yilmaz meint, sie seien lange Jahre unsichtbar gewesen, jetzt sollten sie aufmucken. Sie müssten klarmachen, dass sie nicht damit einverstanden sind, dass ihre Stadt Kirkuk unter kurdische Kontrolle gerät.

Unter Saddam Hussein sollten Turkmenen Araber werden. Die Arabisierungswelle des Diktators betraf nämlich nicht nur die Kurden. Als Turkmene konnte man kein Land erwerben, kein Haus. Nur Araber durften das. Turkmenen waren nicht existent.

Also gaben sich viele von ihnen als Araber aus, nahmen arabische Namen an. »Und jetzt sollen wir Kurden werden?«, fragt Fatma rhetorisch. Sie ist Englischlehrerin an einer Oberschule und hat beobachtet, dass die Spannungen zwischen den Volksgruppen in ihrer Stadt seit einiger Zeit zunehmen. Eigentlich fühlten sich die Turkmenen den Kurden verbundener als den Arabern. Beide wurden unter Saddam von Arabern gedemütigt. Auch nach dem Sturz des Gewaltherrschers hörte das nicht auf. Turkmenen wurden immer wieder Opfer von Entführungen und Sprengstoffanschlägen durch arabische Extremisten, wie auch die Kurden. Aber es sei nicht nur die gemeinsam durchlebte Geschichte, die die beiden Volksgruppen im Irak verbindet, meint Fatma. »Es ist auch die kurdische Kultur, die unserer näher ist als die arabische.« Deshalb sei es so schmerzhaft, »was die jetzt mit uns machen«, schlussfolgert Yilmaz und verschwindet im Wahllokal.

Nicht lange nach Schließung der Wahllokale am 25. September 2017 steht auch schon die Wahlbeteiligung fest: Fast achtzig Prozent sollen es gewesen sein, die beim Referendum über die Unabhängigkeit Kurdistans abgestimmt haben. Früher als angekündigt veröffentlichte die kurdische Regionalregierung, dass neunzig Prozent der abgegebenen Stimmen Ja-Stimmen seien. »Das ist blanker Hohn«, kommentiert die Herrenrunde die von der kurdischen Regionalregierung in Erbil veröffentlichte Zahl. »Da haben die sich nur selbst gezählt und uns ignoriert.« Es habe massive Wahlfälschung stattgefunden. Die Männer im Hauptquartier der turkmenischen Partei Türkmeneli in Kirkuk sind empört. Turkmenen und Araber haben die Wahl boykottiert. Im Westen und Süden Kirkuks, wo sie mehrheitlich wohnen, blieben die Wahllokale weitgehend leer. Im Norden und Osten, wo die Kurden wohnen, herrschte dagegen reges Treiben. Als die Ausgangssperre nach Schließung der Wahllokale ausgerufen wurde, trauten sich nur noch die Kurden in ihren Vierteln auf die Straßen. Die anderen blieben bis zum Morgengrauen in ihren vier Wänden. Fast schon konspirativ versammelten sich einige Turkmenen in der Innenstadt, um über die angespannte Lage in Kirkuk zu beraten.

Bis zum Schluss hatten die Turkmenen gehofft, Masud Barzani sei einsichtig und würde doch noch das Referendum abblasen, vor allem in Kirkuk. Seine Absicht, über eine Unabhängigkeit vom Restirak abstimmen zu lassen, stieß überall auf Widerstand. Die Nachbarn Iran und Türkei waren dagegen, die USA und Europa ebenso – und vor allem Bagdad. Selbst aus den eigenen, kurdischen Reihen kam Kritik an dem Vorhaben. Buchstäblich in letzter Minute konnte Barzani die Patriotische Union Kurdistans (PUK), die Partei seines Rivalen und ehemaligen irakischen Präsidenten Dschalal Talabani zum Mitmachen überzeugen. Dabei ging es nicht so sehr um die vier kurdischen Provinzen Erbil, Dohuk, Sulaimaniyya und Halabdscha im Nordosten, die ohnehin bereits eine weitgehende Unabhängigkeit erreicht haben. Es ging vor allem um Kirkuk, wo das meiste Öl gepumpt wird und das bis zum Blitzkrieg des IS im Sommer 2014 unter der Kontrolle Bagdads stand. Seitdem kontrollieren die Peschmerga die Stadt. Für ihren Einsatz gegen die Terrormiliz fordern die Kurden, nun Kirkuk unter ihre Hoheit zu stellen.

»Sie tun so, als gäbe es uns nicht«, sagt Hassan Turan über das Verhältnis Kurden–Turkmenen und hängt ständig am Telefon. Die Drähte laufen heiß. Der kleine Turkmene mit lichtem Oberhaar und ergrautem Schnauzbart gehört der »Turkmenischen Front« an und sitzt für Kirkuk im irakischen Parlament in Bagdad. Von dort bekommt er unzählige Anrufe, denn seine Abgeordnetenkollegen haben gerade beschlossen, dass Premierminister Haidar al-Abadi Truppen der irakischen Armee nach Kirkuk schicken soll, um den Anspruch Bagdads auf die Stadt zu verdeutlichen und den Kurden zu zeigen, wer der eigentliche Herr im Hause ist. Inzwischen hat Abadi den Kurden ein Ultimatum gestellt. Binnen 72 Stunden sollen die Flughäfen und Grenzen von Irak-Kurdistan Bagdad übergeben werden, ansonsten werde die Zentralregierung den Luftraum über Kurdistan sperren und die Grenzen schließen lassen.

Turan sagt, dass Turkmenen, Araber und Kurden jeweils ein Drittel der eine Million Einwohner Kirkuks ausmachen, ein Prozent seien Christen. Die Kurden behaupten, dass sie die Mehrheit der Bevölkerung stellen. Genau weiß das niemand. Eine Volkszählung liegt Jahre zurück. Da Kirkuk mittlerweile von den kurdischen Peschmerga kontrolliert wird, würde ein Eingreifen der irakischen Armee unweigerlich eine Konfrontation zwischen den beiden Sicherheitskräften bedeuten. Es riecht nach Bürgerkrieg in Kirkuk.

Das Verhältnis zwischen Kurden und Turkmenen habe sich seit dem Einmarsch des IS im Irak dramatisch verschlechtert, antwortet der Parlamentarier auf die Frage nach dem Zusammenleben in der multiethnischen Stadt. In einem früheren Gespräch sprach er von Einvernehmen und friedlicher Koexistenz zwischen den beiden Volksgruppen, die jede für sich beansprucht, am längsten in Kirkuk wohnhaft zu sein. »Das ist jetzt vorbei, wir sind auf Konfrontation.« Nachdem die Peschmerga die Stadt gegen den IS verteidigte und die Terrormiliz buchstäblich vor den Toren zurückdrängte, sei es aus mit dem Dialog zwischen den hier lebenden Volksgruppen. Selbst der jetzige irakische Präsident Fuad Masum, ein Kurde, verweigerte das Begehren seiner türkischstämmigen Landsleute, über die Probleme in Kirkuk zu sprechen. Denn als der kurdische Gouverneur vor sechs Monaten die kurdische Flagge auf der alten Zitadelle Kirkuks hissen ließ, kochte die turkmenische Volksseele. »Masum sollte eigentlich für uns alle da sein, aber er ist in erster

Linie Kurde.« Der Oberste Gerichtshof des Irak hat das Hissen der kurdischen Flagge auf öffentlichen Gebäuden in Kirkuk als nicht verfassungsmäßig bezeichnet. Doch die Flagge hängt auch heute noch. Die kurdische Administration in Kirkuk schere sich einen Dreck um Bagdad. So seien mit der Zeit alle wichtigen Posten in der Stadt und in der Provinz an Kurden vergeben worden. »Wann immer eine Stelle, die von Arabern oder Turkmenen besetzt ist, frei wird, rücken Kurden nach.« Während vor dem IS die Stellen paritätisch besetzt waren, haben die Kurden sie längst übernommen. Der Provinzrat besteht aus 26 Kurden, neun Turkmenen und sechs Arabern. »Wir haben hier nichts mehr zu sagen.«

Der Konflikt zwischen Kurden und Turkmenen in Kirkuk spielt sich inzwischen nicht nur auf politischer Ebene ab. Am Tag des Referendums gab es Zusammenstöße zwischen Vertretern beider Volksgruppen. Jubelnde Kurden fuhren im Konvoi an dem Büro der Türkmeneli-Partei vorbei: eine Provokation, die nicht ohne Folgen blieb. Es gab Tote auf beiden Seiten. Hassan Turan und die anderen bei »Türkmeneli« Versammelten sind verzweifelt. »So weit hätte es nicht kommen müssen«, sagen sie einstimmig. Noch vor dem IS habe die Idee einer autonomen Stadt Kirkuk, in der alle Volksgruppen beteiligt sind, auch unter den Kurden Anhänger gefunden. »In einem unabhängigen Staat Kurdistan, wie ihn Barzani jetzt haben will, haben wir keinen Platz mehr.« Die Versammelten hoffen auf die Hilfe von Bagdad, aber auch der Türkei, die versprochen habe, fest an ihrer Seite zu stehen. Der türkische Präsident Erdoğan probt gerade den Schulterschluss mit seinem Kollegen Abadi und lässt gemeinsame Militärmanöver an der Grenze zum Irak abhalten. Außerdem droht er, Barzani den Ölhahn zuzudrehen. Die kurdische Regionalregierung schickt das auf ihrem Territorium geförderte Öl durch eine Pipeline in den türkischen Hafen Ceyhan.

Eine positive Wendung hat der Konflikt zwischen den beiden Volksgruppen für die Turkmenen jedoch schon bewirkt: Sie sind näher zusammengerückt, ihre Zersplitterung ist aufgehoben. Nachdem acht unterschiedliche turkmenische Parteien bei den letzten Wahlen vor vier Jahren oft gegeneinander gekämpft haben, sitzen sie jetzt gemeinsam bei Türkmeneli im Büro. Die Turkmenen bezeichnen ihr Siedlungsgebiet im Nordirak als Türkmeneli – Land der Turkmenen. Im ganzen Irak gibt es etwa zwei Millionen von ihnen. »Es geht um unsere Zukunft als Turkmenen«, sagen sie, »es geht um Kirkuk.« Dass damit die Konfrontation zwischen den Volksgruppen im Irak weiter verstärkt wird, liegt auf der Hand.

Inzwischen ist die irakische Armee auf Kirkuk vorgerückt und kontrolliert die Stadt, die kurdischen Peschmerga-Soldaten sind abgezogen. Der drohende Bürgerkrieg konnte in letzter Minute verhindert werden. Das Luftembargo über die kurdischen Autonomiegebiete, das Bagdad verhängt hatte, ist zwar aufgehoben worden, doch Kurdenführer Masud Barzani erleidet gerade die größte Niederlage seiner politischen Karriere. Er trat von seinem Posten als Präsident der Kurdenregion zurück, will aber nach wie vor Peschmerga-Soldat bleiben.

Kapitel 6:
Öl – mehr Fluch als Segen

Mit Obama nach Basra

»Eigentlich ist es rassistisch«, antwortet Hussein etwas beschämt auf die Frage, warum sein Auto im Volksmund »Obama« genannt wird. Wir fahren mit einem schwarzen Chrysler von Bagdad 550 Kilometer nach Basra. Mittlerweile sind die dicken Limousinen auch gelb und weiß lackiert und befahren in Scharen die Autobahn in den Süden. Schwarze sieht man nicht mehr so oft. Doch der Name »Obama« hat sich gehalten, auch über die Amtszeit des ersten schwarzen Präsidenten der USA hinaus. Bestellt man ein Auto bei einem der Fahrbetriebe, kommt gleich die Frage: »Obama oder GMC?« Ich wähle stets Obama.

Während im Nordirak das Kalifat wütet, ist es im Süden vergleichsweise ruhig. Keine Anschläge, kein Terror, kein IS. Lediglich Stromausfälle und zuweilen Schießereien, wenn sich Mitglieder unterschiedlicher Milizen oder Stämme streiten, die in Basra ihre Stützpunkte oder Stammsitze haben. Keine andere Stadt im Irak schickt so viele Freiwillige in den Krieg gegen die Terrormiliz »Islamischer Staat« wie Basra. Ganze Buskolonnen schlängeln sich auf der Gegenfahrbahn Richtung Norden. Hussein, der Obama-Fahrer, erklärt, um welche der Schiitenmilizen es sich gerade handelt, die ihre Leute in den Krieg schickt. 28 seien es insgesamt, weiß Hussein, die sich unter dem Dach der Haschd al-Schabi, Volksmobilisierungsfront, versammelt hätten. Dazwischen sind auch immer wieder Fahrzeuge der irakischen Armee oder Polizeieinheiten, die abkommandiert wurden und Verstärkung liefern sollen. Man hat den Eindruck, als sei das ganze Land mobilisiert im Kampf gegen die Dschihadisten von Daesh.

Wir haben Babylon links hinter uns gelassen und nun drei Stunden lang Wüste vor uns. Plötzlich taucht an der rechten Fahrbahnseite ein Schlachtfeld auf mit verrosteten Militärfahrzeugen, ausgebrannten Tanklastern, kaputten Türen von Humvees, Steuerrädern und Radkappen. Bis hierher seien die Amerikaner gekommen, erzählt Hussein, als sie 1991 die irakische Armee aus Kuwait vertrieben und eigentlich auf Bagdad marschieren wollten, um Saddam zu stürzen. Doch die arabischen Verbündeten der Koalition zur Befreiung des Golfemirats hätten dann nicht mehr mitgemacht. Bush Senior habe den Rückzug befohlen. Die letzte Schlacht im zweiten Golfkrieg fand hier, mitten in der Wüste statt. Bush Junior habe dann zwölf Jahre später vollbracht, was der Vater eigentlich im Sinn hatte.

Eine Stunde nach den Überresten der jüngeren Geschichte des Irak taucht links die Zikkurat von Ur auf, Iraks Antike. Dahinter die Stadt Nasiriya. Von hier soll der biblische Stammvater Abraham kommen, den die monotheistischen Religionen alle als ihren Ursprung betrachten und der auf Arabisch Ibrahim heißt. Ob er tatsächlich an der Stelle gewohnt hat, wo sein Haus nachgebaut ist, bleibt dahingestellt. Der irakische Archäologe in Ur, der bereitwillig den wenigen Besuchern seinen wissenschaftlich begründeten Zweifel erklärt, meint aber, dass Ibrahim hier im Umkreis von zwanzig Kilometern sein Domizil hatte. Darin seien sich Archäologen, Historiker und Ethnologen wohl einig. Seit geraumer

Zeit herrscht ein regelrechter Archäologie-Boom im ehemaligen Mesopotamien. Italienische Archäologen graben in Ur, deutsche in Uruk und die Briten südlich von Basra, wo sie neuerlich einen Tempel Alexanders entdeckt und damit bewiesen haben, dass der Große nicht nur in Babylon heimisch war, sondern sich auch Zugang zum Golf verschafft hatte. Immerhin liegen zwischen Babylon und Khor Al-Zubair 460 Kilometer, für die damalige Zeit eine Riesenstrecke.

Wir nähern uns Basra. Überall schießen Stichflammen von Gas in den Himmel, das bei der Ölförderung frei wird. Erst vor Kurzem hat die irakische Regierung Aufträge an internationale Firmen vergeben, dieses Gas aufzufangen und weiterzuverarbeiten. Doch auf den meisten Ölfeldern wird es nach wie vor einfach abgefackelt. Heftige Sandstürme fegen über die versteppten Flächen im Süden des Irak und lassen die Gasflammen wie ein Inferno anmuten. Die Palmenwedel entlang des Schatt al-Arab, dem Zusammenfluss von Euphrat und Tigris, neigen sich dem Boden entgegen und riskieren abzubrechen. Staubpartikel zwängen sich auch durch die kleinsten Ritzen der Häuser. Als die amerikanischen und britischen Truppen am 20. März 2003 in den Irak einmarschierten, am 9. April Bagdad einnahmen und Saddam Hussein stürzten, machten die Einwohner des Zweistromlandes die Panzer der »Koalition der Willigen« für die Stürme verantwortlich. Die Militärfahrzeuge wirbelten den Sand auf, hieß es damals. Wer heute die Schuld trägt, ist noch nicht entschieden.

Das arme reiche Basra, Stadt am Schatt al-Arab, das mit seinem Ölreichtum das ganze Land ernährt, profitiert trotz der guten Sicherheitslage wenig von dem schwarzen Gold, das hier dicht unter der Erdoberfläche wie ein See vorhanden ist. Über neunzig Prozent des irakischen Haushalts stammt von Ölverkäufen, und das meiste Öl wird derzeit in Basra gepumpt. Gleich außerhalb der Stadt liegt das größte Ölfeld der Welt: Rumaila. Es erstreckt sich kilometerlang auf beiden Seiten der Autobahn nördlich und südlich der zweitgrößten Stadt des Irak bis hinein nach Kuwait. Rumaila diente Saddam Hussein als Begründung, 1990 in Kuwait einzumarschieren. Er beschuldigte das Emirat, illegal Öl aus dem Feld zu entnehmen. Heute ist diese Anschuldigung gegenüber Iran zu hören. Teheran stehle irakisches Öl, heißt es überall im Land. Al-Fakkah ist nun der Stein des Anstoßes. Das Feld liegt in der Provinz Maisan, nordöstlich von Basra, nahe der iranischen Grenze. Bis jetzt haben beide Länder einen Konsens gefunden, wie sie das Volumen beidseitig kontrollieren. Doch die Spannungen mit Iran nehmen zu. Vor allem Saudi-Arabien, noch größter Ölproduzent der Welt, bietet Teheran die Stirn. Mit zunehmender Unterstützung der USA für Saudi-Arabien tobt seit Jahren ein Stellvertreterkrieg um die Vormachtstellung in der Region zwischen dem fundamentalistisch sunnitischen Riad und dem nicht weniger fundamentalistisch schiitischen Iran. Viele Iraker haben Angst, dass sich der Konflikt weiter zuspitzt. Dabei wird das Öl auch eine Rolle spielen.

Samarkand al-Djabari steht unter der Dusche und ist erschrocken: »Das Wasser hier ist salzig«, sagt die irakische Schriftstellerin, die soeben von Bagdad in Basra angekommen ist und sich erfrischen will. Mit dem Zeigefinger streicht sie über ihren noch nassen Arm und führt ihn anschließend an den Mund. »Total salzig«, wiederholt sie. Auch im Waschbecken kommt Salzwasser aus dem Hahn. Das sei normal, erfährt Samarkand später im Kulturhaus, wo sie Kollegen trifft und eine Lesung ihrer Texte hat. Überall fließe nur salziges Wasser aus den Leitungen. Einige Hotels und Haushalte sind schon dazu übergegangen, das Leitungswasser zu filtern. Aber ganz bekommen auch sie den

Salzgeschmack nicht weg. Trinkwasser müsse eben aus Flaschen getrunken werden. Ein teurer Spaß für die gut drei Millionen Einwohner Basras. Der Grund für das Salz im Wasser: Am Persischen Golf kommen immer geringere Mengen Süßwasser aus dem Schatt al-Arab an. Gewaltige Flutwellen des salzigen Meeres drücken ins Flussbett und verwandeln dort das Süßwasser zu Salzwasser.

Doch nicht nur die Menschen beklagen das salzige Wasser. Auch die Dattelpalmen wollen mit dem Salzwasser nicht mehr wachsen. Gemüse, Obst und Getreide geht es ebenso. Dabei gehören Basra und Datteln zusammen wie Feuer und Wasser. Schon 4000 Jahre vor unserer Zeitrechnung sollen hier die süßen Früchte geerntet worden sein. In der Bibel fand die Dattel ebenso Erwähnung wie zuvor in der Thora und nachher im Koran. Historische Erkenntnisse besagen, dass Datteln damals Grundnahrungsmittel für alle waren. Die Palme ist also einer der berühmtesten, ältesten und begehrtesten Bäume seit Anbeginn der Menschheit.

Feuer und Wasser allerdings wurden auch zum traurigen Schicksal der Datteln in Basra in den letzten Jahrzehnten. Von ehemals dreißig Millionen, die in Stadt und Provinz entlang des Schatt al-Arab einmal standen, sind ganze zwölf Millionen übrig. Zunächst war es der Krieg, der die Vernichtung der Dattelpalmen brachte. Und Kriege gab es unter Saddam Hussein reichlich. Wie keine andere Stadt im Irak hat Basra sie alle durchleben müssen. Besonders während der acht Jahre gegen Iran (1980–1988) wurden viele Palmen gefällt oder verbrannt. Die Armee brauchte freie Flächen. Jeder Meter am Schatt al-Arab, dem Zusammenfluss von Euphrat und Tigris, kann eine Kriegsgeschichte erzählen. Saddam ordnete die Vernichtung der Palmen an, damit der Feind auf der anderen Seite besser gesehen werden könne. Mit den Palmen starben auch die Menschen.

Als die Briten nach der Invasion 2003 die Kontrolle über Basra und den Süden des Irak bekamen, erinnerten sie sich der Datteln, die der Stadt vormals zu Ruhm und Ehre gereichten. Im Sommer 2007 wurde die »Operation Sindbad« gestartet: 140 000 Dattelpalmen wurden in und um Basra gepflanzt. Erfolg oder Misserfolg der Aufforstungsaktion war jedoch bis zum Abzug der britischen Truppen Ende 2010 nicht auszumachen, die ein Jahr vor den Amerikanern das Land verließen. Dattelpalmen brauchen acht Jahre, bis sie Früchte tragen. Außerdem gehen Dattelhändler davon aus, dass ein Großteil der Jungbäume wegen des schlechten Wassers gar nicht angewachsen ist.

Eigentlich ist Basra die reichste Stadt des Irak und könnte sich längst sauberes Wasser, 24 Stunden Strom, intakte Straßen und eine funktionierende Müllabfuhr leisten. Doch nichts dergleichen. Zwei Brücken, ein neues Krankenhaus und ein weiterer Universitätscampus sind alles, was in den letzten Jahren hier entstanden ist. Die neue Sport-City steht seit Jahren weitgehend ungenutzt. Der Fußballverband FIFA hatte lange den Irak wegen der Sicherheitslage von internationalen Fußballturnieren ausgeschlossen. Andere Sportvereine zogen nach. Die Sperre ist erst seit Beginn des Jahres 2018 aufgehoben. Basra, Kerbela und Erbil im kurdischen Norden werden mittlerweile als sicher eingestuft. Nach dem Freundschaftsspiel zwischen Syrien und dem Irak hat die FIFA nun für November 2018 die Westasienmeisterschaft im Fußball nach Basra vergeben. Ein Vertrauensbeweis für die Stadt am Schatt al-Arab.

Das ehemalige Hotel Sheraton, das 2003 zunächst durch Explosionen beschädigt, dann geplündert und schließlich in Brand gesteckt wurde, ist wieder aufgebaut. Es ist das einzige Fünf-Sterne-Hotel, das halbwegs den Namen verdient. Doch rings herum um den klobigen Betonkasten an der Uferstraße liegt Müll, fließen

Abwässer zu Seen zusammen und haben Seitenstraßen Schlaglöcher zum Beinebrechen. Geht man die Watan-Straße entlang, die ehemalige Vergnügungsstraße Basras, wird das Bild noch düsterer. Häuser, die früher Kinos, Nachtclubs und Casinos beherbergten, stehen leer und verfallen. Die billigen Schawarma-Schnellimbissläden sehen nicht gerade einladend aus, und die zumeist jungen Männer, die dort herumlungern, machen einen ungepflegten Eindruck. Man fragt sich ständig, wo eigentlich das Geld bleibt, das Basra täglich einnimmt. Denn von jedem gepumpten Fass Öl bekommt die Stadt zwei Dollar in ihr Säckel überwiesen. Derzeit werden im Irak täglich über vier Millionen Fass Öl gefördert – ein Rekordhoch. Seit dreißig Jahren wurde nicht mehr so viel gepumpt wie heute. Basra hält daran mit über zwei Millionen Barrel pro Tag den Löwenanteil. Der Rest wird in den Provinzen nordöstlich und nordwestlich von Basra sowie um Kirkuk im Nordirak aus dem Boden geholt.

»Früher war es Saddam Hussein, der Basra hat verkommen lassen«, hört man als Erklärung für den jämmerlichen Zustand der Südmetropole des Irak. Seitdem die mehrheitlich schiitischen Bewohner, ermutigt durch die Amerikaner nach dem zweiten Golfkrieg, den Aufstand gegen den Diktator in Bagdad probten und damit scheiterten, rächte sich der Gewaltherrscher bitter. Die unzähligen Massengräber, die zum Teil noch immer nicht geöffnet wurden, zeugen davon. Tausende trieb seine Rache in die Flucht, vor allem nach Iran. Investitionen in die Infrastruktur wurden von Bagdad blockiert. Basra geriet zum Armenhaus des Irak. Beim Einmarsch der ausländischen Truppen vor fünfzehn Jahren sah man, wie die Bewohner sich und ihre Kleider im Schatt al-Arab wuschen. Epidemien wie Cholera und Diarrhö grassierten. Die sind jetzt zwar weitgehend eingedämmt, aber arm ist Basra geblieben. »Heute verhindert die Korruption den Fortschritt«, sagt ein Apotheker in der Watan-Straße. Die Meldung aus der in Kuwait gedruckten irakischen Zeitung *Azzaman*, wonach im Parlament gerade ein Misstrauensvotum gegen den Minister für Jugend und Sport, Jasim Ja'far, gescheitert sei, verleiht seiner Aussage Nachdruck. Dem Minister wurde Korruption im Zusammenhang mit dem Bau der »Sportstadt Basra« vorgeworfen. Den ersten Gouverneur der Stadt versuchten die Einwohner mit Demonstrationen jahrelang vergebens zum Rücktritt zu bewegen. Ihm wurde ebenfalls Korruption in großem Stil zur Last gelegt. Schließlich fiel er einem Attentat zum Opfer und wurde erschossen.

Am Ende der Lesung von Samarkand al-Djabaris Gedichten im Kulturhaus von Basra, das in einem hübsch renovierten Schanasheel-Gebäude in der Altstadt untergebracht ist, diskutieren die Teilnehmer, wie es weitergeht mit ihrer Stadt. Die Älteren erinnern an die Zeit vor dem Einmarsch der irakischen Armee in Kuwait 1990, als die Kuwaiter nach Basra kamen, um sich hier zu vergnügen. »Sie bevölkerten die Watan-Straße«, weiß einer zu berichten, »jedes Wochenende war hier die Hölle los.« Doch seitdem die Religiösen im Irak und vor allem in Basra das Sagen haben, sei daran nicht mehr zu denken. Nicht einen einzigen Alkoholladen hat die Stadt heute aufzuweisen. Während noch unmittelbar nach der Kontrollübernahme durch die Briten im Sommer 2003 sogar die Busfahrer in den Linienbussen Kartons mit importiertem Bier offen zum Kauf anboten, um ihr dürftiges Salär aufzubessern, muss man heute Strafe zahlen, wenn man mit Alkohol im Kofferraum bei einer Straßenkontrolle erwischt wird.

Ende 2012 sollte Basra zur irakischen »Wirtschaftshauptstadt« ernannt werden. Damit verbunden waren Milliardenmittel für die Infrastruktur und die Verlegung von Staatsorganen in die Stadt am Schatt al-Arab. Doch es gab Streit um das Projekt. Der damalige Vize-Regierungschef der Provinz Basra, Ahmed al-Sulaiti, sprach von einem Gesetzesentwurf, der die »Ausweitung der Kompetenzen der Lokalregierung bei Verhandlungen mit internationalen Unternehmen« vorsah. »Damit soll Basra umfangreiche Investitions- und Dienstleistungsprojekte anbahnen können, ohne dass eine Zustimmung der irakischen Bundesregierung notwendig ist.« Er betonte: »Wenn Basra Wirtschaftshauptstadt ist, wird sie das nach und nach in die Lage versetzen, zu einer Freihandelszone mit großer wirtschaftlicher Dynamik zu werden.« Doch die Zentralregierung in Bagdad war dagegen. Sie befürchtete die Verselbstständigung der Region im Süden, gar eine Abspaltung. Man wolle vermeiden, dass Basra und die Südprovinzen dem Beispiel Kurdistans im Nordosten folgen und weitreichende Autonomie beanspruchen.

Abgesehen von den politischen Widerständen, bezweifeln auch Wirtschaftsexperten, dass Basra reif dafür ist, Wirtschaftshauptstadt zu werden. Öl allein reicht eben nicht. So erklärt Nabil Jaafar, Wirtschaftsprofessor an der Universität Basra: »In ihrer derzeitigen Lage ist Basra für die Umstellung nicht gut gerüstet, fehlt es ihr doch an Infrastruktur und Dienstleistungseinrichtungen. Die ökonomischen Voraussetzungen, die Basra mitbringt, reichen alleine nicht aus, um dieses Projekt zu einem Erfolg zu führen. Dem Projekt muss eine klare politische Entscheidung vorangehen, denn im Falle seiner Umsetzung steht die Verlegung sämtlicher Ministerien und Verbände, die mit dem Bereich Wirtschaft zu tun haben, in die neue Wirtschaftshauptstadt an.« Andererseits verweist er darauf, dass Basra – wenn es denn seine Eignung erfolgreich nachweisen könne – durchaus das Potenzial habe, sich zum Zentrum der irakischen Wirtschaft zu entwickeln. Handel, Industrie und Investitionen würden einen Aufschwung erleben, da die wirtschaftsrelevanten Ministerien dann dort ihren Sitz hätten, was den Investitionsprozess erleichtern und letztendlich dem gesamten Irak zugute kommen werde. Er kommt zu dem Schluss, dass Basra im Falle eines Erfolgs des Projekts »Wirtschaftshauptstadt« zu einer der wichtigsten Wirtschaftsmetropolen des gesamten Nahen Ostens werden würde – und sogar Dubai den Rang ablaufen könnte.

Inzwischen ist es ruhig geworden um die »Wirtschaftshauptstadt« des Irak. Das Projekt scheint ebenso in der Schublade der Visionen verschwunden zu sein wie die Ankündigung 2015, das höchste Gebäude der Welt in Basra errichten zu wollen. »The Bride of the Gulf« – die Braut am Golf – sollte höher werden als der Burj Khalifa in Dubai und der Jeddah Tower in Saudi-Arabien: ein Wolkenkratzer der Superlative. Doch die Braut wartet bis heute vergebens auf den Bräutigam, der ihr die Ehe versprochen hat.

Die Gier nach Öl

In Wahrheit gehe es den USA nur ums Öl, lautete eine der Parolen der Gegner des Irakkriegs 2003. Nach dem Sturz Saddams zeigte sich – nicht nur US-Konzerne interessierten sich für die Ölquellen. Auch die Kriegsgegner Frankreich und Russland wollten mitspielen. Vor allem der IS hatte es bei seinem Beutezug durch den Nordirak zuallererst auf die Ölquellen abgesehen, womit er sein Kalifat finanzierte.

Der Irak besitzt erwiesenermaßen die zweitgrößten Erdölreserven der Erde, die derzeit auf 112,5 Milliarden Barrel geschätzt werden – etwa elf Prozent der Erdölvorkommen insgesamt. Seine Erdgasvorkommen sind ähnlich immens. Viele Experten gehen davon aus, dass es im Irak weitere noch nicht entdeckte Ölreserven gibt, die die derzeit bekannte Menge noch verdoppeln könnten, wodurch der Irak etwa über gleich viel Öl verfügt wie Saudi-Arabien. Das irakische Öl ist von hoher Qualität und kann sehr billig gefördert werden, wodurch es eines der profitabelsten Vorkommen bildet.

Die Erdölgesellschaften hofften nach 2003 auf Förderrechte in den reichen Ölfeldern des Irak, die Hunderte von Milliarden Dollars wert sind. Aus der Sicht der Industrie war ein Boom zu erwarten. Nachdem steigender Ölverbrauch zu einer Erschöpfung der Reserven in den meisten anderen Regionen in den kommenden zehn bis fünfzehn Jahren führen wird, ist der Stellenwert des irakischen Erdöls in der Weltversorgung entsprechend gestiegen. Es gibt keine Ölgesellschaft auf der Welt, die nicht am Irak interessiert ist. Die geopolitische Rivalität zwischen größeren Staaten hat sich das vergangene Jahrhundert hindurch immer wieder um die Kontrolle derart entscheidender Erdölvorkommen gedreht.

Fünf Gesellschaften beherrschen die Erdölindustrie – zwei US-amerikanische, zwei hauptsächlich britische und eine hauptsächlich französische. Der Größe nach sind das: ExxonMobil, Royal Dutch Shell, British Petroleum-Amoco, Chevron Corporation und TotalFinaElf. Royal Dutch Shell wird oft als britisch-niederländische, während TotalFinaElf manchmal als französisch-italienische Gesellschaft beschrieben wird. Die US-amerikanische ExxonMobil ist die größte Erdölgesellschaft und nach einigen Maßstäben die größte Firma der Welt. Dementsprechend halten die Vereinigten Staaten von Amerika die Position Nummer 1 bei den Ölgesellschaften, Großbritannien folgt auf Platz 2 und in einigem Abstand Frankreich auf Platz 3.

Eine der wenigen kritischen Stimmen aus den USA zur Intervention im Irak 2003 war der Think Tank Gobal Policy Forum, eine internationale NGO mit Hauptsitz in New York. Seit Frühjahr 2005 unterhält die Organisation zudem eine europäische Niederlassung in Bonn. James A. Paul, ehemaliger Direktor und Mitbegründer der Organisation: »Wenn man sieht, wie die Vereinigten Staaten von Amerika und Großbritannien praktisch allein die Sanktionen gegen den Irak vor dem Sturz Saddams forderten und betrieben, kann man den möglichen Zusammenhang dieser Sanktionspolitik mit den Interessen der großen Ölgesellschaften kaum übersehen.«

US-amerikanische und britische Gesellschaften hielten lange einen Dreiviertel-Anteil an der irakischen Erdölproduktion. Sie verloren diesen 1972 mit der Verstaatlichung der Iraq Petroleum Company IPC (die größeren Anteile an der IPC hielten damals: Shell, BP, Esso – später Exxon, Mobil und CFP, die französische Gesellschaft). Die Verstaatlichung, die nach zehn Jahren ständig steigender Spannungen zwischen Ölgesellschaften und Regierung durchgeführt wurde, erschütterte die internationale Ölindustrie, da der Irak versuchte, seine Kontrolle über seine Ölvorkommen zu verstärken. Nach der Verstaatlichung suchte der Irak die Zusammenarbeit mit französischen Gesellschaften und der sowjetischen Regierung. Seit 1918 hatte Frankreich Irak als seine wichtigste Erdölquelle betrachtet und als Möglichkeit, mit den angloamerikanischen Gesellschaften gleichzuziehen. »Heute sind die US-amerikanischen und britischen Gesellschaften scharf darauf, ihre frühere Position zurückzugewinnen, die sie als entscheidend für ihre führende Rolle in der weiteren Entwicklung der weltweiten Ölindustrie erachten«, so James A. Paul von Global Policy Forum. »Der Krieg der Vereinigten Staaten von Amerika gegen den Irak ist nur aus dieser Sicht erklärbar. All das Gerede über Terrorismus, Massenvernichtungswaffen und Menschenrechtsverletzungen durch Saddam Hussein entspricht nicht den wirklichen Interessen, die die Politik der Vereinigten Staaten von Amerika antrieb. Es sind der freie Zugang zum irakischen Erdöl und die völlige Kontrolle über dieses Öl durch US-amerikanische und britische Gesellschaften, die deren Regierungen dazu bringen, das Risiko dieses Krieges einzugehen, um die Weltherrschaft zu erringen.« Paul hatte recht mit seiner Einschätzung, dass entweder die Ölgiganten den Ölboom bringen oder einen massiven Rückschlag durch eine politische Explosion in der Region. Letzteres ist passiert.

Amerikanische Firmen außen vor

Als am 30. Juni 2009 kurz nach 9 Uhr morgens die ersten roten Umschläge mit Angeboten von Bieterfirmen in die gläserne Urne geworfen werden, steigt die Spannung in dem mit dunklem Holz verkleideten Saal des Rasheed-Hotels in Bagdads Grüner Zone merklich an. Vor den Augen des irakischen Premiers und seines Ölministers sollen internationale Konsortien um die Zukunft des schwarzen Goldes buhlen. Seit über dreißig Jahren war ausländischen Firmen der Zugang zum wichtigsten Schatz des Irak verwehrt. Jetzt, am Tag, als der Rückzug der US-Truppen aus den irakischen Städten beginnt, soll auch wirtschaftlich eine neue Ära beginnen. Nach fünf Jahren Terror gegen die Besatzer und Bürgerkrieg zwischen Schiiten und Sunniten, in denen lediglich die bestehenden Ölquellen ausgebeutet wurden, will die irakische Regierung ihr Ölgeschäft neu ordnen, die Anlagen reparieren und modernisieren, neue Quellen erschließen. Die schweren Kronleuchter im Saal verleihen dem Moment etwas Sakrales. Doch für die hart kalkulierenden Firmen zählen nackte Zahlen. Und die stimmen an diesem Tag nicht. Die erste Auktion in der Nach-Saddam-Ära gerät zum Flop. Nur eine der zehn ausgeschriebenen Lizenzen wird vergeben.

Fast ein Jahr, viele kontroverse Diskussionen und eine zweite Bieterrunde später wird kurz vor den irakischen Parlamentswahlen am 7. März 2010 die zweite Bieterrunde für Ölverträge mit ausländischen Firmen abgehalten. Russlands Lukoil zusammen mit der norwegischen Statoil bekommt den Zuschlag für die Erschließung eines der größten Ölfelder im Süden des Irak – West-Qurna in der Provinz Basra. Insgesamt sind zu dem Zeitpunkt fünfzehn ausländische Firmen mit der Entwicklung künftiger Ölquellen betraut. Amerikanische Unternehmen sind dabei klar in der Minderheit. Die schon erschlossenen Quellen im Irak werden sämtlich von zwei Staatsfirmen bewirtschaftet. Zwar will die Regierung die Ölproduktion des Irak auf zwölf Millionen Fass pro Tag steigern und das Land zum größten Ölproduzenten der Welt machen. Doch 2010 sind es erst 2,3 Millionen Fass, weniger als vor dem Sturz Saddam Husseins.

Am Anfang profitieren vor allem die Asiaten: Die erste Lizenz der Post-Saddam-Ära ging an die staatliche chinesische CNPC (China National Petroleum Corporation), und die malaysische Gesellschaft Petronas führt mit drei Lizenzen die Liste der ausländischen Firmen im irakischen Ölgeschäft an. Auch koreanische Firmen sind mit von der Partie. British Petroleum (BP) gewann zusammen mit CNPC die Rechte zur Entwicklung eines der gigantischsten Felder – Rumaila. Lediglich zwei amerikanische Firmen sind bisher involviert: ExxonMobil hat den Zuschlag für ein Projekt bekommen, Occidental ist innerhalb eines Konsortiums an der Entwicklung eines anderen Feldes beteiligt.

Dass die US-Konzerne nicht umfangreicher einsteigen, liegt an der Natur der Verträge. Der irakische Staat bietet Dienstleistungsverträge, keine Gewinnbeteiligungen. Für jedes gepumpte Fass gibt es einen Bonus zwischen 1,9 und sechs Dollar, je nach Förderkosten. US-Vertreter werteten dies als Affront und blieben den Auktionen meist fern. Doch die Angst vor einem Ausverkauf ihrer Bodenschätze sitzt tief bei gut dreißig Millionen Irakern. Immer wieder muss sich Ölminister Hussein al-Schahristani im Parlament an Artikel 109 der Verfassung erinnern lassen, der vorschreibt, die Ressourcen müssten »mit höchstem Gewinn für das irakische Volk« entwickelt werden. Seit mehr als zwei Jahren blockieren die Volksvertreter ein Ölgesetz, das Investitionen absichern würde. Als die chinesische CNPC im Frühjahr 2012 ihre Arbeit aufnimmt, kommt es in Basra zu Demonstrationen mit dem Slogan: »Das Öl gehört uns!«

Die westlichen Ölmultis kommen vorerst nicht in den Irak zurück. Die Regierung in Bagdad und die fünf Konzerne Shell, BP, ExxonMobil, Chevron und Total hätten sich nicht auf die Art der Bezahlung einigen können, teilte Ölminister Hussein al-Schahristani am Ende der zweiten Bieterrunde mit. Die Konzerne bestehen demnach auf einer Bezahlung in Öl – »aber wir teilen unser Öl nicht«, so der Minister. Der Irak wolle lediglich die Hilfe von Experten in Form von Beratung und technischer Unterstützung bei der Ölförderung. Das Öl gehöre den Irakern.

Die Prognosen der beabsichtigten Produktionssteigerung im Irak sehen Experten als unrealistisch an, obwohl das Land buchstäblich auf einer Ölblase schwimmt. Zwar werden im April 2018 schon 4,579 Millionen Barrel täglich gepumpt, eine Verdoppelung der Fördermenge von vor acht Jahren, doch geht eine weitere Steigerung nur schleppend voran. Die Terrormiliz IS hat bei ihrem Rückzug aus dem Irak verbrannte Erde hinterlassen, Quellen und Anlagen zerstört und sabotiert. Noch immer sind einige Felder und Fördertechniken von den vorherigen Kriegen in desolatem Zustand und konnten durch die drei Jahre dauernde Dschihadistenherrschaft nicht instand gesetzt werden. Hinzu kommt, dass das irakische Parlament es bis jetzt nicht geschafft hat, ein für die Zukunft geltendes Ölgesetz zu verabschieden, das Investitionen absichert und schützt und vor allem Fördermodalitäten und Verteilung der Gewinne regelt. Darüber ist ein heftiger Streit zwischen der kurdischen Regionalregierung im Norden und der Zentralregierung in Bagdad entbrannt, der nun schon sieben Jahre währt und noch immer nicht beigelegt ist. Die Kurden behaupten, sie hätten laut Verfassung das Recht, Quellen auf eigene Initiative zu erschließen und völlig autonom zu verwalten. Bagdad pocht auf sein ausschließliches Recht, den Ölverkauf zentral zu organisieren. Die Verträge, die Irak-Kurdistan mit ausländischen Ölfirmen abgeschlossen hat und die ihnen, entgegen der Doktrin der Zentralregierung, Gewinne am Ölverkauf zusichern, erkennt Bagdad nicht an und erklärt sie für null und nichtig. Ein Tankschiff namens Kalavryta, das eine Million Barrel kurdisches Öl in die USA bringen sollte, musste kurz vor Texas wieder umdrehen, weil die Zentralregierung in Bagdad beim Gerichtshof in Houston ein Verbot der Löschung erwirkt hatte. Der Tanker trieb fast sechs Monate vor der Küste, bis er zurück über den Atlantik fuhr und das Öl in Israel auslud.

Zankapfel Kirkuk

Der Kampf gegen den IS erweist sich als zäh, langwierig und verlustreich. Zuerst wird Tikrit, Saddam Husseins Heimatstadt, nach neun Monaten IS-Herrschaft Ende März 2015 zurückerobert. Danach Ramadi und Falludscha, schließlich Mossul erst zweieinhalb Jahre später. Am 9. Dezember 2017 erklärt Premierminister Haidar al-Abadi den Sieg über Daesh, obwohl rund um die Ölstadt Kirkuk noch gekämpft wird und bis heute Terrorzellen bestehen. Denn befriedet ist das Land noch lange nicht. Immer wieder brechen alte Konflikte auf, neue entstehen. Der Kampf ums Öl geht weiter.

»Hätten wir bloß nicht dieses Öl«, sagt Omeed, der dann doch vorzog, seine Eisdiele im Zentrum von Kirkuk zu schließen und der Einladung seines Cousins zum gemeinsamen Abendessen zu folgen. »Es ist uns zum Fluch geworden.« In dem herrschaftlichen Haus hat sich eine Herrenrunde versammelt, die aus zwölf Geschäftsmännern besteht, deren Familien alle in Kirkuk verwurzelt sind. Die Stimmung ist angespannt, die Männer sind nervös. Eine derartige Situation habe es noch nie gegeben, sagt ein älterer Herr im feinen schwarzen Nadelstreifenanzug, den sie Audschi nennen und der einer der reichsten turkmenischen Familien Kirkuks vorsteht. Obwohl Kirkuk selbst nie von Daesh besetzt war, ist die Terrormiliz doch in unmittelbarer Nähe immer noch aktiv. Und nun spielt sich zudem noch ein weiteres, bedrohliches Szenario in Kirkuk ab: »Umzingelt von zwei rivalisierenden Armeen, die jeden Augenblick aufeinander losgehen können, sitzen wir mittendrin fest«, heißt es in der Herrenrunde. Saddam habe hier zwar in den 1980er-Jahren auch brutal zugeschlagen, die Kurden zwangsumgesiedelt und Araber angesiedelt, um sich das Öl zu sichern. Auch damals kam der Feind aus Bagdad. Jetzt aber komme die zweite Bedrohung aus Erbil.

Das sehen nicht alle Anwesenden so wie Audschi. Am Tisch entwickelt sich eine heftige Diskussion. Bei Kebab und Kofta prallen die Meinungen aufeinander, wird die Zerrissenheit Kirkuks deutlich. Nausad, ein Kurde, dessen Frau Turkmenin ist und der jahrelang in Saddams Armee gedient hat, steht jetzt auf der Seite des Kurdenpräsidenten Barzani, der Kirkuk für sich reklamiert. Haider, schiitischer Araber, wird von den anderen Maliki genannt, weil er die Position des ehemaligen irakischen Premiers, Vorgänger Abadis, verteidigt, der es nicht zulassen wollte, dass die Kurden immer mehr von Kirkuk und den sogenannten umstrittenen Gebieten für sich vereinnahmen. Mit dem Amtsantritt Abadis nahm die Kontroverse ihren Lauf. Mahmoud, sunnitischer Araber, dessen Mutter Kurdin ist, will von beiden nichts wissen. »Der Zank zwischen denen in Erbil und in Bagdad macht uns hier kaputt«, sagt er. Die Männer ereifern sich, mal auf Kurdisch, dann wieder Arabisch und schließlich Turkmenisch, was dem Türkischen zwar ähnlich und doch verschieden ist. Die meisten Einwohner Kirkuks sprechen drei Sprachen, manche sogar vier. Die kleine christliche Minderheit spricht noch Assyrisch. Um 22 Uhr hebt sich die Herrenrunde auf mit der gemeinsamen Erkenntnis, dass es doch für alle das Beste sei, Kirkuk würde eine unabhängige, autonome Stadt, weder zu Bagdad noch zu Erbil zugehörig – und das Öl hätte es nie geben sollen.

Die Geschichte von Kirkuk reicht mehrere Jahrtausende zurück. Nach dem Zusammenbruch des assyrischen Reiches, war die Gegend um die Stadt als *Kurkura* bekannt, was so viel heißt wie Zitadelle und aramäischen Ursprungs ist. Auch heute noch ragen Ruinen der ehemals majestätischen Festung hoch über der Stadt, die mittlerweile über eine Million Einwohner zählt. Unterschiedliche Eroberer und Epochen hinterließen ihre Spuren. Kirkuk ist ein seltenes Gemisch von Ethnien und Religionen geworden. Mitglieder aller Volksgruppen des Irak leben hier. Nur Bagdad ist ähnlich gemischt. Kirkuk jedoch ist die Stadt, in der die meisten Turkmenen im Irak leben. Ein großer Teil von ihnen hat feste Bindungen in die Türkei. Ihre Zahl wird auf etwa ein Drittel der Einwohner Kirkuks geschätzt. Auch Araber und Kurden sollen jeweils ein Drittel ausmachen. Doch diese Zahlen sind derzeit heftig umstritten und tragen zum blutigen Konflikt um Kirkuk bei. Denn seitdem am 14. Oktober 1927 eine riesige Ölfontäne aus dem Bohrloch Baba Gurgur am Stadtrand in den Himmel schoss und die Ölförderung begann, gibt es Streit.

Die Turkmenen gelten im Irak als Minderheit. Sie selbst sehen sich aber nicht so, denn ihre Zahl ist größer als die der anderen, kleineren Volksgruppen wie Christen, Schabak, Jesiden u. a. Schätzungen gehen davon aus, dass die Turkmenen zwar ein Drittel der Einwohner Kirkuks ausmachen, aber nur etwa zehn Prozent der irakischen Bevölkerung insgesamt.

Während des Wahlkampfs zu den Parlamentswahlen im Mai 2018 blieb es zwar auch in Kirkuk, wie im ganzen Land, verhältnismäßig ruhig. Doch ein turkmenischer Bewerber wurde vor dem Büro seiner Partei ermordet. Überhaupt mehren sich die Anschläge auf Turkmenen. Sie sind zwischen die Fronten von Kurden und Arabern geraten.

Am 16. Oktober 2017 eskalierte die Situation in der nördlichen Ölstadt Kirkuk. Die irakische Armee rückte vor und entriss den Kurden die Kontrolle über die Millionenstadt. Als Erstes besetzten die Soldaten aus Bagdad die Ölquellen und Förderanlagen um die Stadt. In den Außenbezirken kam es zu Gefechten zwischen Soldaten der irakischen Armee und der kurdischen Peschmerga. Es soll Dutzende von Toten gegeben haben. Kurdenpräsident Masud Barzani musste seine Leute abziehen. Peschmerga, kurdischer Geheimdienst Asayesch und Barzanis Partei KDP schlossen ihre Büros. Dabei wähnte sich der Kurdenführer im Zenit seiner Macht, als über neunzig Prozent seiner Landsleute drei Wochen zuvor in einem umstrittenen Referendum für einen eigenen Staat stimmten. Jetzt werde er gestärkt in Verhandlungen mit Bagdad eintreten, tönte es aus Erbil, der Kurdenmetropole und heimlichen Hauptstadt des neuen Staates. Doch Bagdad und Premier Abadi lehnten ab, Parlament und Gericht erklärten die Volksbefragung für unzulässig. Das Problem dabei waren nicht so sehr die vier kurdischen Provinzen Erbil, Dohuk, Sulaimaniyya und Halabdscha im Nordosten des Irak, die ohnehin bereits seit Jahren eine weitgehende Autonomie genießen. Sie haben ein eigenes Regionalparlament, eine eigene Regionalregierung, eigene Gerichtsbarkeit und Grenzkontrollen.

Als der Termin des Referendums festgesetzt wurde, reagierte Bagdad zunächst nicht. Doch Barzani wollte sich nicht damit begnügen, lediglich die Autonomiegebiete zu einem eigenen Staat zu machen. Um wirtschaftlich überleben zu können, braucht er die Provinz Kirkuk mit den Ölfeldern Avana Dome und Bai Hassan, die vor den Eroberungen des IS zu Bagdad gehörten, während des Kalifats dann von den Kurden in Erbil kontrolliert wurden. Außerdem ist die Stadt Kirkuk für die Kurden, was Jerusalem für die Israelis: ein Symbol nationaler Identität. »Kirkuk geben wir nie wieder her«, hieß es deshalb allenthalben, als die kurdischen Sicherheitskräfte im August 2014 die Stadt gegen Angriffe der Terrormiliz IS verteidigten, sich dort niederließen und ihren Anspruch auf die Millionenstadt zementierten, die bis dahin ebenso unter der Verwaltung Bagdads stand. Auch weitere Gebiete, wie die Jesidenstadt Sindschar und die Christenstadt Karakosch sollten künftig in den neuen kurdischen Staat »eingemeindet« werden. Das wurde der Zentralregierung in Bagdad zu viel, Abadi musste handeln. Das Parlament forderte mit Mehrheit den Premier auf, Kirkuk und alle anderen von Kurden kontrollierten Gebiete außerhalb Irak-Kurdistans zurückzuholen. Zusammen mit den Schiitenmilizen der Volksmobilisierungsfront Al-Haschd al-Schaabi marschierten seine Truppen in Kirkuk ein, besetzten den Flughafen und alle öffentlichen Gebäude, rissen die kurdische Fahne von der jahrhundertealten Zitadelle und trieben den Gouverneur in die Flucht nach Erbil.

Sewenj Hussein Qalander ist eine imposante Erscheinung. Ganz in Schwarz gekleidet, trägt sie eine Haube auf dem Kopf, keinen Schleier. Sie ist groß und kräftig, hat eine dunkle Stimme und wählt ihre Worte sorgfältig prononciert. Als Staatspräsident Dschalal Talabani noch lebte, war die Turkmenin seine Beraterin in Sachen Kirkuk. Talabanis Patriotische Union Kurdistans ist die stärkste politische Kraft in der alten Ölstadt. Es soll einen Deal zwischen der PUK und Bagdad gegeben haben, dass die Peschmerga-Soldaten aus der Stadt abziehen und die Kontrolle wieder Bagdad überlassen. Seitdem beschimpft Masud Barzani seine kurdischen Brüder als Verräter. Letztendlich aber haben die einen Bürgerkrieg verhindert. Die Spannungen in Kirkuk waren zuletzt unerträglich: Peschmerga-Soldaten in der Stadt, irakische Armee drum herum. Nur wenige Wochen zuvor hatten sie noch gemeinsam gegen den IS gekämpft, jetzt standen sie sich feindselig gegenüber. Das musste verhindert werden. Darin war sich auch die Weltgemeinschaft ungewöhnlich einig. USA, Europa, die Türkei, Russland und auch Iran zogen an einem Strang, drangen auf die Einheit des Irak und argumentierten gegen ein unabhängiges Kurdistan. Schließlich soll Iran die PUK zum Rückzug bewogen haben, so hört man in Kirkuk.

Jetzt ist die Dame in Schwarz die Stellvertreterin des Generalinspektors von SOMO, der staatlichen Ölvermarktungsgesellschaft. Qalander erzählt, wie sehr der Ölsektor unter der Herrschaft der Dschihadisten gelitten hat, aber auch unter dem Streit zwischen Erbil und Bagdad. Monatelang war die Produktion gestoppt, da die Pipeline durch das Kalifat verlief und man dem IS nicht die Möglichkeit geben wollte, sie anzuzapfen. Beim Abzug des IS und dem Verlust der Ölquellen sabotierten dessen Kämpfer die Pipeline. Die Schäden sind so beträchtlich, dass entschieden wurde, eine neue zu bauen, da die Reparatur der alten teurer würde. Der Transport in den türkischen Mittelmeerhafen Ceyhan zur Verschiffung war daher über lange Zeit unterbrochen. Die einzige Alternative in der Zeit war der Export nach Iran. Bis zu 60 000 Barrel wurden täglich durch LKW ins Nachbarland geschickt, teils um dort raffiniert zu werden, teils weitergeleitet in den iranischen Hafen Bandar-e Imam Chomeini, um von dort in die Emirate am Golf verschifft zu werden und weiter nach Südostasien.

Wohin das Öl genau ging, als die Kurden während der Zeit des Kalifats Kirkuk und die Ölfelder kontrollierten, vermag die Vize-Inspektorin nur bruchstückhaft zu benennen. Neben dem Export nach Iran habe es private Raffinerien in den kurdischen Autonomiegebieten gegeben, die das Rohöl abnahmen. Wie viel und wann, darüber habe sie keine Angaben. Wie auch nicht über die Fördermengen während der Jahre, in denen Bagdad keinen Zugang zum Kirkuk-Öl hatte. Die Kurden hätten keine verlässlichen Zahlen veröffentlicht, alle turkmenischen und arabischen Angestellten gefeuert und nur kurdische behalten und neue eingestellt. Angeblich habe Kirkuk 250 000 Barrel pro Tag gefördert, die Kapazität liege aber bei 350 000 täglich. Außerdem, so schätzt Qalander, würden etwa 200 000 Fass pro Tag illegal gepumpt. Die Öldiebe wüssten genau, wann die Inspektoren kämen. »Die passen uns ab, sagen, es habe keinen Strom gegeben und die Fördermengen seien deshalb geringer, das Messgerät sei defekt oder es sei Wasser aus dem Bohrloch gekommen und nicht Öl.« Kriminelle Ölschmuggler würden die Ölpolizei unter Druck setzen und mit Explosionen drohen, wenn sie sie verrieten. Als die Gehälter aufgrund des Ölpreisverfalls Anfang 2016 gekürzt wurden, habe die Korruption zugenommen – in einem Ausmaß, das unvorstellbar sei, sagt die Ölinspektorin. Allein aus der sechsjährigen Amtszeit des Gouverneurs von Kirkuk, Najmaldin Karim, seien 162 Millionen US-Dollar nicht auffindbar. Sein Budget wurde nach Erbil in die Kurdenmetropole transferiert und dann außer Landes geschafft. Najmaldin Karim besitzt neben der irakischen auch die amerikanische Staatsbürgerschaft. Gleichwohl sei sein Fall nur einer von vielen. »Es sind Milliarden veruntreut worden.«

Nach der Vertreibung des IS kommen nun die internationalen Ölmultis zurück in den Irak. British Petroleum hat im Januar 2018 ein Memorandum of Understanding mit der Ölstadt im Norden unterzeichnet, das ein langfristiges Engagement der Briten in Kirkuk vorsieht. Die amerikanische ExxonMobil ist im Süden eingestiegen und verhandelt über die Erschließung zweier Ölfelder. Franzosen (Total) und Amerikaner (Chevron) haben sich gemeinsam das gigantische Ölfeld Madschnun ausgesucht, sechzig Kilometer von Basra entfernt, mit einer Förderkapazität von 200 000 Fass am Tag. Und schließlich Royal Dutch Shell, die britisch-holländische Gesellschaft, hat sich ein Monopol in der Gasförderung im Irak gesichert. Dieses Mal geht es nicht mehr nur um Dienstleistungsverträge, sondern um satte Gewinnbeteiligungen. Gegenwind haben die Multis inzwischen nicht mehr zu befürchten. Im Irak hat ein Umdenken stattgefunden. Die Parole »Das Öl gehört uns« gehört der Vergangenheit an. Seitdem die Iraker schmerzlich mit ansehen mussten, dass nicht wenige ihrer Landsleute sich schamlos am Allgemeingut bereichert haben, ist die Kritik an ausländischen

Firmen verstummt. »Die sind wenigstens von vornherein ehrlich und geben zu, dass sie Profit machen wollen«, reflektiert Eisverkäufer Omeed die Situation in Kirkuk, der Ölmetropole des Irak im Norden. Und wenn sie dann zu ihm Eis essen kämen, hätte er auch etwas davon.

Kapitel 7:
Frauen im Irak

Frauenpower am Tigris

Wer sät, der erntet. Dieser Satz steht in der Bibel und auch im Koran. Sabah al-Tamemy hat ihn zu ihrem Slogan auserkoren. Seit Jahren sät die Bagdaderin die Überzeugung, dass Frauen in die Politik gehören und es ebenso gut machen wie Männer. Jetzt hat die 42-jährige Irakerin erst einmal ihr persönliches Ziel erreicht: Sie ist Abgeordnete im irakischen Parlament und mit ihr weitere 81 Frauen. Selbstbewusst posiert sie vor einem riesigen Foto von sich selbst in dem Empfangszimmer ihres Hauses. Daneben ist ein Kupferstich der Krönungszeremonie der französischen Kaiserin Joséphine, gegenüber hängt Mona Lisa. Es sind berühmte Frauen wie diese, die Tamemy faszinieren, denen sie nacheifert und die ihr Mut machen. »Ich bin zwar gegen die Quote«, sagt sie im Hinblick auf die vorgeschriebenen 25 Prozent Frauenanteil im Parlament, »aber aufgrund der patriarchalischen Gesellschaft, die wir immer noch haben, brauchen wir sie.« Der Irak ist das einzige arabische Land mit einer in der Verfassung verbrieften Frauenquote, die auch erreicht wird. Zwar gibt es sie auch in Tunesien. Doch dort ist sie lediglich im Wahlgesetz festgeschrieben und wird bei Weitem nicht erreicht.

Bei den irakischen Provinzwahlen 2013 hat Tamemy es auf Anhieb geschafft, »auch ohne Quote«. Sie errang ein begehrtes Direktmandat für Bagdad und wurde als erste Frau in der Geschichte des Landes Vorsitzende des Wirtschaftsausschusses eines Provinzrates. Doch die promovierte Ökonomin wollte höher hinaus. Für die Parlamentswahlen ein Jahr später schloss sie sich der Partei Iyad Allawis an, der 2004 erster Premierminister einer Übergangsregierung nach dem Einmarsch der Amerikaner wurde und seitdem maßgeblich in der Politik des Irak mitmischt. Tamemy war auf Platz acht der Wahlliste gesetzt. Hier half ihr die Quote. Jetzt hofft sie auf den erneuten Einzug ins Parlament. Doch die Wahlen im Mai 2018 waren von Unregelmäßigkeiten und Wahlbetrug begleitet. Das Oberste Gericht des Irak verfügte eine zentrale Auszählung aller Stimmen von Hand, da die digitalen Geräte zur Stimmerfassung entweder Ungenauigkeiten aufwiesen oder manipuliert wurden. Es wird also noch eine Weile dauern, bis das neue Parlament feststeht.

»Mittlerweile ist die irakische Gesellschaft bereit für Frauen«, ist die Abgeordnete überzeugt, nimmt ein rundes Kissen auf ihren Schoß und drückt es fest an sich. Das Bewusstsein ihrer Landsleute habe sich in den letzten Jahren komplett verändert. Bei den jetzigen Parlamentswahlen habe es so viele Kandidatinnen gegeben wie nie zuvor – über 3000. Allein die Tatsache, dass eine Frau die Chance habe, am politischen Prozess teilzunehmen, habe viele ermutigt. Überall haben Frauen Wahlkampfveranstaltungen abgehalten, sind in Fernseh-Talkshows aufgetreten, haben kundgetan, wofür sie stehen und was sie wollen. Auch Sabah al-Tamemy war stets präsent. Keine Straße in Bagdad, in der nicht Poster mit ihrem Konterfei hingen. Manchmal zwei, drei übereinander. Die Dame mit den vollen Lippen war nicht zu übersehen. »Ich ermutige Frauen, herauszutreten aus dem Schattendasein, das sie oft führen, wann immer ich kann.« Tamemy ist sich sicher, dass der Irak einmal das erste Land in der Region sein wird mit einer Präsidentin oder Regierungschefin.

»Ich bin zwar die erste Frau auf diesem Posten, aber nicht die letzte.« Thikra Alwash empfängt in ihrem riesigen Amtszimmer im Rathaus von Bagdad. Massive Holzvertäfelung, tiefe Ledersessel, bunte Glasbausteine, Plastikblumen und ein leise plätschernder Zierbrunnen schmücken den Raum. Seit Ende Februar 2015 ist die 1,64 Meter große Frau im pinkfarbenen, um den Kopf geschwungenen Schal Bürgermeisterin der irakischen Hauptstadt: die erste Frau auf diesem Posten in der Geschichte ihres Landes und die erste in der ganzen Region. Keine Frau vor ihr führte je die Geschicke einer Hauptstadt in der arabischen Welt. Als der irakische Premierminister Haidar al-Abadi vor das Parlament trat, sagte er nur: »Ich bringe euch eine unabhängige Kandidatin für Bagdad.« Während die Provinzräte und damit die Gouverneure der achtzehn irakischen Provinzen gewählt werden, sind die Bürgermeister der Millionenstädte stets ernannt worden. In der Hauptstadt besorgte dies der jeweilige Regierungschef. Er werde die Rolle der Frauen im Irak stärken, betonte der Premier als eine seiner Prioritäten bei seiner Amtseinführung. Mit der Ernennung Alwashs für den Topjob in Bagdad machte er ernst.

Sie wolle den direkten Kontakt mit den Menschen suchen, nennt die Sechzigjährige ihr vorrangiges Ziel als Bürgermeisterin der Metropole. »Sie müssen wieder Vertrauen in ihre Stadt und die Verwaltung finden.« Unter Alwashs Vorgängern ging dies verloren. Sie galten als korrupt und eigennützig, im Dienste der Parteien und nicht des Volkes. Gerade Bagdad, das wie keine andere Stadt im Irak unter dem Terror gelitten hat und immer noch leidet, braucht besondere Anstrengungen, um den Alltag seiner mittlerweile fast sieben Millionen Einwohner einigermaßen erträglich zu gestalten. »Die Zeit war reif für eine Frau«, heißt es aus Parlamentskreisen. Die Bagdader seien es leid mit den politischen Parteien, den ethnischen und religiösen Querelen. Doch die im südirakischen Hilla bei Babylon geborene, promovierte Bauingenieurin, die bis zu ihrer Ernennung als Bürgermeisterin Generaldirektorin im irakischen Hochschulministerium war, musste erst einmal lange Tage des politischen Machtkampfes überstehen, bevor sie schließlich auf dem Bürgermeistersessel Platz nehmen konnte. Die religiösen schiitischen Parteien, die bis dato den Chefposten in Bagdad mit ihren Anhängern bekleideten, wollten das Terrain nicht kampflos aufgeben und machten Stimmung gegen sie als Frau und unabhängige Akademikerin. »Ich werde ihnen zeigen, dass Frauen diesen Job packen«, sagt Thikra Alwash kämpferisch, »nach mir werden noch weitere Frauen kommen.«

Trotz IS, Terror und islamischen Fundamentalisten jeglicher Couleur sind die Frauen im Irak auf dem Vormarsch. Mehr und mehr Positionen werden von Frauen bekleidet. Egal, wo man in Bagdad hinkommt, wird man von weiblichen Wesen mit oder ohne Schleier empfangen. Eine Frau ist Managerin des größten privaten Medienkonzerns Al-Mada, ist Leiterin der Deutschabteilung der Bagdad-Universität, ist Chefrezeptionistin in einem Fünf-Sterne-Hotel. Frauen sind Generaldirektorinnen in den Ministerien, Diplomatinnen im Ausland, Abgeordnete im Parlament, Unternehmerinnen, Ärztinnen, Rechtsanwältinnen, Journalistinnen. Frauen sind einfach überall, in fast allen Berufszweigen. Nur Bus oder Bagger fahren sie noch nicht. Aber Taxifahrerinnen gibt es bereits. Und auf Baustellen sind sie Architektinnen oder Bauingenieurinnen. In absoluten Toppositionen allerdings sind sie auch im Irak noch selten. Die meisten Ministerien werden noch immer von Männern geleitet, Provinzgouverneure sind ausnahmslos Männer.

»Die Frauen im Irak sind nicht mehr aufzuhalten«, sagt Wassan Khalid Ibrahim, Koordinatorin für Frauenprojekte der Nichtregierungsorganisation IMC (International Medical Corps). Bei einer Konferenz in Zusammenarbeit mit dem Ministerium für Familie und Frauen präsentierte IMC eine Studie mit dramatisch steigenden Scheidungsraten: ein Indikator für die zunehmende Selbstständigkeit der Frauen. Für das Familienministerium in einem islamisch-konservativen Land ist dies ein ernstes gesellschaftliches Problem. IMC hat herausgefunden, dass in einigen Bezirken Bagdads in den letzten fünf Jahren mehr als die Hälfte aller Ehen geschieden wurden. Landesweit liege die Scheidungsrate bei etwa 25 Prozent. Auch in den autonomen Kurdengebieten im Nordosten gibt es so viele Scheidungen wie noch nie. Dabei seien es immer öfter die Frauen, die die Scheidung herbeiführten, obwohl dies für sie erhebliche Schwierigkeiten mit sich bringe. Während der Mann nach islamischem Recht sich innerhalb von Stunden scheiden lassen kann, kämpft eine Frau oft Monate, wenn nicht Jahre vor Gericht um die Trennung. In einer Gesellschaft, in der Frauen durch eine Scheidung einen erheblichen Verlust gesellschaftlicher Akzeptanz erleiden, kommt dieser Schritt einer Revolution gleich. »Die Scheidung ist ein Befreiungsschlag«, charakterisiert Ibrahim die Entscheidung von immer mehr Frauen im Irak, sich von ihrem oft langjährigen Ehemann zu trennen.

Auch Sabah al-Tamemy ist von ihrem Mann geschieden. Die politischen Spannungen bei den Eheleuten wurden zur Belastung für die ganze Familie. Als liberale und säkular eingestellte Frau, die sich weigert einen Schleier zu tragen, wurde es schwierig mit einem Ehemann, der sich dem ehemaligen Premierminister Nuri al-Maliki angeschlossen hatte. Dessen sektiererische Politik spaltete den Irak und trug maßgeblich zum Erstarken der Terrormiliz IS bei. Die drei Töchter jedenfalls sind stolz auf den Erfolg der Mutter. Trotzdem habe sie bis jetzt nur zwanzig Prozent ihrer Ambitionen verwirklichen können, sagt die Parlamentarierin. Als Mitglied im wichtigen Dienstleistungs- und Wiederaufbauausschuss war Tamemy in den letzten vier Jahren verantwortlich für das Energie-, Transport- und Bauministerium und auch für das Bürgermeisteramt von Bagdad, dem Thikra Alwash vorsteht. Auch hier kritisiert die Abgeordnete die Quotenregelung, die die Effizienz einer konstruktiven Arbeit behindere. Doch dieses Mal geht es nicht um die Frauenquote, sondern um die proportionale Aufteilung der Ämter unter den unterschiedlichen Volksgruppen des Irak. Die Entscheidung der US-Administration, Kurden, Schiiten und Sunniten gleichermaßen an der Macht zu beteiligen, ist auch nach dem Abzug der US-Truppen Ende 2011 beibehalten worden. Ist der Minister ein Schiit, muss er einen kurdischen und einen sunnitischen Stellvertreter haben oder umgekehrt. Für Tamemy und viele andere Iraker ist dies ein großer Stolperstein für die Einheit des Landes und mit ein Grund für die blutigen Konflikte zwischen Sunniten und Schiiten.

Transformationsprozesse, wie der Irak sie seit dem Sturz Saddam Husseins 2003 durchläuft, bergen Chancen und Risiken gleichermaßen. Auf jeden Fall bewirken sie Veränderungen. Die Irakerinnen sind fest entschlossen, sie für ihre Zwecke zu nutzen. Viele der geschiedenen Frauen heiraten nicht wieder, sondern ziehen es vor, alleine zu leben und zu arbeiten. Andere heiraten erst gar nicht, um Karriere machen zu können. »Die irakischen Männer wollen Dienstmädchen und keine Partnerinnen«, sagt Samarkand al-Djabiri, die als Journalistin im staatlichen Mediennetzwerk arbeitet, 45 Jahre alt ist und noch nie verheiratet war. »Darauf haben immer weniger Frauen Lust.« Auch Ghada al-Amely, ebenfalls 45, Managerin des privaten Medienkonzerns Al-Mada, ist unverheiratet. Ihre Position ist ein Vierzehn-Stunden-Job. »Das kann keine Frau machen, die Familie hat.« Doch der Vormarsch der Frauen am Tigris hat noch andere Gründe als die Unzufriedenheit mit dem männlichen Geschlecht. In den dunkelsten Jahren des Terrors wurde praktisch die gesamte alte Elite ausgelöscht. Während des Bürgerkriegs zwischen Sunniten und Schiiten 2006/07 und 2008 wurden in Bagdad Hunderte Ärzte, Rechtsanwälte, Professoren, Lehrer, Beamte, Geschäftsleute, Ingenieure und Journalisten ermordet, entführt, bedroht oder außer Landes getrieben – vorwiegend Männer. Jetzt braucht der Irak dringend eine neue Elite. »Frauen sind gut ausgebildet und haben große Chancen«, beschreibt al-Amely die Situation. All die Jahre zuvor seien die jungen Männer im Krieg gewesen und die Frauen hätten studiert. Die Folgen zeigen sich jetzt. Die vierzig- bis fünfzigjährigen Frauen rücken nach und machen Karriere, die Männer sind wieder im Krieg. Dieses Mal gegen den IS.

Natürlich haben die drei Jahre der Dschihadistenherrschaft den Alltag und auch die Parlamentsarbeit beeinflusst, berichtet Sabah al-Tamemy. Gesetze wurden nicht verabschiedet, die Vorlagen kamen nicht zur Lesung, weil drängendere Probleme wie die Versorgung der fast drei Millionen Binnenflüchtlinge Vorrang hatten. Unvergessen wird für sie der Auftritt der jesidischen Abgeordneten Vian Dakhil bleiben, als sie unter Tränen erzählte, wie grausam ihre Landsleute vom IS behandelt wurden – vor allem die Frauen. »Doch wenn du Angst hast, darfst du im Irak nicht in die Politik gehen«, schlussfolgert die Parlamentarierin. Sicherheit sei hier eine Frage des Mutes. Während in den ersten Terrorjahren gerade die Frauen von religiösen Extremisten eingeschüchtert wurden und sich zuweilen monatelang nicht auf die Straße trauten, trotzen viele jetzt den Gefahren und schreiten mutig voran. »Und es werden immer mehr«, sagt die Abgeordnete und bringt die Besucher zur Tür.

Mit den Augen von Inana

»Sammeln Sie die Texte, ich bezahle den Druck«, sagte Christian Berger, 2010 Deutscher Botschafter in Bagdad, nachdem ich ihm von meinem Besuch auf der Mutanabi-Straße im Herzen Bagdads erzählt hatte. Die weit über den Irak hinaus berühmte Büchermeile ist seit der Abbasiden-Zeit im 9. Jahrhundert ein Kulturereignis ersten Ranges. Dort kann jeder, der Bücher kaufen oder verkaufen will, eine Decke auf dem Boden ausbreiten und bis zum Ruf des Muezzin zum Freitagsgebet nach Herzenslust mit Druckerzeugnissen handeln. Die Straße, die nach dem wohl berühmtesten Dichter Iraks benannt ist, wird dann für den Fahrzeugverkehr gesperrt und ist inzwischen nicht nur ein Treffpunkt der Literaturszene, sondern der Kulturszene überhaupt. Im Kaffeehaus Schabander, wo süßer Tee in kleinen Gläschen serviert wird, versammeln sich neben Literaten auch zunehmend Filmemacher, Musiker, Kunstmaler, Theatermacher, Designer und Journalisten. Immer freitags. Dann werden Verträge ausgehandelt, Lizenzen diskutiert, neue Ideen geboren, Interviews gemacht, heiß diskutiert und Kontakte geknüpft. Seitdem am unteren Ende der Straße die alte Karawanserei, die in den Jahren der Kriege und des Terrors zerstört und vernachlässigt wurde, durch die Stadt Bagdad restauriert und als Kulturzentrum umfunktioniert ist, gibt es dort unzählige Lesungen, Musik- und Theateraufführungen, Versammlungen von Kulturverbänden und -organisationen. Auch in den Jahren des Bürgerkrieges war die Mutanabi stark frequentiert, bis 2007 ein Lastwagen mit Sprengstoff vor dem Kaffeehaus explodierte, 26 Menschen in den Tod riss, viele verletzte und fast alle Buchläden in Schutt und Asche legte. Danach war sie für eineinhalb Jahre verwaist, bekam eine neue Wasser- und Abwasserleitung, viel Zement und Mörtel und erstrahlte im Dezember 2008 in neuem Glanz.

Mutanabi und seine vielen Künstler trotzen seitdem dem Vernichtungskampf durch al-Qaida und den heutigen IS, demonstrieren Einigkeit und Widerstand, gründeten die Initiative »Künstler gegen Daesh«. Es entstand ein Kulturboom, wie ihn die irakische Hauptstadt seit Langem nicht mehr gesehen hat. Alles, was Rang und Namen in der Kulturszene hat oder haben will, kommt zur Mutanabi. Inzwischen ist die Szene auch zum Kristallisationspunkt zivilgesellschaftlicher Aktivitäten geworden. Die Bewegung gegen Korruption entstand ebenso hier wie der Protest der Medizinstudenten für eine bessere Ausbildung und berufliche Perspektiven. Wer wissen möchte, wo im Irak der Schuh drückt, geht am Freitag zur Mutanabi.

Ja, sie könnten jetzt alles unzensiert schreiben und veröffentlichen, sagten mir die Schriftsteller und Schriftstellerinnen damals im Sommer 2010. Nur drucken sei schwierig. Zu Zeiten Saddam Husseins war alles staatlich geregelt, die Druckmaschinen standen entweder im Schriftstellerverband oder im Kulturministerium, Druck und Vertrieb waren zentral organisiert, die Autoren wurden vom Staat bezahlt. Nach dem Sturz Saddams stürzte auch die Kulturszene in ein tiefes Loch. Die Literaten mussten ihre Erzeugnisse selbst bezahlen. Die Druckmaschinen waren veraltet. Fortan wurde im Libanon, in Ägypten oder damals noch in Syrien gedruckt. Eine neue deutsche Druckmaschine gebe es jetzt im südirakischen Basra, erzählte Botschafter Berger, in einer privaten Druckerei. »Wir machen ein Pilotprojekt.« Der irakische Schriftstellerverband gab mir Texte, das Goethe-Institut kümmerte sich um das Layout. Als ich das erste Exemplar des Buches in Händen hielt, stellte ich entsetzt fest, dass wir nur männliche Schriftsteller gedruckt hatten. Frauen waren schlicht »vergessen« worden. Dieses Bild setzte sich fort und wurde erkennbar zum System. »Wir haben keine Chance, als Literatinnen wahrgenommen zu werden«, sagte mir Amal Ibrahim, die damals eine Webseite für Laienschriftstellerinnen betreute. Oft schrieben Frauen unter männlichem Pseudonym, um überhaupt Gehör zu finden, schrieben im Verborgenen oder mussten froh sein, wenn sie von Schriftstellerverbänden gnädigerweise eingeladen wurden. Die Deutungshoheit der Literatur lag fest in der Hand der Männer, wie auch für andere Bereiche des gesellschaftlichen Lebens. Wir beschlossen, als Nächstes ein Buch nur mit Frauenliteratur zu veröffentlichen.

Frauen im Irak schreiben anders als Männer, obwohl sie zumeist das gleiche Schicksal erlitten haben und noch erleiden. Das stellten wir ziemlich schnell fest, als wir uns daranmachten, Texte von Frauen zu finden. Bei Frauen spielen immer auch Gefühle eine Rolle, die unterschiedlich verarbeitet werden. So fanden wir Kurzprosa und Lyrik, die Liebe in Zeiten des Terrors, Auseinandersetzungen mit Gewalt, Träumen und Ängsten zum Inhalt hatten. Die Texte zeigten, dass Frauen anders leiden, anders empfinden und sie vor allem noch andere Formen von Gewalt ertragen müssen. Denn es ist nicht nur die Gewalt von Krieg und Terror, dessen Ausmaß im Irak unerträgliche Dimensionen angenommen hatte und der für Männer wie Frauen fast unlebbar scheint. Es ist auch die Gewalt in der Familie, unter der Frauen oft leiden, und sie können sich nicht entscheiden, was schwerer wiegt. So sind ihre Gedichte und Kurzgeschichten auch ein Aufschrei gegen die patriarchalische Gesellschaft, die sich nach dem Sturz Saddam Husseins wieder verfestigt, durch den aufkommenden religiösen Fundamentalismus verstärkt und die Freiräume der Frauen weiter einschränkt. Nicht nur die sunnitischen Extremisten um al-Qaida & Co. schreiben Frauen in Flugblättern vor, wie sie sich zu kleiden haben, sondern auch die schiitischen Fundamentalisten, die aus dem Exil in Iran zurückgekehrt sind, machen Front gegen liberale und weltoffene Sichtweisen. In Basra, wo der iranische

Einfluss sich am stärksten ausdehnt, sind »Pinguine«, wie ich die voll verschleierten schwarzen Frauen mit einem weißen Stirnband nenne, die Regel, nicht die Ausnahme. Auch ich werde angehalten, eine schwarze Abbaya und einen Schleier, der alle Haare verdeckt, zu tragen. Erst in den letzten zwei Jahren lockert sich das Bild allmählich auf, und man sieht bunte Mäntel und ab und an auch Frauen ohne Kopfbedeckung.

Was sich in Bagdad schon länger abzeichnet, ist anderswo im Land noch lange nicht gang und gäbe. Die Frauen am Tigris in der Hauptstadt haben erkämpft, wovon andere, vor allem in der Provinz, nur träumen können. Bei den diversen Schriftstellerinnenkonferenzen, die wir seit dem Erscheinen unserer Frauenanthologie organisiert haben, mussten wir immer wieder feststellen, wie unterschiedlich die Situation der irakischen Frauen im Land ist. Die oben beschriebenen Leuchtturmbiografien gelten längst nicht überall. Die Mehrheit der Irakerinnen lebt weiter unter dem Kodex der islamischen Scharia. Denn der Koran, das für Muslime auf Mohammed herabgesandte heilige Buch der Offenbarung Gottes, gilt auch im Irak als die erste Quelle nicht nur der Theologie, sondern auch des islamischen Rechts. Von rechtsverbindlichem Charakter sind alle koranischen Verse zum Thema Frau und Familie. Wenn also der Koran nach überwiegender Auffassung die Polygamie ebenso gestattet (Sure 4,3) wie die Züchtigung der Ehefrau (Sure 4,34), dann sind diese Aussagen nach überwiegender muslimischer Auffassung göttliche Anweisungen von ewiger Gültigkeit. Oder wenn der Koran festlegt, dass die Zeugenaussage einer Frau nur die Hälfte der Aussage eines Mannes aufwiegt – also stets die Aussage zweier Frauen so viel gilt wie die Aussage eines Mannes (Sure 2,282) –, dann wird dieses Prinzip in Gesetzeskodifikationen festgehalten und in die Praxis umgesetzt. Eine gute Freundin versucht seit fünf Jahren, sich von ihrem Mann scheiden zu lassen. Die einzige Zeugin die sie hat, um seinen Missbrauch zu bezeugen, wird als halbwertig abgetan, während der Bruder des Ehemanns als vollwertiger Zeuge das Gegenteil attestiert.

Doch es gibt jetzt Hoffnung und die heißt Inana. »Mit den Augen von Inana« haben wir unsere Sammlung zeitgenössischer irakischer Frauenliteratur genannt, auch um aufzuzeigen, dass in der Antike Frauen in Mesopotamien eine bedeutendere Stellung genossen als heute. Inana war eine der großen sumerischen Göttinnen, die Hauptgöttin der ersten Megastadt der Welt – Uruk – vor 5000 Jahren. Sie hatte viele Erscheinungsformen und vereinte erhebliche Widersprüche in sich: Inana war Göttin der Liebe und des Geschlechtslebens sowie des Krieges und der Eroberungen. So vielfältig wie Inana, so facettenreich sind die Texte der Anthologie. Ihr Name passt wie die Faust aufs Auge für unser Buch. Als fast 2000 Jahre später Babylon entstand, wurde die Figur Inana zu Ischtar. Mit dem berühmten Ischtar-Tor, das im Berliner Pergamonmuseum im Original zu bestaunen ist, wurde die Hauptgöttin von Babylon weltweit berühmt, Inana dagegen fast vergessen. Doch kürzlich hat die deutsche archäologische Grabungsmission in Uruk, unter der Leitung von Margarete van Ess, den Inana-Tempel gefunden, in dem der Gottheit gehuldigt wurde. Inana erlebt eine Renaissance und das nicht nur in der Wissenschaft. Unser Buch ist inzwischen zu einem Projekt geworden, die Frauen von »Inana« berühmt.

Beim Besuch der Frankfurter Buchmesse im Oktober 2017 sind drei der Autorinnen von »Inana« auf einen Satz des französischen Präsidenten Emmanuel Macron aufmerksam geworden. Frankreich war das Gastland in Frankfurt. »Ich glaube«, sagte Macron bei der Eröffnung, »dass Lesen und die Literatur einer Gesellschaft dabei helfen können, sich besser zu verstehen.« Die Irakerinnen fühlten sich bestätigt. Das alte arabische Sprichwort, dass Bücher in Kairo geschrieben, in Beirut gedruckt und in Bagdad gelesen werden, wollen sie mit Leben füllen.

Internationale Konferenzen sind daraus entstanden, der Austausch mit deutschen und französischen Schriftstellerinnen, Schreibwerkstätten für Nachwuchsautorinnen, ein Frauennetzwerk, wie es im Irak einmalig ist. Inana-Frauen wurden zum Inbegriff femininer Emanzipation, oft bewundert, aber auch gefürchtet. Wenn Frauen jetzt Männer zu Lesungen einladen, was früher immer umgekehrt der Fall war, bleiben viele männliche Autoren der Veranstaltung fern. »Die wollen ja nur Frauen«, kommentierten die Herren der Schöpfung eifersüchtig die Einladung des deutschen und französischen Botschafters in Basra im Mai 2017, als es um die Auszeichnung von Literatinnen ging und eine Podiumsdiskussion über die Rolle der Frau in der irakischen und internationalen Literatur. Doch »Inana« hat den irakischen Frauen eine Stimme verliehen, die mittlerweile über das Zweistromland hinaus Gehör findet. Das ist mehr, als ein Buch erreichen kann.

Schreiben zum Überleben

Ashti sitzt der voll verschleierten Haura gegenüber und kann die Aufgabe nicht lösen, die die Trainerin zum Kennenlernen gestellt hat. »Wie soll ich denn erraten, was sie gut findet, wenn ich ihr Gesicht nicht sehen kann?« Zwanzig Frauen aus dem ganzen Irak haben sich in der Stadtbücherei in Basra eingefunden, um eine Woche lang zu schreiben: Araberinnen, Kurdinnen, Assyrerinnen, Schiitinnen, Sunnitinnen, Christinnen.

Was sie verbindet, ist die Faszination für Lyrik. Sie wollen Gedichte schreiben lernen oder ihre bereits erworbenen Kenntnisse perfektionieren. »Schreiben für das Leben«, heißt das Motto des

Lyrikseminars, das das Goethe-Institut im Irak zum ersten Mal organisiert. Doch es wird mehr als das.

Als die Kurdinnen aus Sulaimaniyya im südirakischen Basra ankommen, bringen sie die Vorurteile mit, die im Vielvölker-staat Irak allgegenwärtig sind. Sie haben lange gezögert, die 800 Kilometer in den Süden zu reisen. Die politischen Spannungen zwischen den autonomen Kurdengebieten und dem Rest des Irak machen auch vor der Haustür ihrer Bewohner nicht halt. Seitdem die Zentralregierung in Bagdad den Kurden den Geldhahn zu-gedreht hat und diese ihr Öl auf eigene Rechnung verkaufen, ist der Graben noch tiefer geworden. Zudem gilt der Süden des Irak als extrem konservativ, Kurdistan im Nordosten des Landes da-gegen als fortschrittlich und modern. »Im Süden laufen doch nur Pinguine herum«, reflektiert eine der Kurdinnen bei der Ankunft in Basra die gängige Meinung. Sie habe ihren Minirock zu Hause gelassen.

Zwischen Ashti aus Kurdistan und Haura aus Basra liegen Welten, so scheint es. Doch Gesichtsschleier sind auch in Basra selten. Haura ist eine Ausnahme. Die junge Araberin ist ihrerseits misstrauisch, will nicht erkannt werden, wenn sie sich mit fort-schrittlichen Frauen aus Kurdistan, Bagdad und sogar Deutsch-land trifft. Es könnte ein schlechtes Licht auf sie werfen. Doch am nächsten Tag kommt Haura ohne Gesichtsschleier, in buntem Kostüm und Kopftuch. Die Vorurteile halten nicht lange.

Der Irak ist ein Lyrik-Land. Hier werden so viele Gedichte geschrieben wie sonst nirgends im Mittleren Osten. Große Poe-ten der Vergangenheit kommen aus dem Zweistromland. Abul Tayyeb al-Mutanabi oder die Dichter aus Tausendundeiner Nacht stehen für eine jahrhundertealte Lyriktradition. Auch heute ist Dichtung im Irak populärer denn je. Es gehört zum guten Ton, Gedichte zu schreiben, sie drucken zu lassen und an Freunde und

Bekannte zu verschenken. Dies gilt für Männer und Frauen. Aber die Männer sind in der Überzahl. Die Poesie ist zum Ventil für Gefühle und Erfahrungen geworden, zur Therapie für Traumata und Depressionen, die die Iraker durch Kriege und Terror schwer belasten.

»Poesie ist die Sprache der Krise«, schreibt der englische Schriftsteller Bryan Appleyard im Kulturmagazin der britischen *Sunday Times*. »Sie ist die Sprache fundierter Gedanken und tiefer Emotionen.« Besonders Tod und Beerdigungen würden Lyrik erfordern. Und davon gibt es im Irak mehr als genug. Wer heute im Zweistromland vierzig Jahre alt ist, hat noch nie eine Friedensperiode erlebt. Ein Krieg folgte dem anderen. »Die heilende Kraft der Poesie ist kein Klischee«, so Appleyard.

»Hier fängt man nicht bei null an«, reflektiert Leila Chammaa die Arbeit mit den Frauen in Basra. Die Berlinerin mit libanesischen Wurzeln hat sich als Übersetzerin arabischer Poesie ins Deutsche einen Namen gemacht. Sie hat die Gedichte von »Inana« übersetzt. Schreibwerkstätten wie diese in Basra haben sich daraus ergeben. Auf die Fragen zum Sinn der Dichtung habe sie präzise Antworten erhalten. Rhythmus, Pausierungen und Analysen von Gedichten seien den Frauen schon geläufig gewesen. Vergleiche zwischen alter und neuer arabischer Dichtung wurden mit Enthusiasmus durchgeführt. Einige hätten es geschafft, aus den Konventionen herauszutreten, seien wachgerüttelt worden. Enas aus Basra bezeichnet das Schreiben als ein Eintauchen in eine andere Welt.

Doch was noch viel wichtiger ist: Wer schlimme Episoden erzählerisch und lyrisch verarbeitet, empfindet weniger Schmerz. Das belegen auch Studien diverser Universitäten in Europa und den USA. Die Erzählung vermittelt und versöhnt. Wer erzählt, der überlebt.

Für Frauen ist dies besonders wichtig, weil sie oft nur das Schreiben als Rückzugsmöglichkeit für sich selbst finden, um das Erlebte zu verarbeiten. Schreiben wird zur Privatsphäre, ist die einzige Chance, mit sich alleine zu sein, weitab von Familie und Gesellschaft. Amal Ibrahim aus Bagdad bringt es auf den Punkt: »Frauen schreiben anders als Männer. Frauen schreiben von innen nach außen, während Männer von außen nach innen schreiben.« Obwohl sie dasselbe Schicksal erleiden, ist die Perspektive eine andere, werden persönliche Gefühle zum Ausgangspunkt und Fokus der Texte, und nicht, wie bei männlichen Schriftstellern, die äußere Misere.

Es ist aber vor allem der gesellschaftliche Druck, der derzeit auf allen Frauen lastet. Die tiefe wirtschaftliche und politische Krise im Irak und der Krieg gegen die Terrormiliz »Islamischer Staat« lassen wenig Raum für die Belange der Frauen. Das Patriarchat verfestigt sich weiter, religiöse Autoritäten nutzen die Sicherheitslage zuweilen schamlos aus, um die Unterwürfigkeit der Frauen zu zementieren.

»Wir waren schon mal weiter«, sagen die Teilnehmerinnen aus Kurdistan und ihre Kolleginnen aus Bagdad nicken zustimmend. »In Basra dominiert die Schere im Kopf«, sagt Muntaha Omran, eine der wenigen Dichterinnen im Süden, die sich nicht scheut, offen auszusprechen, was andere nur unter vorgehaltener Hand äußern oder sich gänzlich ins Private zurückziehen. Tränen fließen, als die Teilnehmerinnen der Schreibwerkstatt sich voneinander verabschieden. Ashti aus Kurdistan hat gründlich mit ihren Vorurteilen aufgeräumt, wie alle anderen auch. Man wolle ein Netzwerk gründen, um sich künftig gegenseitig zu unterstützen, ist das Fazit. »Nur gemeinsam können wir vorankommen«, sagt Haura aus Basra.

Für die Kurdinnen ist die neuerliche Entwicklung besonders schmerzhaft. Lange galten sie als Vorreiterinnen der Emanzipation im Irak. Ihre Autonomiegebiete mit den Provinzen Erbil, Dohuk und Sulaimaniyya im Nordosten des Landes erlebten einen noch nie da gewesenen Wirtschaftsaufschwung und mit ihm die Hoffnung, dass auch gesellschaftlich die Moderne Einzug hält. Als der Terror im Restirak tobte, wurde Irak-Kurdistan zum sicheren Hafen für Tausende. Städte wie Erbil verdoppelten innerhalb kurzer Zeit ihre Bevölkerungszahl. Während beim Sturz Saddam Husseins 2003 noch 750 000 Einwohner in einer der ältesten Städte der Welt lebten, waren es sieben Jahre später bereits 1,4 Millionen. In Erbil sprossen neue Stadtviertel wie Pilze aus dem Boden: English Village, Italian Village, Dream City. Im Zenit des Booms – 2010 – wurden sieben Frauen in das Politbüro der Kurdischen Demokratischen Partei (KDP) des Kurdenpräsidenten Masud Barzani aufgenommen, ein Rekord bis dato. Nichtregierungsorganisationen, die sich um Frauenrechte kümmerten, entstanden ebenso wie Frauennetzwerke. »Ich setze große Hoffnungen in die Kurdinnen«, sagte der damalige Erzbischof von Kirkuk und jetzige Patriarch der chaldäischen Kirche im Irak, Louis Sako. »Wenn es jemand schafft, die Stellung der Frau zu verbessern, dann sie.«

Doch die 2013 einsetzende Wirtschaftskrise und vor allem die Dschihadistenherrschaft des IS von 2014 bis 2017 haben tiefe Spuren im sozialen Leben Kurdistans hinterlassen. Konservative, archaische Positionen gewannen wieder die Oberhand. »Alles wird der Peschmerga untergeordnet«, klagt Chnar Abdullah, eine der Frauen, die 2010 ins Politbüro der KDP gewählt wurde. Die Sicherheitskräfte und ihr Kampf gegen den IS dominieren auch den Alltag. »Frauenthemen haben keine Chance mehr.« Die Profile der selbst ernannten Gotteskrieger des IS ähneln in gewisser Weise denen, die vordem auch in Kurdistan zu finden waren: eine Gesellschaft, in der Männer Privilegien haben, die sie sich nicht erarbeiten und nicht verdienen müssen. Allein das Mannsein macht sie zum Herrenmenschen und berechtigt sie, über die Frauen zu herrschen. Zwar sind die Ausdrucksformen weniger radikal als die im Kalifat, aber der Grundgedanke ist ähnlich. Frauen dürfen in Kurdistan kein Fahrrad fahren, Mädchen nicht am Sportunterricht teilnehmen. Genitalverstümmelung ist auch heute noch weit verbreitet, und arrangierte Ehen sind nach wie vor gang und gäbe. Hinzu kommt, dass Tausende Kurden aus Europa und der westlichen Welt, die von 2005 bis 2010 in ihre Heimat zurückkehrten und die Moderne nach Kurdistan bringen wollten, inzwischen resigniert haben und zum großen Teil wieder nach Deutschland, Schweden und Österreich zurückgegangen sind. Sie haben das westliche Know-how, den Reformwillen und die Unterstützung für die Entwicklung der Frauen mitgenommen. Zurück bleiben die Entwicklungsresistenten mit ihrer Angst vor Veränderungen. Der wirtschaftlichen Abwärtsspirale in Irak-Kurdistan folgte ein gesellschaftlicher Rückschritt.

Seit der ersten Schreibwerkstatt in Basra sind drei Jahre vergangen. Weitere Werkstätten im gesamten Irak folgten. Eine Vielzahl von Begegnungen der Frauen ist entstanden, die literarische Zusammenarbeit lebt, Freundschaften sind geknüpft worden. Inzwischen kommen die Frauen sogar ohne männliche Begleitung zu den Treffen. Muntaha Omran hat Mut gefasst und ihr eigenes Buch veröffentlicht. »Danke Deutschland«, schrieb sie in das erste Belegexemplar. Zusammen mit weiteren Werkstattteilnehmerinnen aus Basra hat sie ein Frauenkomitee innerhalb des Schriftstellerverbandes gegründet, damit ihre männlichen Kollegen sie künftig wahrnehmen müssen, ob sie wollen oder nicht. Offen klagt sie seitdem die Diskriminierung von Frauen und Schriftstellerinnen an und ermutigt andere, aufzustehen und sich auszusprechen. Auch Salima Sultan Nur aus dem schiitisch konservativen

Kerbela will sich nicht mehr zurückhalten und schreibt in ihrem Gedicht:

Ich lege sämtliche Gewohnheiten ab,
die ich um deinetwillen angenommen habe.
Das weiße Kleid, das du so magst,
ziehe ich nie wieder an,
ich schweige nicht mehr,
um dir zu gefallen …

Iraks Bräute werden immer jünger

Während ein immer bedeutenderer Teil der Frauen im Irak nach vorne schreitet und selbstbestimmt ihre Rechte einfordert, spielt sich parallel dazu ein Drama ab, das oft im Verborgenen bleibt. Immer mehr Minderjährige heiraten, werden verheiratet. Junge Mädchen sind die Hauptopfer der Umwälzungen, die das Land zwischen Euphrat und Tigris gerade durchmacht.

»Als meine Tante mir ihre dreizehnjährige Tochter Aziza zur Frau anbot, dachte ich, ich höre nicht richtig.« Mustafa war damals 26, als er seine wesentlich jüngere Cousine heiraten sollte. »Der Altersunterschied war mir zu groß«, begründet er zwei Jahren später seine Ablehnung. Er kenne Männer in seinem Alter, die sich daran ergötzen, dass ihre zukünftigen Frauen noch mit Puppen spielen, erzählt der Iraker. Dem könne er nichts abgewinnen. Dass Aziza minderjährig und noch ein Kind ist, ist nichts Außergewöhnliches. »Das ist hier häufig so«, meint Mustafa. In Tuz Churmatu gebe es viele Ehen mit jungen, sehr jungen Frauen. Allein in seinem Familien- und Bekanntenkreis könne er mindestens zehn aufzählen. Auch seine Mutter hat mit vierzehn geheiratet.

Die Stadt mit knapp 60 000 Einwohnern liegt etwa 90 Kilometer südlich der nordirakischen Ölmetropole Kirkuk und 175 Kilometer von der Hauptstadt Bagdad entfernt. Hier leben alle Volksgruppen Iraks zusammen: Kurden, Araber, Turkmenen und Assyrer. Im April 2016 geriet die Stadt in die Schlagzeilen, weil sich in Tuz Churmatu ein Vorgeschmack dessen bot, was nach dem Sieg über die Terrormiliz IS im Irak passieren könnte. Eine Woche lang kämpften die Einwohner gegeneinander: Turkmenen aus dem Zentrum von Tuz und den südlichen Stadtteilen feuerten auf Kurden im Norden, während Kurden Wohnblocks von Turkmenen anzündeten und die Araber die Flucht ergriffen. Dutzende verloren ihr Leben, bevor ein mit iranischer Hilfe verhandelter Waffenstillstand das Blutvergießen vorerst beendete. Anfang Mai entflammte der Konflikt erneut, eskalierte jedoch nicht. Zwar war die Stadt selbst nicht vom IS eingenommen worden, aber ringsherum herrschte das Kalifat.

Doch die vielen Ehen mit Minderjährigen in Tuz Churmatu auf die Wirren in Zeiten des IS-Terrors zu schieben, ist zu kurz gegriffen. Die Stadt steht stellvertretend für den gesamten Irak. Überall, auch in IS-freien Gebieten, stößt man zwischen Euphrat und Tigris auf Mädchen, die mit erheblich älteren Männern verheiratet werden, oder auf Kinderehen, bei denen beide Partner noch minderjährig sind. Das ist im Irak längst zum Phänomen geworden – in Dörfern wie in Groß- und Kleinstädten.

So schrieb die Journalistin und Filmemacherin Zahraa Ghandour schon vor den Eroberungszügen der Dschihadisten in einem Beitrag über die zunehmenden Hochzeiten mit Minderjährigen. »Viele irakische Familien zwingen ihre minderjährigen Töchter zur frühen Heirat«, steht dort. Manche würden das harte Leben, die vielen Kriege seit 1980 und das Embargo in den 1990er-Jahren dafür verantwortlich machen. Andere wollten einen Blutzoll nach einer Stammesfehde mit der Verheiratung ihrer minderjährigen Tochter bezahlen. Wieder andere beglichen mit dem Brautgeld ihre Schulden. Das alles geschehe auf dem Rücken der jungen Mädchen, sagt Zahraa Ghandour heute. »Sie sind die Hauptopfer der dramatischen Umwälzungen in diesem Land.«

Eine von fünf Neuvermählten ist unter achtzehn Jahre alt, wie eine 2014 veröffentlichte Statistik der Vereinten Nationen aufzeigt. Dabei schützen die irakischen Gesetze die Mädchen. Das gesetzliche Heiratsalter ist auf achtzehn Jahre festgeschrieben. Ausnahmen bestimmen jedoch die Regel, eine gängige Praxis in orientalischen Ländern. Eine Zusatzbestimmung erlaubt die Heirat mit fünfzehn, wenn der Vater der Braut ein ärztliches Zeugnis vorlegt, das die medizinische Reife der Tochter attestiert. Die Eheschließung wird dann von einem islamischen Geistlichen vorgenommen und erst beim Standesamt eingetragen, wenn die Frau das achtzehnte Lebensjahr erreicht hat. Doch selbst diese Bestimmung wird mehr und mehr unterlaufen. Ehefrauen, die vierzehn, zwölf und sogar elf Jahre alt sind, sind inzwischen keine Seltenheit mehr. Besonders schiitische Geistliche haben in Moscheen Heiratsbüros eröffnet, wo sie Minderjährige über die Heirat beraten. Vor fünf Jahren, noch vor der Terrorherrschaft des IS, legte der damalige Innenminister dem Parlament einen Gesetzesentwurf vor, der das heiratsfähige Alter für Mädchen auf neun Jahre herabsetzen sollte. Ein gesellschaftlicher Aufschrei war die Folge. Frauenrechtsgruppen, Menschenrechtsgruppen und andere zivilgesellschaftliche Organisationen liefen Sturm gegen den schiitischen Imam Dschafaari, den Initiator des Entwurfs. Nach dem Regierungswechsel war der Entwurf vom Tisch. Trotzdem steigt die Zahl der Kinderbräute bis heute kontinuierlich an.

Am Haupteingang des mit 60 000 Menschen größten Flüchtlingslagers Domiz bei Dohuk in Irak-Kurdistan herrscht eine merkwürdige Stimmung. Inmitten der provisorisch zusammengezimmerten Baracken, Wellblechhütten und Wohncontainern versammeln sich kurz vor Sonnenuntergang schick gekleidete und üppig geschminkte junge Frauen und Mädchen zu einer Verlobungsfeier. Keine ist über achtzehn Jahre alt. Schüchtern erzählt die eine, dass sie nun ihren zukünftigen Ehemännern vorgestellt werden. Glücklich sehen sie dabei nicht aus. Die Mutter rechtfertigt die Einwilligung. »Was sollen wir denn tun? Wir müssen doch irgendwie überleben«, sagt sie. Hilfsorganisationen registrieren schon länger eine drastische Zunahme von Kinderehen in Flüchtlingslagern. Viele Eltern sähen im Brautpreis einen Ausweg aus der Armut. Andere meinen, dass ihre Töchter besser vor Belästigungen und sexueller Gewalt geschützt seien, wenn sie verheiratet sind. Durch die mangelnde Privatsphäre in den Lagern und die oft gemeinsame Nutzung von Toiletten und Duschen würden Mädchen unzüchtigen Männern ausgesetzt, die nicht zu ihrem familiären Kreis gehörten. Für die internationale Organisation »Save the Children« liegt ein weiterer Grund in der fehlenden Bildung, die die Eltern dazu treibt, ihre minderjährigen Töchter zu verheiraten. Manche hoffen, dass der Ehemann für die weitere Bildung der Frau sorgen werde. Denn durch eine Ehe geht das Sorgerecht des Vaters auf den Ehemann über und die Familie hat eine Sorge weniger.

Kapitel 8:
Justiz

Im Gerichtssaal mit Saddam Hussein

Es ist der 32. Verhandlungstag im Sondertribunal gegen den ehemaligen Diktator des Irak Saddam Hussein, der 22. Juni 2006. Als der Hauptangeklagte den Gerichtssaal betritt, verstummen die Gespräche für einen Moment. Einige der Anwälte, Gerichtsdiener und Verteidiger erheben sich von den Stühlen und bezeugen Respekt für einen Mann, der noch bis vor Kurzem ein ganzes Volk in Angst und Schrecken hielt und der wie kein anderer Gewalt als Machtinstrument einsetzte. Saddam Hussein, der Schlächter von Bagdad, hat seinen großen Auftritt. Dieser steht im krassen Gegensatz zur demütigenden Festnahme durch amerikanische Soldaten im Dezember 2003, die ihn in einem Erdloch versteckt fanden, eine Speichelprobe nahmen, um auch sicher zu sein, dass es sich bei dem verwahrlosten, alt aussehenden Mann auch tatsächlich um den »most wanted man«, den damals meistgesuchten Mann im Irak, handelte. Im Gerichtssaal indes ist er ganz Staatsmann. Mit wachen Augen mustert der 69-Jährige die Anwesenden, begrüßt mit einem freundlichen Kopfnicken die Medienvertreter, die in einem Glaskasten hinter Staatsanwälten und Verteidigern ihren Platz haben, und die Beobachter von Nichtregierungsorganisationen auf der Besuchertribüne. Bekleidet mit einem schwarzen Anzug mit weißem, offenem Hemd, sein Bart ist gepflegt, seine Haare ordentlich gekämmt, setzt er sich auf den linken Stuhl in der ersten Reihe. Saddam Hussein ist als erster der acht Angeklagten in den Saal geholt worden. Mit schreiender Stimme ruft der Gerichtsdiener danach die anderen auf. Das ist heute so und an den folgenden Prozesstagen auch.

Das erste Verfahren gegen den Exdiktator und gestürzten Präsidenten des Irak neigt sich dem Ende zu. Die Staatsanwaltschaft hat schon ihr Schlussplädoyer gehalten und die Todesstrafe für Saddam, seinen Halbbruder und ehemaligen Chef des Geheimdienstes, Barzan Ibrahim al-Hassan al-Tikriti, sowie seinen ehemaligen Stellvertreter Taha Yassin Ramadan gefordert. Heute kommen die Verteidiger und deren Zeugen zu Wort. Die US-Administration, die dieses Tribunal federführend begleitet, will damit zeigen, dass im Irak eine neue Rechtsordnung beginnt – mit demokratischen Mitteln und dem Recht auf Verteidigung für die Angeklagten, was unter Saddam Hussein kaum der Fall war. Der Richter Awad al-Bandar, der ebenfalls mit dem ehemaligen Gewaltherrscher auf der Anklagebank sitzt, verhängte Todesurteile im Schnellverfahren. Nur selten wurden die Beschuldigten angehört oder bekamen anwaltlichen Beistand.

Doch das Sondertribunal für die Verbrechen von Saddam Hussein und seine Schergen gerät zur Katastrophe für das künftige Rechtssystem im Irak. Immer wieder wird es von unvorhersehbaren Ereignissen unterbrochen. Viele Verhandlungstage fallen aus oder müssen verschoben werden, weil die Zeugen nicht erscheinen, Anwälte erschossen werden oder der erste Vorsitzende Richter, Rizgar Amin, seinen Rücktritt einreicht. Jüngster Zwischenfall: Kurz vor dem 32. Verhandlungstag und meinem ersten Tag im Gerichtssaal wird Khamis al-Obeidi, Mitglied des elfköpfigen Verteidigerteams von Saddam, aus seinem Haus in Bagdad entführt und eine Stunde später tot aufgefunden. Jeder, der an diesem Prozess beteiligt ist, steht ständig mit einem Fuß im Grab: Richter, Verteidiger, Staatsanwälte, Zeugen, selbst Gerichtsdiener werden bedroht. Die meisten Zeugen wollen deshalb unerkannt bleiben. Um den Zeugenstand im Gerichtssaal ist ein brauner Vorhang gezogen. Die Zeugen und die drei Staatsanwälte sind während der Verhandlungstage in einem eigens für sie hergerichteten Gebäudekomplex untergebracht. Den Verteidigern hat man eine bewachte Villa zur Verfügung gestellt. Die fünf Richter wohnen in dem einzigen Hotel, das es in der schwer bewachten Grünen Zone, dem Regierungsviertel, gibt. Das Gerichtsgebäude ist nur einen Steinwurf davon entfernt.

Wie ein Hochsicherheitstrakt mutet das ehemalige Hauptquartier der Baath-Partei an, Saddam Husseins Machtbasis über lange Jahre. Dessen rechter Flügel wurde zum Gerichtssaal hergerichtet. Die neoklassizistische, kubische Bauweise vermittelt nach wie vor einen monumentalen Charakter. Fast schon sakral erscheint das Innere: hohe Räume, schwere Kronleuchter, Großzügigkeit, Erhabenheit. Im ehemaligen Sitzungssaal der im Saddam-Regime alles bestimmenden Baath-Partei tagt nun seit acht Monaten das Gremium, das sich mit den Verbrechen des Exdiktators auseinandersetzt. Insgesamt sind zwölf Verfahren angestrebt. An der mit grauem Granit getäfelten Hauptwand sind zwei Waagschalen und ein Koranvers aus Messing angebracht, der die Suche nach der Wahrheit anmahnt. Saddam Hussein witzelte in einer der ersten Sitzungen über den Raum und nannte ihn »ein schönes Badezimmer«. Der Richter fragt die Zeugen, ob sie Moslems oder Christen seien. Je nachdem müssen sie ihren Eid auf den Koran oder die Bibel schwören. Es gibt ununterbrochen Strom im ganzen Gebäude, und die Klimaanlagen funktionieren. Es ist blitzblank und geordnet. Das ist ungewöhnlich im Bagdad jener Tage, wo außerhalb der Grünen Zone ein blutiger Bürgerkrieg zwischen Schiiten, Sunniten, den US-Truppen und den Widerständlern gegen die amerikanische Besatzung tobt. Wie kann unter diesen Umständen ein geordnetes Gerichtsverfahren durchgeführt werden, fragen sich viele Beobachter.

Schon der Zugang zum Prozess ist alles andere als geordnet. Während amerikanische Journalisten mit einer formellen Anmeldung ohne Weiteres ins Gerichtsgebäude gelassen werden, müssen andere einen dreistündigen Sicherheitstest im Vorfeld über sich ergehen lassen. Sämtliche Fingerabdrücke werden penibel registriert, eine Kamera fotografiert nicht nur alle Seiten des Kopfes, sondern auch in die Ohren und die Augen. Der anschließende Fragebogen fordert Antworten über die Herkunft des Antragstellers, seine Kontakte zu unterschiedlichen Organisationen, Details über seine Arbeit. Auch Iraker müssen diese Prozedur über sich ergehen lassen. Ich bin die einzige deutsche Journalistin, die sich dem aussetzt und zugelassen wird. Auf die Genehmigung habe ich wochenlang gewartet. Federführend bei der Verteilung der Plätze im Gerichtssaal ist die US-Botschaft. Dabei soll der Prozess eigentlich rein irakischen Charakter vorweisen. Ein irakisches Gericht soll über einen der grausamsten Herrscher in der Geschichte des Zweistromlandes richten. So jedenfalls war es zu Beginn, am 19. Oktober 2005, verkündet worden. Mit diesem Argument findet das Sondertribunal gegen Saddam Hussein auch in Bagdad statt und nicht in Den Haag oder Stockholm, wie es anfangs erwogen wurde. Mit einem Gesetz vom Dezember 2003 wurde es von der ersten irakischen Übergangsregierung eingesetzt, sein Statut von einem eigens dafür gegründeten Komitee geschaffen. Im Schnellverfahren wurden Richter und Staatsanwälte in Sachen Demokratie ausgebildet. Zum ersten Mal in ihrem Leben sind sie mit Verbrechen gegen die Menschlichkeit konfrontiert, ist ihnen erklärt worden, was das eigentlich ist. Die USA finanzieren mit 75 Millionen Dollar.

Je mehr Prozesstage vergehen, umso deutlicher wird, dass die Beteiligten damit völlig überfordert sind. Was anfänglich mit hehren Absichten begann – Iraker richten Iraker –, ist zum absurden Theater verkommen. Angeklagte und Zeugen benutzen die Bühne, um politische Statements abzugeben, Koranverse oder Gedichte vorzutragen. Der Richter witzelt über die rote Krawatte eines der Verteidiger oder fragt einen Übersetzer, ob er außer einem Schluck Wasser auch etwas zu essen brauche. Eine gewisse Vertrautheit hat sich im Gerichtssaal eingeschlichen. Saddam meldet sich zu Wort und steht auf. Staatsmännisch hält er eine Rede. Selbst Chefrichter Raouf Abd al-Rahman hört ihm andächtig zu, nickt zuweilen zustimmend. Er werde sowieso verurteilt, beginnt der Exdiktator, der sich noch immer als rechtmäßiges Staatsoberhaupt des Irak bezeichnet, Besatzung, Besatzer und das Tribunal ablehnt. Es werde erst Ruhe im Irak einkehren, wenn die Amerikaner aus dem Land seien. Unter den Ketten ihrer Panzer fließe mehr Blut als das, worüber hier verhandelt werde, erhebt Saddam seine Stimme und blickt medienwirksam nach allen Seiten des Gerichtssaals. Gedämpft ist ein Mörsergranateneinschlag zu hören: die alltägliche Begleitmusik seit Prozessbeginn.

Das laufende Verfahren ist das erste von insgesamt zwölf, die gegen Saddam Hussein und seine Adlaten angestrebt werden. Es geht um ein Massaker, das im Juli 1982 verübt worden ist. Dudschail ist ein kleiner Ort nördlich von Bagdad. Nach einem fehlgeschlagenen Mordversuch rächte sich der Diktator an der gesamten Dorfbevölkerung. Er ließ das Dorf bombardieren, die Bewohner einsperren und teilweise foltern, 148 von ihnen ermorden, Häuser und Felder in Brand stecken. Letzteres gibt Saddam zu: »Ich habe einige Ländereien dem Erdboden gleichgemacht, ja. Das heißt aber nicht, dass ich mit dem Bulldozer gefahren bin. Ich habe die Angelegenheit dem Revolutionären Kommandorat übergeben.« Für alles andere plädiert er für nicht schuldig und beruft sich auf das damals geltende Recht. »Wenn auf ein Staatsoberhaupt ein Anschlag verübt wird, müssen die Schuldigen zur Rechenschaft gezogen werden.« Darauf Oberstaatsanwalt Dschafar al-Musawi: »Haben alle 148 auf Sie geschossen?«

Eigentlich wurde der Fall Dudschail als Auftakt des Tribunals gewählt, weil hier die Beweislage am eindeutigsten schien. Doch Angeklagte und Zeugen weisen immer wieder Gedächtnislücken in ihrer Argumentation auf. Der Fall liegt 24 Jahre zurück. Im Irak, wo sich die Ereignisse rasant überstürzen, ist das eine Ewigkeit. Letztendlich geht es im Gerichtssaal um die Frage, ob die Schüsse in Dudschail aus Freude anlässlich des Besuchs des Präsidenten abgegeben wurden oder Saddam töten sollten. Der unter starkem Verfolgungswahn leidende Diktator wertete sie als Mordversuch, Richter Awad al-Bandar verurteilte kollektiv. Al-Bandar erhebt seine Stimme und spricht vom Tribunal als einer Rache der Schiiten an den Sunniten. Dudschail wird zumeist von Schiiten bewohnt, und der Bürgerkrieg draußen in Bagdads Roter Zone, wo der blutige Terror tobt, setzt sich im Gerichtssaal fort. »Das ist ein Gericht, und ich bin der Richter«, muss sich Raouf Abd al-Rahman während der tumultartigen Szenen immer wieder Gehör verschaffen. »Ich spreche Arabisch, lassen Sie die Amerikaner aus dem Spiel!« Nach nur vierzig Verhandlungstagen werden am 5. November 2006 der Richter al-Bandar, Saddam Hussein und sein Halbbruder Barzan zum Tode verurteilt. Neunzehn Zeugen der Verteidigung wurden gehört, 47 der Anklage.

Die Rechtsform für das Sondertribunal in Bagdad ist kompliziert und alles andere als eindeutig: eine Mischung aus internationalem Recht, früherem irakischen Recht und durch die Übergangsregierung geschaffenen Regeln, die pikanterweise erst zwei Tage vor Beginn des Prozesses im Amtsblatt veröffentlicht wurden. So nennt das Statut Strafbestände, aber kein Strafmaß. Dafür wird das im Saddam-Regime geltende Strafrecht herangezogen. Das im rechtlichen Rahmen verankerte internationale Recht ist eng an die Nürnberger Prozesse und die UN-Strafgerichtshöfe für Jugoslawien und Ruanda angelehnt. Jedoch die Frage bleibt, wie die Richter die Verfahrensrechte anwenden. Die Menschenrechtsorganisation »Human Rights Watch«, die zu den meisten der vierzig Verhandlungstagen einen Beobachter schickte, kritisiert, dass die Schuld der Angeklagten nicht in einer Weise nachgewiesen worden sei, die jeden Zweifel ausschließe, wie dies nach rein internationalem Strafrecht geschehen müsse. Die Vermischung der Rechtssysteme sei daher äußerst problematisch. Was anfangs als Meilenstein in der künftigen Rechtsgeschichte des Irak galt, ist zum Stolperstein geworden.

Ein Beispiel dafür liefert der Schlagabtausch des Verteidigungsteams mit dem Richter in den Tagen vor dem Schlussplädoyer des Staatsanwalts. Die Anwälte beklagen die miserablen Arbeitsbedingungen. Die Sicherheitslage im Land habe einen Besuch in Dudschail unmöglich gemacht. Sie bekämen weder Abschriften der Sitzungsprotokolle noch Kopien der Zeugenaussagen. Über sechzig Zeugen der Verteidigung seien benannt worden. Nur gut die Hälfte habe der Richter geladen, nur neunzehn seien gekommen. »Ich will hier keine ideologischen und politischen Reden hören«, blafft Raouf Abd al-Rahman zurück und verweist Saddams Halbbruder Barzan wegen Aufmüpfigkeit aus dem Gerichtssaal, nachdem er ihm zuvor das Wort erteilt hatte. Der Gerichtsdiener schubst den widerspenstigen Exgeheimdienstchef durch die Tür. Die Verteidiger brüllen: »Er hat ihn geschlagen!« Der beigefarbene

Vorhang vor der Pressekabine wird zugezogen, die Verhandlung geschlossen. Durch den Schlitz kann man erspähen, wie die Verteidiger ihrem gestürzten Präsidenten die Hände küssen.

Das Urteil im ersten Prozess gegen Saddam Hussein und seine Mitangeklagten ist noch nicht gesprochen, da beginnt am 21. August 2006 bereits der zweite Prozess gegen den ehemaligen irakischen Präsidenten. Die Anklage lautet auf »Völkermord an den irakischen Kurden«, auch bekannt als die »Operation Anfal«. Halabdscha gilt hier als Synonym. Der Giftgasangriff auf die kurdische Stadt dieses Namens mit rund 5000 Toten am 16. März 1988 führte international zu einem Aufschrei. Doch schon bald kommt es im Gerichtssaal zum Eklat. Die Staatsanwaltschaft fordert den Rücktritt des Vorsitzenden Richters, die irakische Regierung entlässt ihn. Abdullah Alusch al-Amiri habe einen »Mangel an Neutralität« gezeigt, lautet die Begründung. »Wir wollen, dass das Gericht neutral ist und der Welt die Verbrechen dieses Diktators zeigt.« Saddam Hussein sei der schlimmste Diktator gewesen, den der Irak in seiner langen Geschichte gekannt habe. Der Richter hatte bei der Verhandlung für Aufsehen gesorgt, weil er dem Angeklagten gegenüber gesagt hatte: »Sie waren kein Diktator.« Saddam hatte sich daraufhin bei ihm bedankt. Amiri war bereits unter Saddam Hussein Richter.

Auch im zweiten Prozess fordert die Staatsanwaltschaft die Todesstrafe für Saddam Hussein. Doch zur Urteilsverkündung kommt es nicht mehr. Am 30. Dezember 2006 wird der Hauptangeklagte hingerichtet. Obwohl er um einen Tod durch Erschießen bat, wird er durch den Strang erhängt. Die Hinrichtung sorgt vor allem in der arabischen Welt für Aufregung. Nach islamischem Recht ist es verboten, jemanden an einem religiösen Feiertag zu exekutieren. Als Saddam gehängt wird, ist der erste Tag des islamischen Opferfestes Aid al-Adha. Ein etwa drei Minuten langes

Amateurvideo von seiner Hinrichtung hat bei den sunnitischen Arabern einen Aufschrei der Empörung hervorgerufen. Darauf ist zu sehen, wie Zuschauer Saddam beschimpfen und die Namen des schiitischen Geistlichen Moktada al-Sadr rufen.

Amnesty International kritisierte vehement sowohl die Prozessführung als auch die Hinrichtung. Speziell die politische Intervention habe die Glaubwürdigkeit des Gerichts untergraben. Der erste Vorsitzende Richter sei zum Rücktritt gezwungen, die Ernennung des Nachfolgers hinausgezögert und der Vorsitzende Richter im zweiten Prozess gänzlich entlassen worden. Das Gericht habe es versäumt, Zeugen und Verteidiger, von denen drei während des Verfahrens ermordet wurden, ausreichend zu schützen, so Amnesty. Saddam Hussein habe während der ersten Monate in Haft keinerlei anwaltlichen Beistand erhalten. Eingaben seines Verteidigungsteams während des laufenden Verfahrens seien nicht ausreichend berücksichtigt worden. »Dieses Tribunal sollte einen Hauptbeitrag leisten, im Irak Rechtsstaatlichkeit und Gerechtigkeit zu etablieren, um die massiven Menschenrechtsverletzungen, die durch Saddam Hussein begangen wurden, zu ahnden«, sagte Malcolm Smart, Direktor der Menschenrechtsorganisation für den Nahen Osten und Nordafrika. »Stattdessen wurde es zu einer schäbigen Farce, von gravierenden Fehlern getrübt, die das ganze Verfahren infrage stellen.«

Tribunal als Politshow

Das Sondertribunal zur Aufklärung der Verbrechen des irakischen Diktators verurteilte Saddam Hussein zum Tode durch den Strang. Im Oktober 2005 begann der Prozess. Nach nur sieben Sitzungen gab der Vorsitzende Richter, Rizgar Amin, auf. Ihm

wurde zu lasche Prozessführung vorgeworfen. Zahlreiche Morddrohungen und Anschuldigungen bewogen ihn schließlich zum
Rücktritt. Der erste Richter Saddam Husseins sieht in dem Tribunal die verpasste Chance eines rechtsstaatlichen Neuanfangs im
Irak.

Svensson: Warum haben Sie Ihren Rücktritt so schnell eingereicht?
Amin: Meine Entscheidung war eine logische Folge von dem, was
sich damals abspielte. Ich respektiere das Gesetz und respektiere
Professionalität. Mein Rücktritt war eine Botschaft an die damali-
gen Politiker, nicht in die Unabhängigkeit der Justiz einzugreifen.
Ich will eine Trennung von Politik und Judikative. Dafür habe
ich gearbeitet. Mein Rücktritt war ein Zeichen dafür, dass diese
Trennung nicht respektiert wird, bis heute nicht.
Svensson: Wer stand dem entgegen?
Amin: Die regierenden politischen Parteien, Regierungsinstitu-
tionen wie das Justizministerium und auch Journalisten, die wie
Söldner der Regierung agierten, und natürlich einige aus den Reihen des vorherigen Regimes, Leute, die so weitermachen wollten
wie bisher.
Svensson: Und wie verhielten sich die Amerikaner? Sie hatten das
Tribunal doch initiiert.
Amin: Die Amerikaner konnten uns nicht vollständig vor dieser
Intervention schützen. Erst als ich meinen Rücktritt einreichte,
haben sie versucht, mich noch umzustimmen. Ich habe ihnen gesagt, dass die Arbeit eines Richters nicht darin bestehen kann, täglich Anfeindungen und Drohungen entgegenzunehmen. Ich hatte
vorgeschlagen, das Tribunal vom emotionsgeladenen Bagdad nach
Dukan in die kurdischen Berge zu verlegen, für die Sicherheit der
Richter und Anwälte. Schon am ersten Tag des Tribunals wurde ein Anwalt entführt, am dritten Tag wurde sein Leichnam ge-

funden. Andere Anwälte standen unter permanentem Druck und konnten nicht frei sprechen. So kann man kein unabhängiges Gericht abhalten.

Amin ist Kurde, er stammt aus Sulaimaniyya im Nordosten des Irak. Der Oberste Gerichtshof Kurdistans hatte ihn vorgeschlagen, als die zweite irakische Übergangsregierung unter Premier Ibrahim al-Dschafari, dem heutigen Außenminister Iraks, um die Benennung von einigen Richtern für das Sondergericht bat. Als Untersuchungsrichter für Straftaten war Amin früher oft aus Kurdistan ins 260 Kilometer entfernte Bagdad gereist. Er kennt die Hauptstadt gut. 1980 hatte er dort sein Jurastudium abgeschlossen. Da er sich geflissentlich weigerte, in die Baath-Partei einzutreten, machte er sehr spät Karriere. Erst Mitte der 1990er-Jahre wurde er zum Chefrichter in den kurdischen Autonomiegebieten berufen.

Amin: Die Amerikaner hatten am Anfang sehr gute Rechtsberater, die mit uns gearbeitet haben. Die Idee des Tribunals und seine Struktur waren amerikanisch. Aber sie haben einen fundamentalen Fehler begangen, indem sie das Gericht dem irakischen Ministerrat unterstellt haben. Es wurde vom Ministerrat finanziert. Das Gericht war nicht dem Board of Justice (Vorstand der Justiz) unterstellt. Es war ein politischer, aber auch ein rechtlicher Fehler der Amerikaner. Ich selbst glaube, die Amerikaner waren sich der Konsequenzen nicht bewusst. Es gab einmal ein Treffen zwischen dem Untersuchungsrichter und dem Premierminister, was offen im Fernsehen gezeigt wurde, d. h. eine offene Vermischung zwischen Politik und Justiz. Aber niemand fand etwas dabei, sie kamen nicht auf die Idee, dass dies anstößig wäre.
Svensson: Das Tribunal war also ein kompletter Misserfolg?

Amin: Ja klar, weil die Basis für ein unabhängiges Gerichtsverfahren überhaupt nicht gegeben war. Das Prinzip eines Rechtsstaats, dass der Angeklagte bis zum Beweis seiner Schuld als unschuldig gilt, galt von Anfang an nicht. Im Zweifel für den Angeklagten, musste doch auch für Saddam Hussein gelten, wenn man ein ordentliches Verfahren will. Für mich war es ein Strafverfahren, für die anderen ein politischer Prozess. Ich hatte gehofft, dass wir mit dem Tribunal einen Auftakt für einen neuen Irak hinbekommen im Umgang mit Saddam Hussein und seinen Mitangeklagten, dass dieses Tribunal eine Basis für Recht und Gerechtigkeit wird.

Amin galt als integer und über jeden Verdacht der Korruption erhaben. Er gehörte keiner Partei an, seine Vergangenheit war unbefleckt und frei von Skandalen. Er schien die ideale Besetzung für den Posten des Vorsitzenden des Sondertribunals, das über die Verbrechen eines der grausamsten Herrscher der jüngsten Geschichte richten sollte. Noch nie stand ein Diktator im Nahen und Mittleren Osten vor einem Richter. Trotz aller Kritik am Verfahren schrieben Saddam Hussein und Rizgar Amin Rechtsgeschichte.

Svensson: Kam das Tribunal zu früh? Waren die Menschen vielleicht noch nicht bereit dafür?
Amin: Die Menschen sind auch jetzt noch nicht reif dafür, aber das ist nicht der Punkt. Meine Arbeit besteht nicht darin, von den Menschen zu lernen. Viele der Richter in dem Tribunal waren nicht bereit – und das war die Gefahr.
Svensson: Wäre Irak ein anderes Land, wenn das Tribunal erfolgreich gewesen wäre?
Amin: Wahrscheinlich nicht das ganze Land, vor allem nicht das politische System. Aber ohne Zweifel wäre das Rechtssystem ein anderes. Der Irak wäre demokratischer, Menschenrechte würden

eine Rolle spielen. Denn wenn in einem Gerichtsverfahren die Menschenrechte und die Würde des Menschen eine Rolle spielen, hat das Auswirkungen auf das gesamte Justizsystem. Saddam Husseins Prozess war ein Siegertribunal, das Gerechtigkeit vermissen ließ. Obwohl auch ich als Kurde unter Saddam gelitten habe, habe ich stets für ein faires und gerechtes Verfahren plädiert.

Svensson: Der Irak wirkt heute wie ein gesetzloses Land. Niemand vertraut dem Rechtssystem. Hat dieses Tribunal für immer den Weg zu einem Rechtsstaat versperrt?

Amin: Das Tribunal war eine gute Chance für die Zukunft des Irak. Und dies nicht, um Schuldige hinzurichten, sondern um ein Exempel für faire Gerichtsverfahren zu etablieren. Doch es gab kaum ernstzunehmende Beweisverfahren, die Prozessgestaltung war unprofessionell. Ich wollte keine Politshow im Gerichtssaal. Deshalb bin ich zurückgetreten. Heute ist es wie unter Saddam Hussein, es hat sich nichts geändert. Es gelten dieselben Gesetze.

Paralleljustiz

Dhia al-Saadi schaut sich nach allen Seiten um, als wir uns in einem Kaffeehaus im Bagdader Stadtteil Mansour treffen. Obwohl sich Bagdads Sicherheitslage gegenüber von vor zehn Jahren erheblich verbessert hat, sitzen das Misstrauen und die Angst bei dem ehemaligen Präsidenten der irakischen Anwaltskammer und jetzigem Assistenten des Generalsekretärs der arabischen Anwaltsvereinigung noch tief. Das Trauma der ständigen Bedrohungen wird er nicht los. Als die Elite des Irak ausradiert wurde, sollte auch Saadi liquidiert werden. Die neuen schiitischen Machthaber verfolgten alle, die in irgendeiner Weise mit dem Regime Saddam Husseins zusammenhingen. Richter und Anwälte galten als Hand-

langer des gestürzten und hingerichteten Diktators. Die »Säube-
rungswelle« setzte zu dem Zeitpunkt ein, als das Sondertribunal
gegen den Exdiktator stattfand, ebbte etwas ab, als dieser öffent-
lichkeitswirksam exekutiert wurde, und setzte dann wieder ein, als
die US-Truppen sich auf ihren Rückzug vorbereiteten. Niemand
hat die getöteten Juristen genau gezählt, aber ihre Zahl geht in die
Tausende. Die Verurteilung von Saddams Richter Awad al-Bandar
zum Tode verstanden viele als Freibrief dafür, Rache auch an anderen Juristen zu üben.

Außerdem hatten die Amerikaner bei ihrem Einmarsch 2003
nicht nur die Armee komplett aufgelöst, sondern auch die Justiz
außer Kraft gesetzt. »Das einzige, was US-Administrator Paul Bremer in seiner Amtszeit erlassen hat, war ein Dekret zur Immunität
von amerikanischen Staatsbürgern«, sagt Saadi. »Sie waren fortan quasi unantastbar.« Kein irakisches Gericht durfte einen Amerikaner anklagen, Strafanzeigen von Irakern gegen Amerikaner
blieben wirkungslos. »Sie konnten machen, was sie wollten, ohne
dafür belangt zu werden.« Der Anwalt hebt hervor, dass dieser Er-
lass Bremers nicht etwa nur für GIs galt, die in direktem Dienst
der US-Truppen standen oder Angestellte der US-Administration
waren, sondern auch für Subunternehmer wie die berüchtigte Sicherheitsfirma Blackwater.

Im Gefolge der US-Soldaten war nach der Invasion 2003 eine
Schattenarmee in den Irak eingerückt, die keinem Militärkom-
mando und keinem Rechtssystem unterstand. Sie war Dienstleister des Krieges: Bodyguards, Wachleute, Verhörspezialisten.
So konnte die irakische Justiz weder der Rambos von Blackwater
und anderen Sicherheitsfirmen habhaft werden, die wild um sich
schossen und vor der Tötung von Zivilisten nicht zurückschreck-
ten, noch der privaten Verhörspezialisten im Bagdader Gefängnis
Abu Ghraib, die mit ihren Foltermethoden und Demütigungen

nicht nur die Iraker anwiderten. Die von amerikanischen Gerichten verhängten Urteile gegen vier Blackwater-Söldner wurden im August 2017 von einem US-Berufungsgericht wieder aufgehoben. Im Falle Abu Ghraib kam es erst gar nicht zu zivilrechtlichen Prozessen. Einzig ein Militär-Sondergericht verhängte milde Urteile. Die Höchststrafe von einem Jahr bekam ausgerechnet derjenige, der die meisten Fotos machte, die dann an die Öffentlichkeit gelangten. So besteht auch heute noch der Vorwurf, dass die amerikanische Politik niemals ein wirkliches Interesse daran hatte, den Abu-Ghraib-Folterskandal lückenlos aufzuklären, bei dem über hundert Menschen auf qualvollste Weise zu Tode kamen.

Erst als die Terrormiliz »Islamischer Staat« 2014 über das Land fegte und ihr Kalifat errichtete, verabschiedete das irakische Parlament ein Anti-Terror-Gesetz, das die irakische Justiz bevollmächtigt, auch gegen Ausländer vorzugehen. Urteile gegen französische und deutsche Dschihadisten wurden in jüngster Vergangenheit gefällt, genauso wie gegen türkische, russische und tschetschenische. Trotzdem sei das irakische Justizsystem schwach, kommentiert Dhia al-Saadi die momentane Situation. Es gebe keine Auslieferungsabkommen mit anderen Ländern, kaum juristische Zusammenarbeit. Der Oberste Gerichtshof spreche nicht im Sinne der Verfassung Recht, sondern folge politischen Vorgaben. Die Richter werden durch Politiker ernannt und nicht durch den Obersten Richterrat gewählt. Das Parlament habe es bislang versäumt, die Legislative für die in der Verfassung festgelegte Unabhängigkeit der Justiz zu verabschieden. Verteidiger würden als Feinde der Justiz angesehen. Richter, die geltendes Recht anwenden wollten, würden nicht selten bedroht oder gar ermordet. Auch heute noch. In solch einer Situation sei es nicht verwunderlich, dass parallele Gerichtsbarkeiten entstünden. Wenn die staatliche Justiz schwach sei, bestehe die Gefahr, dass andere Kräfte das Recht in ihre Hände nähmen.

Auch Fareed al-Qaisi beklagt den Rechtszustand seines Landes.
Der Professor für Soziologie an der Juristischen Fakultät der Universität Kirkuk hat ein Buch veröffentlicht, in dem er die Kultur
der Gewalt im Irak aufzeigt. Das Gesetz für »Transitional Justice«
(Übergangsjustiz) sei ursprünglich sehr ambitioniert gewesen.
»Denn die Aufarbeitung der Vergangenheit ist ein wichtiger Bestandteil für die Zukunft.« Seit seiner Verabschiedung seien mittlerweile dreizehn Jahre vergangen, geschehen sei so gut wie nichts.
Al-Qaisi macht Briten und Amerikaner dafür verantwortlich, die
die Umsetzung nicht konsequent genug vorangetrieben hätten,
als sie in der Verantwortung für den Irak waren. Die Besatzer hätten Exiliraker an die Schalthebel der Macht gesetzt, die zwar den
Umgang mit Waffen beherrschten, aber keine Ahnung von Justiz hätten. So habe sich das Gesetz des Stärkeren etabliert, sprich
desjenigen, der im Besitz von »großen Spielzeugen« sei, wie der
Professor schwere Waffen nennt. Besonders im Süden des Irak, wo
die Briten zuständig waren, sei eine erschreckende Entwicklung
zu beobachten. Immer mehr Menschen wendeten sich den Stammesgerichten zu. Einige staatliche Gerichte hätten bereits schließen müssen, weil die Leute nicht mehr dorthin gingen, wenn sie
Rechtsprechung benötigten. Al-Qaisi nennt zwei Beispiele: Er
selbst habe ein wirtschaftliches Problem juristisch lösen müssen
und kontaktierte das Gericht in Kirkuk. Der Richter riet ihm,
sich an das Stammesgericht zu wenden, dieses sei besser geeignet
für einen Schiedsspruch in Wirtschaftsdelikten. Sogar irakische
Politiker würden ihre Anliegen vor ein Stammesgericht bringen.
Hanan al-Fatlawi, in der letzten Legislaturperiode stellvertretende
Vorsitzende des irakischen Parlaments, sei von einem Journalisten beleidigt worden. Der Stamm des Journalisten zahlte Schmerzensgeld. »Wenn selbst Politiker die Stammesgerichte in Anspruch
nehmen, kann von einem verlässlichen staatlichen Rechtssystem

keine Rede sein, meint al-Qaisi. »Wenn du das Gesetz verlierst, verlierst du den Staat!«

Der scheint bereits resigniert zu haben. Am 28. März 2018 verkündete das Justizministerium in Bagdad die Etablierung eines Schiedsgerichtshofs der Stämme. Ein Team von Stammesführern soll künftig als Schiedsrichter für alle möglichen Streitigkeiten und Konflikte zwischen den unterschiedlichen Stämmen des Irak eingesetzt werden. Wie ein Sprecher des Justizministeriums mitteilte, sollen hierfür 47 Scheichs vom Innen- und Justizministerium autorisiert werden, um »Frieden in den Gemeinden zu stiften«. Die Schiedsrichter sollen ehrenamtlich tätig sein und keinen Sold aus der Staatskasse erhalten. Sie sollen flächendeckend im ganzen Land agieren: vier in Bagdad, ein oder zwei in anderen Provinzen, je nach Einwohnerzahl. Im Parlament entbrannte darüber eine heftige, kontroverse Debatte. Abboud al-Issawi, Vorsitzender des Komitees der Stämme im Parlament, verteidigte engagiert die Gesetzesinitiative des Justizministeriums. Stammesfehden nehmen in letzter Zeit dramatisch zu im Irak, manchmal entzünden sie sich an simplen Kleinigkeiten. Oft geht es um die Ehre eines Scheichs oder von jemandem, der sich dafür hält. Zwar ist der Irak traditionell tribal strukturiert und die unterschiedlichen Stämme haben zwischen Euphrat und Tigris immer eine Rolle gespielt. Doch ihr Einfluss war selten so stark wie heute. »Wir glauben, dass das Stammesschiedsgericht künftig bewaffnete Auseinandersetzungen verhindern hilft, wie sie sich immer häufiger im Süden des Irak abspielen«, kommentiert al-Issawi die Initiative des Justizministeriums. Zivilgesellschaftliche Organisationen laufen Sturm gegen dieses Vorhaben. Das Schiedsgericht der Stämme untergrabe die Autorität des Staates, sagt Shirouk Abajachi, Parlamentsabgeordnete des Civil Democratic Movement (Bewegung zivilgesellschaftlicher Organisationen). »Wir leben in einem Land, das seit

Hamurabi 7000 Jahre Rechtsgeschichte kennt. Wie können wir Projekte und Entscheidungen gutheißen, die Macht und Einfluss für die Stämme stärken und die Arbeit der staatlichen Institutionen untergraben?«

Doch nicht nur im Süden des Irak ist die Stammesjustiz inzwischen weit verbreitet. Auch im vom Kampf mit dem IS zerstörten Mossul befinden Stämme derzeit über Recht und Ordnung. Der Oberbürgermeister von Mossul, Zuhair Muhssein al-Araji, berichtet, dass im Süden und Westen der Stadt Stammesgerichte über IS-Mitglieder oder Sympathisanten richten. Die Familien von IS-Kämpfern erführen zunehmend Hass der anderen Bewohner, die unter dem IS unsäglich gelitten hätten, sagt al-Araji. Deshalb würden Schiedsgerichte eingesetzt. Nach deren Rechtsprechung würden nur die betreffenden IS-Kämpfer gerichtet, nicht deren Familienangehörige. Allerdings gebe es auch kleinere Stämme, die dieses Instrument ausnützten und Familien von IS-Mitgliedern gewaltsam vertreiben. Es ist also davon auszugehen, dass die Stammesjustiz im Irak eher zu- als abnehmen wird.

Kapitel 9:
Jugend und Politik

Neue Zeitrechnung

Es gibt eine neue Zeitrechnung im Irak: vor und nach Daesh – der Terrormiliz IS. Dies zeigt sich besonders deutlich bei den Parlamentswahlen im Mai 2018. Die neue Zeitrechnung, die seit dem Ende der Dschihadistenherrschaft besteht, gilt jetzt auch politisch. Das Land ist im Umbruch, die Jugend ist auf dem Vormarsch. Bisher hatten junge Leute im Irak kaum eine Stimme, die Alten dominierten das Geschehen, hatten das Sagen, gaben den Ton an. Obwohl die Mehrheit der irakischen Gesellschaft, wie in vielen anderen arabischen Ländern auch, unter 25 Jahre alt ist, spielte dies bisher kaum eine Rolle. Es fällt zwar sofort auf, dass das Land zwischen Euphrat und Tigris ein junges Land ist. Überall sieht man vor allem männliche Jugendliche, die auf der Straße rumhängen, in großen Gruppen ausgehen, oder Jungs, die Fußball spielen. Aber Jobs finden sie keine, Mitsprache auch nicht. Vor allem in der Politik hatten junge Menschen bisher wenig Chancen, Verantwortung zu übernehmen. Das ändert sich jetzt. Schon im Wahlkampf konnte man den Trend beobachten. Fuhr man durch die Straßen der Hauptstadt, so schauten fast nur junge Köpfe von den Tausenden Wahlplakaten auf die Passanten herab. Kaum ein altes Gesicht war präsent. Außer dem irakischen Premier Haidar al-Abadi und seinem Vorgänger Nuri al-Maliki und ab und an Parlamentspräsident Salim al-Dschaburi sah man keine altgedienten Politiker, die sich zur Wahl stellten. Die über 7000 Kandidaten, die sich um einen der 329 Sitze in der Volksvertretung bewarben, waren mehrheitlich neu und jung.

Einer dieser vielen jungen Kandidaten ist Muntazer al-Zaidi. Der 39-jährige Journalist hatte am 14. Dezember 2008 bei einer Pressekonferenz im Palast des Premierministers seine Schuhe ausgezogen und sie gegen den damaligen US-Präsidenten George W. Bush geworfen mit den Worten: »Das ist ein Abschiedskuss, du Hund. Dies ist von den Witwen, Waisen und allen, die im Irak getötet worden sind.« Bush ging in Deckung, der erste Schuh prallte hinter ihm an die Wand. Den zweiten konnte der irakische Premier Nuri al-Maliki abwehren, bevor er Bush traf. Zaidis Schuhe wurden weltberühmt. Jetzt, zehn Jahre später, will der Schuhwerfer in die Politik. »Ich habe über die Missstände im Land als Journalist berichtet, nun will ich sie als Politiker ändern«, begründet der Parlamentskandidat beim Tee in seinem Wohnzimmer den Wunsch nach politischer Gestaltung. Die Bekämpfung der Korruption steht dabei ganz oben auf der Agenda. Nach dem Sieg über den IS ist dies ohnehin das vorherrschende Thema des gesamten Wahlkampfes. Nahezu jede Partei, Gruppe oder Allianz hat sich den Kampf gegen Schmiergeld, Bestechung und »Red Tape« auf ihre Fahnen geschrieben. Vor zwei Monaten kam Zaidi nach acht Jahren Exil im Libanon zurück, um mit Moktada al-Sadr, dem inzwischen bekanntesten schiitischen Prediger, und seinem Sa'irun-Bündnis in den Wahlkampf zu ziehen. »Moktada hat sich von Grund auf erneuert«, sagt al-Zaidi zu dem Einwand, dass Sadrs drei Minister in der Regierung ebenfalls der Korruption bezichtigt wurden. Er habe sich von ihnen getrennt und sie zum

Rückzug bewogen, habe seine bisherige Partei komplett aufgelöst und nur neue Leute aufgestellt. »Zumeist junge Leute wie mich.« Ein wenig erinnert die Vorgehensweise an Emmanuel Macron in Frankreich, der die alten Strukturen auf den Kopf stellte und eine neue Bewegung ins Leben rief. Zufall oder Absicht? Sa'irun heißt übersetzt »en marche«.

Der Trend vor der Wahl bestätigt sich und wird an den Wahlurnen vollzogen, wenngleich die Wahlbeteiligung mit 44,5 Prozent so niedrig ist wie noch nie seit dem Sturz Saddam Husseins 2003. Diejenigen, die eine Veränderung der politischen Landschaft wünschen, sind zur Wahl gegangen, Skeptiker und Misstrauische blieben zu Hause. So kommt es, dass viele junge Leute wählen gehen. Neue Köpfe gewinnen, alte werden abgewählt. Und Sa'irun ist der Sieger. Moktada al-Sadr und seine Erneuerungsidee haben gewonnen. Haidar al-Abadi, den viele in den westlichen Ländern als Sieger prophezeiten, liegt weit abgeschlagen auf Platz drei. Vor ihm steht ebenfalls ein neues, nach dem IS entstandenes Bündnis, das sich Fatah nennt und übersetzt Eroberung heißt. Seine Mitglieder bestehen zum großen Teil aus Söldnern der Schiitenmilizen, die gegen Daesh kämpften und vor allem Tikrit und Mossul befreiten. Jetzt wollen sie ein Stück vom politischen Kuchen abhaben, der neu verteilt wird. Das ist nicht unumstritten, denn sie gelten als Gehilfen Irans. Dessen überwältigenden Einfluss im Irak wollen die Amerikaner mit Präsident Donald Trump an der Spitze zurückdrängen. Ob dies gelingt, wird sich zeigen müssen. Aus den Reihen der jungen Fatah-Abgeordneten, die bis vor Kurzem noch auf dem Schlachtfeld gegen den IS gekämpft haben, hört man, dass beim Blitzkrieg der Terrormiliz, die im Sommer 2014 große Teile des Nordirak unter die Kontrolle der Dschihadisten brachte, eigentlich nur Iran sofort und schnell Hilfe schickte und die Iraker mit militärischem Gerät, Waffen, aber auch Soldaten unterstützte. Die Amerikaner hätten erst zwei Monate später eingegriffen, als die grausamen Gotteskrieger einen Genozid an den Jesiden versuchten. Erst dann habe Barack Obama, der damalige US-Präsident, Luftangriffe befohlen. So ist es fraglich, ob die offenen Türen, die die Amerikaner mit ihrer Invasion 2003 im Irak geschaffen haben und durch die auch die Iraner hindurchgingen, wieder geschlossen werden können und der iranische Einfluss im Irak minimiert wird. Dies jedoch bleibt eine der spannendsten Fragen in der Region.

Indes hat die jüngste Geschichte immer wieder gezeigt: Was anderswo undenkbar wäre, ist im Irak möglich. Dafür ist das Wahlergebnis ein gutes Beispiel. Sa'irun ist ein Bündnis zwischen einem schiitischen Prediger und der kommunistischen Partei, vier weitere Gruppierungen wie die irakische Reformpartei und die Gruppe »Jugend und Chance« gehören ebenfalls dazu. Sie haben ein gemeinsames Programm erarbeitet, als Richtlinie ihrer Zusammenarbeit und Zielsetzung. Ethnie und Religion spielen dabei keine Rolle, die Einheit des Irak ist das, was zählt. Und das spricht vor allem junge Iraker an. Ganz bewusst setzt Sa'irun auf die nationale Karte. Nachdem das gescheiterte Unabhängigkeitsreferendum der Kurden ein Auseinanderfallen des Landes zumindest vorerst gestoppt zu haben scheint, erhebt sich jetzt eine Bewegung von unten gegen jegliche separatistischen Tendenzen. »Wir bleiben zusammen«, heißt die Parole.

Raid Fahmi strahlt über das ganze Gesicht. Der Generalsekretär der Kommunistischen Partei des Irak hat das geschafft, was niemand für möglich gehalten hatte. Seit den Wahlen zur Übergangsregierung im Januar 2005 hat kein Kommunist mehr Platz im Parlament genommen. »Unser Bürgerbündnis hat gewonnen«, sagt er, »die Freitagsdemonstrationen tragen Früchte.« Sa'irun sei doch nicht aus der Luft gegriffen, auch wenn das bei manchen, vor allem im westlichen Ausland, so rüberkommt. Das Bündnis sei gewachsen, über fast drei Jahre hinweg. Im Sommer 2015 fingen sie an, gegen die Missstände in der Gesellschaft zu protestieren. Zunächst über die unzulängliche Stromversorgung, schlechtes Wasser und über unzureichende staatliche Dienstleistungen, schließlich über die grassierende Korruption. Immer freitags versammelten sich Vertreter der Zivilgesellschaft und Mitglieder der kommunistischen Partei am Tahrir-Platz in Bagdad. Das Kalifat des IS existierte seit einem Jahr, und der neue Ministerpräsident Haider al-Abadi hatte neben dem Kampf gegen die Dschihadisten den gegen die Korruption auf seine Fahnen geschrieben. Doch passiert ist nichts.

Anfang 2016 sprang Moktada al-Sadr, der schiitische Prediger, auf den Demonstrationszug auf. Kritiker sagen, er habe die Graswurzelbewegung zu seinen Gunsten ausgenutzt. Fahmi sieht das nicht so. Er sei auf sie zugekommen und habe gefragt, ob er mitmachen könne, weil auch er nicht einverstanden war mit dem, was im Irak passiere. »Als alle anderen islamischen Parteien gegen uns waren und uns sogar bedrohten, hat Sadr uns akzeptiert«, sagt Fahmi anerkennend. Die Bewegung gewann an Größe. Alsbald wurde von der irakischen Arabellion gesprochen. »Wir kommen wieder!«, drohten die Demonstranten, als sie Anfang Mai 2016 das Parlamentsgebäude in der Grünen Zone stürmten, sich auf die Stühle der Parlamentarier setzten und ihre Forderungen vortrugen. Drei Tage lang hatten Tausende das schwer bewachte Regierungsviertel am westlichen Tigrisufer gestürmt: »Alle Macht dem Volke!«, lautete die Parole. Um auf die Sitze der Abgeordneten zu gelangen, riss das Volk Betonstelen ein, überwand Stacheldraht und Sicherheitsschleusen, überrannte Wachen und Bodyguards. Die ansonsten als Hochsicherheitstrakt geltende Grüne Zone, die neben dem Parlament, den Regierungssitz des Premierministers, das Verteidigungsministerium, einige ausländische Botschaften und westliche Organisationen beherbergt, war plötzlich löchrig wie ein Schweizer Käse. Moktada al-Sadr verhandelte mit Premier Abadi. Die Protestierer zogen ab. Jetzt sind sie wiedergekommen, legal und friedlich mit dieser Wahl.

Zweifelsohne ist Moktada al-Sadr derzeit der schillerndste Politiker im Irak. Mit dem Sieg bei den Parlamentswahlen ist er am Höhepunkt seiner Macht angekommen. Er bestimmt, wer der nächste Premierminister in Bagdad wird. Vor fünfzehn Jahren war er ein allseits gefürchteter Schiitenrebell, galt als zornig, radikal, gewalttätig und buchstäblich über Leichen gehend. Seine Anhänger zogen durch die Straßen von Bagdad, kidnappten und massakrierten Sunniten, säuberten ganze Stadtviertel und provozierten so eine Segregation in der Hauptstadt, die bis heute anhält. Der Ausbruch des drei Jahre dauernden Bürgerkriegs ging maßgeblich auf das Konto der Mahdi-Armee, Moktada al-Sadrs Miliz, in der bis zu 50 000 Schiiten engagiert waren. Sie bildeten Todesschwadronen und legten jeden um, der irgendwie mit dem Regime Saddam Husseins verbunden war. Moktada übte blutige Rache für die Ermordung seines Vaters Mohammed Sadiq al-Sadr, eines hochgeachteten schiitischen Ajatollahs, durch die Schergen Saddams.

Doch auch die Amerikaner blieben von al-Sadr nicht verschont. Über 6000 Sprengsätze wollen seine Milizionäre gegen die GIs gezündet haben. Als die US-Administration einen Haftbefehl gegen den »schiitischen Terroristen« ausstellte, flüchtete dieser nach Iran, um in Qom religiöse Studien zu betreiben, wie er offiziell aus seinem Büro verlauten ließ. Nach dem Abzug der US-Truppen aus dem Irak kehrte al-Sadr 2012 wieder zurück und verblüffte mit dem Besuch der sunnitischen Abdul-Qader-al-Kilani-Moschee im Zentrum von Bagdad, wo er gemeinsam mit dem sunnitischen Imam betete. Dieses gemeinsame Gebet sollte die Aussöhnung der beiden Glaubensrichtungen symbolisieren und wurde zur Kulmination einer Serie verblüffender Wendungen al-Sadrs. Seitdem verfolgt er die Einheit des Irak, stimmt nationale Töne an und kümmert sich um diejenigen, die sonst keine Stimme haben. Man könnte ihn auch als Populisten bezeichnen, da er die Schwingungen in der Gesellschaft aufnimmt und sie politisch umsetzt. Doch das ist zu kurz gegriffen. Über sein Alter gibt es unterschiedliche Angaben. Er soll 44 Jahre alt sein, heißt es offiziell. Aber so hieß es schon vor zehn Jahren. Moktada al-Sadr, der ewig 44-Jährige. Das Bild als junger Politiker passt perfekt in die neue Zeitrechnung. Allerdings kratzen die zunehmenden grauen Haare an Schläfen und Bart schon etwas am Image des politischen Jungspunds, was seiner Popularität bis jetzt aber keinen Abbruch tut.

Enttäuschung für den Schuhwerfer: Muntazer al-Zaidi hat es nicht ins Parlament geschafft. Es haben dann doch nicht so viele Leute für ihn gestimmt, wie er gehofft hatte. Wahrscheinlich war er zu lange außer Landes, man kannte ihn nicht mehr. Die Iraker vergessen schnell.

Alsterwasser am Tigris

Einer, der den Zug der Zeit im Irak erkannt hat, ist Mithal al-Alusi – der Hamburger im irakischen Parlament. Er hat ganz bewusst seinen Stuhl für junge Nachwuchspolitiker geräumt und nicht mehr fürs Parlament kandidiert, obwohl er große Chancen gehabt hätte, erneut einen Sitz in der Volksvertretung zu bekommen. Wie viele Politiker der Post-Saddam-Ära ist auch Alusi aus dem Exil nach dem Sturz des Diktators zurückgekehrt. Die Legitimation der Machthaber am Tigris begründete sich in den letzten fünfzehn Jahren zumeist auf das Verhältnis zum gestürzten Regime. War man im Widerstand gegen Saddam, hatte man große Chancen auf einen Aufstieg im neuen Irak. Hatte man mit dem Regime kollaboriert oder war gar Teil der Gewaltherrschaft, verlor man seinen Posten oder hatte Racheakte zu erwarten, oft mit tödlichem Ende. Doch nun scheint auch hier eine neue Zeit anzubrechen. Für die jungen Iraker ist Saddam Hussein weit weg, Daesh und die Islamisten sind näher. Eine Umfrage hat ergeben, dass die Jugendlichen den religiösen Fundamentalisten, egal ob Sunniten oder Schiiten, die nach dem Sturz Saddams die Geschicke des Landes gelenkt haben, die Schuld am Aufstieg der fanatischen Extremisten geben, die das Land in die Katastrophe führten. Für sie sind nicht die Amerikaner schuld an der Misere, sondern ihre eigenen Politiker, die nur auf ihre eigenen Vorteile und ihre eigene Klientel bedacht seien und nicht das Wohl des Volkes im Sinn haben. Obwohl Mithal al-Alusi zum Kreis der Exilanten gehört, schimpfte er stets im Parlament und in den Medien gegen den Aufstieg der Religiösen und Kleriker, die ebenfalls aus dem Exil zurückgekommen sind, und gab damit all jenen eine Stimme, die dies ebenfalls kritisierten.

Wir sitzen im Innenhof des Rasheed-Hotels in Bagdad, in dem Alusi die Nächte der Sitzungswochen verbrachte. Es gibt Streit unter den Abgeordneten, was allerdings in den letzten Jahren nicht selten der Fall war. Eigentlich ist am 1. Juli 2018 die letzte Sitzung der alten Volksvertretung, zu der auch Alusi noch gehört. Aber das Oberste Gericht des Irak hat verfügt, dass alle Stimmen nochmals von Hand ausgezählt werden müssen – elf Millionen. Wahlfälschung, technische Probleme und Korruption bei der Wahlkommission werden als Grund angeführt. Das neue elektronische Wahlsystem funktionierte nicht überall. Manche konnten die komplizierten Maschinen nicht bedienen, manchmal fielen sie mangels Strom aus. Die Wähler mussten nämlich kein Häkchen mehr an die gewünschte Partei oder den gewünschten Kandidaten kritzeln, sondern ihnen einen Stempel aufdrücken. Die Wahlzettel wurden danach in eine Maschine, nicht mehr in eine Urne geschoben. Dieses elektronische Gerät sollte dann sofort die Stimmen zählen und an einen Zentralcomputer weiterleiten. Doch das klappte nicht überall – vor allem nicht in Kurdistan und nicht in Kirkuk. Auch in Mossul und der nordirakischen Provinz Salah ad-Din und der westlich von Bagdad liegenden Provinz Anbar soll es nicht mit rechten Dingen zugegangen sein. Dort habe man die Wahlmaschinen manipuliert, heißt es. Das alte Parlament bleibt im Standby-Modus.

Mithal al-Alusi trinkt Alsterwasser. »Ich habe denen beigebracht, wie man das macht«, sagt er verschmitzt. Die Limonade sei zwar süßer als in Deutschland, »aber das geht schon«. Alsterwasser am Tigris ist gut für das Heimweh nach Hamburg. Wann immer jemand aus Deutschland kommt, spricht er ihn auf Hamburg an. »Gibt es noch die Bar am Dammtor vorne rechts?«, möchte er wissen. Dort, wo er 1977 ankam, nach dem Gefängnis in Syrien und dem Bürgerkrieg im Libanon. »Ich habe ein Bier dort genossen, das erste Bier in Freiheit.« Danach lief der Iraker zur Polizeiwache schräg gegenüber, um Asyl zu beantragen. Doch der Beamte entdeckte, dass sein Pass gefälscht war. Darin war er vierzig Jahre alt und nur 154 cm groß, was bei genauem Hinsehen sofort jedem auffallen musste, dass das nicht stimmte. Mithal drehte durch. »Ich war wie ein Verrückter, setzte mich auf die Treppe und schrie.« Er habe panische Angst bekommen, dass er zurückgeschickt werde in den Irak, wo er zum Tode verurteilt war. Der Polizist beruhigte ihn und schickte ihn zur Ausländerbehörde.

Seit seiner Rückkehr in den Irak nach dem Sturz Saddam Husseins 2003 ist nun schon zum fünften Mal eine Volksvertretung gewählt worden. Zwei Mal konnte Alusi einen Sitz darin erringen: als Direktkandidat im Dezember 2005 und nach vier Jahren Pause erneut 2014 mit seiner inzwischen gegründeten Umma-Partei und der »Allianz für zivile Demokratie«. Die Volksvertreter im Irak werden wie in Deutschland für vier Jahre gewählt. Mithal al-Alusi wurde der erste und einzige Hamburger im irakischen Parlament. In Zeiten religiöser Eiferer und politischer Kleriker setzte er auf säkulare, liberale und demokratische Gruppierungen, widersetzte sich jeglichen Vereinnahmungs- und Bestechungsversuchen. Jetzt, nach so vielen Jahren Dominanz religiöser Parteien und Allianzen, zeichnet sich eine Trendwende ab. Doch nun will Alusi nicht mehr, obwohl er seinem politischen Ziel nähergekommen ist. Am 23. Mai 2018 wurde er 65: »Zeit zurückzudrehen«, findet er. Er wolle nun den jungen Leuten das Feld überlassen, den jungen Parteimitgliedern, die ihn die ganzen Jahre über so treu begleitet haben. »Der Jugend gehört unsere Zukunft.« Es ist nicht einfach, einen Mann wie Alusi zu ersetzen, finden die jungen Mitglieder seiner Partei. Mit so einer Vita, so vielen Kontakten, so viel Geschichte. Sie haben ihn überreden können, noch mit in diesen Wahlkampf zu ziehen und seine Stimme gegen die grassierende Korruption zu erheben. Und er hat gewettert wie eh und je.

»Als ich nach Hamburg kam, konnte ich kein Wort Deutsch, nur ein paar Wörter Englisch«, erzählt Alusi über die Anfänge in Deutschland. »Ich habe tausend und einen Fehler gemacht«, reflektiert er orientalisch geprägt in perfektem Deutsch die 26 Jahre, die er in Hamburg gelebt hat. »Dort habe ich gelernt: Du sollst nicht lügen und die Menschen respektieren.« Mit dieser Mentalität tut man sich schwer im Irak. Ehrlichkeit und Respekt vor dem anderen sind zwar als Tugenden geschätzt, werden aber kaum befolgt. Mithal jedoch hat sie beibehalten, gegen alle Widerstände. Das hat ihm viel Kritik, aber auch die nötigen Wählerstimmen für die Direktwahl im Dezember 2005 eingebracht. Er sei authentisch und geradlinig, so die Reaktion auf den Straßen des Irak, wenn sein Name fällt. Über siebzig Prozent der Wahlberechtigten gingen damals zu den Urnen: das konnte sich sehen lassen. Mithal al-Alusi erhielt 30 054 Stimmen. Heute wählen nur noch knapp 45 Prozent.

Seine Partei hat er nach deutschem Muster aufgebaut: Ortsgruppen, Kreisverbände, Provinzverbände. Nicht in allen achtzehn Provinzen des Irak ist die Umma-Partei vertreten, aber in den meisten. So kommt es, dass ihre Hochburgen nicht in Alusis Heimatprovinz Anbar liegen, nordwestlich von Bagdad, wo er in einem kleinen Dorf namens Alus – daher der Name – in der Nähe der Stadt Haditha geboren wurde, sondern in Bagdad und im Süden des Irak. Umma bekommt nach der Hauptstadt die meisten Stimmen in Basra, der zweitgrößten Stadt des Irak, die mehrheitlich von Schiiten bewohnt ist, obwohl Alusi selbst Sunnit ist. Für sein politisches Konzept spielen Ethnie und Religion keine Rolle. Es gibt einige im Irak, die das auch so sehen. Und die werden inzwischen immer mehr.

1994 wurde Mithal, der Iraker, Deutscher – Hamburger. Er eröffnete einen Supermarkt und ein Textilgeschäft, gründete eine Firma für Import-Export, importierte Orienttextilien und Modeschmuck nach Deutschland, exportierte deutsche Lebensmittel und Industriewaren nach Saudi-Arabien. Seine Frau Elham und der älteste Sohn Ayman waren inzwischen nach Deutschland nachgezogen, der jüngste Spross Jamal wurde in Hamburg geboren. Elham schwärmt noch immer von den netten Nachbarn, wenn sie an die Zeit in Deutschland denkt. Man tauschte sich aus, kochte miteinander, »machte Späßchen«, wie sie sagt. Die Familie hätte ein ganz normales, gutes Leben führen können, wäre da nicht Saddam Hussein gewesen. Dessen Gewaltherrschaft hatte sich tief ins Bewusstsein Mithals eingegraben und seine Psyche für immer geprägt. Saddam zu eliminieren war sein Ziel.

Wie viele der späteren Widerständler gegen den Diktator in Bagdad war auch al-Alusi zunächst Mitglied der Baath-Partei, Saddams politischer Rückhalt beim Aufstieg an die Macht. Als dieser jedoch seine Kritiker brutal und rücksichtslos liquidieren ließ, wandte sich der damalige Flugingenieur-Student von der Partei und ihrem Vorsitzenden ab. Abtrünnige jedoch wurden als Verräter behandelt. Saddam rächte sich mit der Todesstrafe, die in Abwesenheit verhängt wurde, als Mithal sich zum Studium in Kairo befand. Als er in Damaskus ankam, um einige seiner syrischen Baath-Partei-Kameraden zu treffen, wurde er verhaftet und drei Monate gefangen gehalten. Bagdad hatte Damaskus informiert. Aus Furcht, an den Irak ausgeliefert zu werden, erkaufte seine einflussreiche, wohlhabende Familie die Freiheit des Sohnes und besorgte einen gefälschten Pass. Von Damaskus ging es über Beirut nach Ostberlin. Am Checkpoint Charly scheint niemand genau hingeschaut zu haben. Jedenfalls konnte Mithal unbehelligt mit dem Pass in den Westen einreisen, ein Zugticket nach München kaufen, dann nach Hamburg. »Ich bin nicht kleinzukriegen«, charakterisiert der Wahlhamburger sich selbst. Wenn Saddam Hussein seine Kritiker nicht zu fassen bekam, weil sie im Ausland waren, bürgerte er sie aus. Mithal al-Alusi verlor seine irakische Staatsbürgerschaft.

»Du darfst alles tun, nur nicht in die Politik gehen«, sagte sein Vater zu ihm, der Universitätsprofessor war und Bücher über arabische Literatur schrieb. Er habe die Baath-Partei gehasst, weil nur Parteimitglieder in hohe Positionen kommen konnten. »Das ist heute auch nicht anders«, ergänzt der Sohn, »nur sind es heute die Islamisten.« Als sein Vater starb, saß Mithal in Berlin-Moabit im Gefängnis. Wegen der Politik. Das Gericht sah in ihm den Drahtzieher für die Besetzung der irakischen Botschaft im August 2002, was Alusi bestreitet. Er sei nur einer von fünf gewesen. Es kam niemand zu Schaden, doch Botschaftsbesetzung ist in Deutschland eine Straftat. Mithal wurde zu drei Jahren Haft verurteilt. Als Saddam Hussein am 9. April 2003 gestürzt wurde, gab Alusi eine Runde Coca-Cola an alle Gefängnisinsassen aus. Anfang September wurde er wegen guter Führung entlassen, aber unter Hausarrest mit Meldepflicht gestellt. »Vielen Dank, Deutschland, morgen reise ich nach Bagdad«, habe er zu dem Richter in Hamburg gesagt, als er sich zurückmeldete. Der sagte nichts, und Alusi bedachte nicht die Konsequenzen, die dieser Schritt haben sollte.

Der Flug von Bagdad in die Kurdenmetropole Erbil dauert 45 Minuten, so lang wie von Frankfurt nach Berlin. Mithal al-Alusi sitzt in der ersten Reihe am Fenster. Die Stewardess und der Pilot kommen, um ein Selfie mit ihm zu machen. Er ist zu einem der bekanntesten Politiker des Irak geworden. Wo immer man mit ihm unterwegs ist, kommen die Leute auf ihn zu, wünschen ihm alles Gute, viel Erfolg und ermuntern ihn, nicht aufzugeben. Jetzt im Flugzeug entspannt er sich ein bisschen. Das ansonsten angespannte Gesicht lässt die ungeheuren Strapazen der letzten fünfzehn Jahre erkennen, seine stets spitzbübischen Augen schauen ins Leere. Nein, er habe es nicht bereut, in den Irak zurückgekehrt zu sein – trotz allem, sagt er leise. »Mein ganzes Leben habe ich dafür gearbeitet, dass Saddam verschwindet. Da war es nur zu klar, dass ich nach seinem Sturz zurückgehe.« War es denn gut, zurückgekommen zu sein? Er überlegt eine Weile und antwortet dann ausweichend: »Ich habe keine Hoffnung mehr, die Islamisten haben alles kaputt gemacht.«

Es war der 8. Februar 2005, der Tag der Baath-Partei, der im Irak unter Saddam Hussein stets mit viel Pathos begangen wurde. Alusi hatte einen Termin in Bagdads Grüner Zone, der allerdings kurzfristig abgesagt wurde. Anstatt seiner selbst stiegen seine beiden Söhne in sein Auto, um in das damals neu gegründete Zentrum der Umma-Partei zu fahren. Die Mutter saß in einem Wagen hintendran und wollte zum Einkaufen. Fünfzig Meter vom Haus entfernt explodierte ein Sprengsatz am Straßenrand. Ayman und Jamal waren sofort tot. Elham musste mit ansehen, wie der Terror ihre einzigen beiden Kinder vernichtete. Wenn der Jahrestag ihrer Ermordung kommt, schließt sie sich ein und weint. »Mithal will mich nicht weinen sehen«, sagt sie zur Begründung, »er fühlt sich verantwortlich, der Anschlag galt ja ihm.« Wie kann jemand mit solch einer Bürde leben, fragt man sich alsdann. Doch im Irak ist das kein Einzelschicksal. Besonders in den Bürgerkriegsjahren 2006/07 und 2008 konnte es jeden zu jeder Zeit überall treffen.

Allerdings hat sich Mithal al-Alusi durch seine ehrliche, direkte, oft provokante Art reichlich Feinde geschaffen. Nach seiner Rückkehr in den Irak wurde er Leiter der Ent-Baathifizierungs-Behörde, die heute Rechenschaftskommission heißt. Er sollte mit Saddams Schergen aufräumen. Mithal schwebte vor, das verbrecherische Erbe der Einheitspartei ähnlich aufzuarbeiten, wie es in Deutschland nach dem Fall der Mauer mit der Gauck-Behörde geschah. »Pünktlichkeit war das erste Gebot«, erzählt er über die von ihm gleich von Anfang an eingeführten Maßnahmen. »Wer nicht pünktlich war, flog raus.« Das sei das Deutsche an ihm. »Bei mir herrscht Zucht und Ordnung.« Als er im September 2004 eine Einladung der israelischen Knesset annahm und nach Jerusalem reiste, brach in Bagdad der Sturm gegen ihn los. Er wurde aus der Ent-Baathifizierungs-Behörde entlassen und vor das Strafgericht gestellt mit der Anklage, »Kontakt zu Feindstaaten zu haben«, ein Gesetz, das 1969 nach dem Sechstagekrieg von der Baath-Partei erlassen worden war und den Exodus der jüdischen Bevölkerung aus dem Irak zur Folge hatte. Doch der Hohe Irakische Gerichtshof sprach ihn frei. Es sei nicht länger eine Straftat, nach Israel zu reisen, Iraker könnten reisen, wohin sie wollten, war die Begründung. Es folgten Morddrohungen und schließlich die Explosion, die seine Söhne tötete. »Vierzehnmal haben sie versucht mich umzubringen«, zählt al-Alusi zusammen, wobei die Drahtzieher sowohl ehemalige Baathisten als auch schiitische Extremisten waren, wie Mithal weiß. »Mein Haus in Bagdad bewarfen sie so lange mit Molotowcocktails, bis alles, wirklich alles explodierte. Gott sei Dank war niemand zu Hause.« Mithal al-Alusi ging nach Erbil, kaufte sich ein Grundstück außerhalb auf einem Hügel und errichtete einen kleinen Bauernhof. Dort züchtet er nun Rosen, hält Schafe, Hühner und Gänse. Hier hat er sein Refugium.

Denn nach Deutschland konnte er nicht, nach Bagdad auch nicht. Dort hatte Premier Nuri al-Maliki einen Haftbefehl gegen den Aufmüpfigen ausstellen lassen, und auch in Deutschland wurde er von der Polizei gesucht, weil er vorzeitig in den Irak gegangen war und seine Reststrafe nicht verbüßt hatte. Maliki wiederum warf ihm »Verleumdung und üble Nachrede« vor, weil er ihn als »Agenten Teherans« beschimpft hatte. »Ich liebe Iran«, antwortet Alusi auf die Frage, warum er seit Jahren gegen das Nachbarland schimpft, Donald Trump in seinem Rückzug aus dem Atomdeal unterstützt und keine Gelegenheit auslässt, um den immensen Einfluss Teherans im Irak zu kritisieren. »Ich bin positiv überzeugt von der Kultur und der Geschichte der Iraner. Doch das islamistische Regime besteht aus Faschisten, wie Saddam und die Nazis.« Es sei deren Ideologie, die alles vergiftet, der Koran werde zur Rechtfertigung eines diktatorischen Regimes. »Die glauben, dass sie das Recht haben, Menschen zu erziehen.«

Nuri al-Maliki, der von Alusi beschimpfte Agent Teherans, ist nicht mehr Premier im Irak und bei den Wahlen abgehängt auf dem vierten Platz gelandet. Auch der Haftbefehl in Deutschland ist mittlerweile aufgehoben. Mithal al-Alusi kann nach fünfzehn Jahren wieder nach Hamburg reisen. »Wenn ich an Hamburg denke, denke ich daran, wie ein normaler Mensch leben kann, in einer Umgebung, wo Gesetze noch Geltung haben«, sagt einer, der nicht nur einmal mit dem Gesetz in Konflikt geriet, und trotzdem gesetzestreu leben will. Das bietet ihm der Irak nicht. Ich hoffe sehr, dass ich demnächst ein Alsterwasser mit Mithal an der Alster trinken kann.

Frieden ist noch immer nicht in Sicht

Inmitten von Mossul, in einer bizarren Trümmerlandschaft, moderiert Abdul Karim eine Runde von »Shababtalk«, der Sendung im arabischen Programm der Deutschen Welle, die sich um die Belange junger Menschen aus und in der arabischen Welt kümmert und deren Gäste zumeist auch jung sind. Denn gerade die jungen Menschen, ist Abdul Karim überzeugt, brauchen in der arabischen Welt eine Bühne. Die Talkgäste in Mossul berichten von dem Schrecken der IS-Herrschaft, von Tod und Gewalt, aber auch von ihrer Hoffnung auf ein Leben in einem neuen Irak. Nach der Sendung fasst Abdul Karim seine Eindrücke im Irak zusammen: »Die Schrecken haben die Menschen nachdenklich werden lassen, viele gehen nun auf Distanz zu dem harten Konfessionalismus, der das Land zuletzt geprägt hat.« Das gelte insbesondere für die junge Generation, die die Mehrheit der Gesellschaft bilde. »Sie sagen, es reiche ihnen. Sie merken, wie die Religion instrumentalisiert wird, um sie, die jungen Menschen, kleinzuhalten und ihren freien Willen zu unterdrücken. Man sieht deutlich, dass sie diesen Zustand überwinden wollen. Man sieht, wie junge Sunniten, Schiiten und Christen Hand in Hand zusammenkommen und zum Beispiel die Bibliothek in Mossul wieder aufbauen.« Der Irak könne sich wandeln, beobachtet Abdul Karim. Die jungen Leute wollten ihr Land verändern. »Sie haben ungeheure Energien. Mit ihnen kann es besser werden – nicht aber mit den Politikern. Denn die nutzen den Konfessionalismus immer noch für ihre Zwecke aus.«

Der Irak ist mehrheitlich schiitisch geprägt, doch über Jahrhunderte hatten die sunnitischen Araber die Macht. Sie unterdrückten die Schiiten und errichteten ein Gewaltregime, bis die USA 2003 den Diktator Saddam Hussein stürzten. Seither haben schiitische Parteien bei den halbwegs freien Wahlen immer die Mehrheit geholt, seit 2004 stellen sie den Regierungschef, fast alle zentralen Stellen in Politik und Armee sind mit Schiiten besetzt. Die Amerikaner sorgten dafür, dass die Sunniten alle Machtpositionen verloren, auch diskriminierte der schiitische Regierungschef Nuri al-Maliki nach dem Abzug der US-Truppen seinerseits die sunnitischen Araber im Land, ließ sie foltern und umbringen. Viele schlossen sich aus Protest der Terrororganisation al-Qaida an, aus deren irakischem Ableger der IS hervorging. Das Trauma der Unterdrückung sitzt bei vielen bis heute tief, weshalb zahlreiche Sunniten in Mossul den IS anfangs willkommen hießen. Doch das änderte sich schnell.

Dass der Generationenwechsel, der ja auch ein Gesinnungswandel ist, nicht so einfach vonstattengeht, zeigt sich überall, vor allem aber in der Politik. Dort wird seit den Parlamentswahlen und dem Sieg der Bürgerbewegung Sa'irun heftig gerungen. Es ist ein Kampf Alt gegen Neu, Jung gegen Alt. Diejenigen, die keinen Sitz im Parlament mehr bekamen, sprechen von erheblichen Wahlfälschungen und Betrug. Von Neuwahlen ist mehr und mehr die Rede. Zwar hat Premier Abadi dem Wahlsieger Moktada al-Sadr zu seinem Sieg gratuliert und damit das Ergebnis akzeptiert, was einer demokratischen Haltung gleichkommt. Doch nur zwei Tage später focht auch er das Ergebnis an und sprach von Unregelmäßigkeiten. Kurz nachdem der Gerichtshof die Auszählung aller Stimmen von Hand anordnete, ging ein Depot mit Wahlurnen in Flammen auf. Darin sollen die Stimmzettel der östlichen Bagdader Bezirke verbrannt sein, Bezirke, in denen Sa'irun die meisten Wählerstimmen holen konnte.

Unbeirrt setzen die vermeintlichen Wahlsieger ihre Gespräche zur Regierungsbildung fort. Da Sa'irun nicht die für eine Mehrheit nötigen Stimmen bekam, muss Moktada al-Sadr sich Koalitionspartner suchen. Eine Woche heißt es, er paktiere mit dem Zweitplatzierten Fatah, obwohl er ursprünglich eine Zusammenarbeit mit der Partei der Schiitenmilizen ausschloss. Ihre Nähe zu Iran sei nicht dienlich für die Einheit des Irak, lautete die Begründung. Eine Woche später heißt es, Abadi sei der wichtigste Koalitionspartner. Doch dessen Partei, die sich den Sieg gegen den IS auf die Fahnen geschrieben hat, ist bei den jungen Menschen nicht populär, da sie zu viele etablierte Politiker in ihren Reihen hat. So überwiegt derzeit bei den jungen Wählern der Katzenjammer nach der Party. Sie merken, dass sie wohl doch einige alte Kröten schlucken müssen, um überhaupt eine Regierung zustande zu bekommen. Doch klein beigeben wollen sie auf keinen Fall. Wie schon im Sommer 2014, als die Bürgerbewegung ihre Anfänge nahm, gehen auch vier Jahre später wieder Tausende auf die Straßen mit beinahe identischen Forderungen: mehr Strom, sauberes Wasser, mehr Jobs für junge Leute, die Bekämpfung der Korruption. Die Szenarien sind identisch.

Zuerst fängt es in der Südmetropole Basra an zu gären, als Temperaturen über 50 Grad Celsius gemessen werden und kaum Strom für Klimaanlagen und Kühlschränke aus der Steckdose kommt. Als dann auch noch das Wasser ausbleibt, sind die drei

Millionen Einwohner Basras nicht mehr zu stoppen. Sie demonstrieren zunächst vor dem Gouverneurspalast. Als von dort keine Reaktion kommt, blockieren sie Straßen und Zufahrtswege zu den Ölfeldern. Nur so fänden ihre Forderungen Gehör, verlautet aus der Protestbewegung. Auch der Zugang zum Ölverladehafen Umm Qasr wird zeitweise versperrt. In der Provinz Basra liegen riesige Ölfelder, das weltweit größte Feld Rumaila erstreckt sich vom Norden der Stadt bis zur Grenze nach Kuwait. Basras Ölproduktion ist die Lebensader des Landes. Nahezu der gesamte Haushalt des Irak hängt von den Ölverkäufen ab. Von den täglich fast vier Millionen Fass, die im Irak gefördert werden, pumpt Basra gut die Hälfte. Abadi bricht seinen Besuch bei der NATO in Brüssel ab und eilt nach Basra. Man werde die ausstehenden Rechnungen an Iran begleichen, verspricht er, und der Strom werde wiederkommen. Denn obwohl der Irak und vor allem Basra im Öl schwimmen, reicht die Kapazität der Stromerzeugung nicht aus, die in den letzten Jahren enorm gewachsene Metropole ausreichend zu versorgen. Es wird zugekauft vom Nachbar Iran.

Doch die Demonstranten glauben Abadi nicht. »Jedes Jahr verspricht er uns Besserung, und es geschieht nichts«, sagen sie und demonstrieren weiter. Jetzt wird deutlich, warum Abadi die Wahl verloren hat. Die Regierung zeigt zunächst Härte, lässt die Armee aufmarschieren und die Proteste in Basra gewaltsam beenden. Es gibt mehrere Tote und Verletzte. Doch ein Ende der Proteste wird damit nicht erreicht, im Gegenteil. Danach weiten sich die Demonstrationen sogar noch aus und befallen den gesamten Süden bis hinauf nach Bagdad. Als sich der oberste schiitische Kleriker im Irak, Großajatollah Ali al-Sistani, in Nadschaf auf die Seite der Demonstranten schlägt und ihnen seine Solidarität bekundet, stürmen in der für Schiiten heiligen Stadt Hunderte den Flughafen und legen den Flugverkehr vorübergehend lahm. In Amara,

Hauptstadt der Provinz Maisan im Südosten des Landes, bewerfen Demonstranten Zweigstellen der schiitischen Dawa-Partei, der Abadi angehört, und der mächtigen Badr-Organisation, die enge Verbindungen zu Iran unterhält, mit Steinen. Die Regierung verhängt eine Internetsperre, die zwei Wochen andauert. Damit sollen Absprachen über die sozialen Netzwerke verhindert werden. Außerdem will man vermeiden, dass kompromittierende Videos an die Öffentlichkeit gelangen. Doch die Proteste gehen weiter.

Nun reagiert der Noch-Regierungschef. Abadi entlässt seinen Energieminister. Gleichzeitig werden fünf Mitarbeiter der Wahlkommission ihrer Posten enthoben und müssen nun mit Anklage rechnen. Ihnen werden »Unregelmäßigkeit, Wahlmanipulation und Korruption« im Verlauf der Parlamentswahlen am 12. Mai vorgeworfen. Das Durchgreifen des Premiers kommt für viele allerdings zu spät. Sie haben sich von ihm abgewandt. Vier Jahre lang habe er Zeit gehabt, Reformen durchzuführen und gegen die Korruption zu kämpfen, hört man auf den Straßen von Bagdad. Sein Versuch, die Stellvertreterposten aufzuheben und damit den von US-Administrator Paul Bremer eingeführten Proporz zu kippen, ist kläglich gescheitert. Die Machtaufteilung zwischen Ethnie und Religion hat die Korruption befördert und die Gier nach den Fleischtöpfen gesteigert. Da alle Volksgruppen des Irak in einer Einheitsregierung vereint waren, gab es de facto keine Opposition im Parlament. Diese ist jetzt, wie schon 2014, auf der Straße. Moktada al-Sadr hat den Demonstranten seine Unterstützung zugesagt und in Aussicht gestellt, sich selbst daran zu beteiligen, sollten ihre Forderungen nicht berücksichtigt werden.

Während im Süden und in Bagdad für mehr Strom demonstriert wird und die Verantwortlichen über Korruption und Missmanagement langsam zur Rechenschaft gezogen werden, steht im Südwesten der Provinz Kirkuk, im Norden des Irak, ein Elektrizitätswerk in Flammen. Doch es sind nicht etwa die Protestler, die vor Wut über mangelnden Strom das Werk angezündet haben. Verantwortlich für die fast komplette Zerstörung ist der IS. Im Dezember 2017 hatte Abadi den Sieg über den IS erklärt, nachdem die Dschihadisten aus allen größeren Städten des Landes vertrieben waren. In entlegenen Gegenden sind IS-Kämpfer aber immer noch präsent und starten von dort erneut Angriffe. In letzter Zeit nahmen diese wieder zu. Vor allem in der Provinz Kirkuk, in Diyala und Anbar sind verstärkt Aktivitäten des IS zu verzeichnen. Frieden im Irak ist noch immer nicht in Sicht.

Kapitel 10:
Bagdad, Mon Amour

Eine Liebeserklärung an die irakische Hauptstadt

Nicht wenige halten mich für verrückt, wenn ich erkläre: Ich liebe Bagdad. »Wie kannst du eine Stadt schön finden, die völlig zerstört ist, die zu den gefährlichsten Städten der Welt zählt, weil oft Bomben hochgehen und Entführungen an der Tagesordnung sind, wo kaum noch Altertümer vorhanden sind?«, höre ich die entsetzten Reaktionen. Meine Antwort: »Ich finde Bagdad nicht schön, ich liebe Bagdad.« Diese chaotische, geschundene Stadt mit ihren vielen Wunden, die nicht vernarben wollen und immer wieder aufbrechen. Und dennoch: Dieser ungefälschte Optimismus seiner Bewohner, diese leisen Hoffnungen und die klare Sicht auf das Wesentliche: Dafür liebe ich Bagdad.

Ja, die Geschichte hat es nicht gut gemeint mit der irakischen Hauptstadt. X-mal erobert, besetzt, befreit und erneut zerstört. Es scheint, als wollten alle neuen Herren das Erbe ihrer Vorgänger ausmerzen. Kaum ein Monument, das die Zeiten überdauert hat. Auch von Saddam Hussein fehlt heute nahezu jede Spur in Bagdad, obwohl der Personenkult des ehemaligen Diktators legendär war. Überall prangten seine Konterfeis, waren übergroße Statuen aufgestellt, Mosaike nach ihm entworfen. Viele Straßen, Plätze,

Gebäude, ja, ganze Stadtteile waren nach ihm benannt. Nichts dergleichen mehr. Seine Ära ist im Stadtbild ausradiert. An seine Stelle sind die islamischen Führer getreten. Graue Eminenzen mit weißen Bärten blicken die Passanten an. Es sind die Großajatollahs der Sadr-Familie, die, von Saddam ermordet, nun zu späten Ehren gelangen. Von Saddam selbst spricht kaum einer mehr. Die Erinnerungen verblassen schnell in einer Stadt, deren Bewohner durch Ereignisse gejagt werden, denen sie nicht gewachsen sind.

»Saddam hat uns entmündigt«, sagt Said, »und jetzt sollen wir plötzlich erwachsen sein.« Der 54-jährige Kunstmaler hat sehr unter dem Gewaltherrscher gelitten. Ende der Achtzigerjahre malte er eine elegante Dame, deren Kopf abgeschnitten neben ihrem Körper auf dem Tisch liegt, machte sich Luft. »So habe ich uns damals gesehen«, erklärt der kleine, hagere Mann sein Werk. »Saddam duldete keinen Widerspruch.« Fortan lebte und malte Said im Untergrund. Als die Wende kam und Saddams Bronzestatue gestürzt wurde, kroch Said aus seinem Versteck. Seine erste Ausstellung seit über zwanzig Jahren zeigte er im Hauptquartier der kommunistischen Partei. Er verkaufte gut. Die Kommunisten entwickelten sich zu einer aufstrebenden Bewegung, besetzten Posten sowohl in der ersten Übergangsregierung, dem Regierungsrat, als auch unter Interimspremierminister Iyad Allawi. Doch die Vergangenheit holte sie schnell ein. Die Spannungen zwischen den ehemaligen Saddam-Loyalisten unter ihnen und den Saddam-Gegnern nahmen zu. Anschläge auf Büros und führende Mitglieder machten ein Weiterarbeiten fast unmöglich. Einige wurden getötet, viele gingen ins Ausland. Said musste wieder in den Untergrund. Inzwischen hatte die religiöse schiitische Allianz die Wahlen gewonnen und drückte der Stadt ihren Stempel auf. »Plötzlich waren Koranverse und Kalligraphien angesagt«, berichtet Said, »allerhöchstens verschleierte Frauen.« Erst jetzt machen die Kommunisten wieder von sich reden, in einer Allianz mit dem schiitischen Prediger Moktada al-Sadr (siehe Kapitel 9).

Saids Bildhauerkollegen Taha erging es nicht besser, obwohl dieser in der Saddam-Ära unbehelligt arbeiten konnte. Einer seiner Frauenakte schaffte es sogar in den Palast von Saddam-Sohn Udai. Nach dem Sturz des Diktators wurde Nacktheit zum Tabu, und Taha musste seine Galerie schließen. Ein Sprengsatz zerstörte den Ausstellungsraum. Nur das Atelier blieb verschont. Seine Werke hat der Künstler vorsichtshalber ausgelagert. »Wir sitzen und warten, bis die fundamentalistische Welle wieder umschlägt«, grinste Taha damals ironisch. Die Kollegen nahmen den Hintereingang, wenn sie ihn besuchen wollten. Manchmal brachte einer ein paar Biere mit.

Tahas Warten hat sich gelohnt. Die fundamentalistische Welle ebbt gerade ab. Zum einen, weil die Menschen es leid sind, von Klerikern regiert zu werden, die an ihren Lebensverhältnissen nichts geändert haben. Zum anderen aber auch als Reaktion auf die Dschihadisten mit ihrem Kalifat, das im Namen der Religion so viel Leid für alle gebracht hat. Alle Volksgruppen im Irak waren von diesen islamischen Extremisten betroffen, die zwar vorgaben, die Rächer der im neuen Irak unterdrückten Sunniten zu sein. Die meisten Toten indes, die ihre über dreijährige grausame Herrschaft im Zweistromland gefordert hat, sind Sunniten. Doch auch wenn die Terrormiliz »Islamischer Staat« im Irak offiziell besiegt ist, wie Premierminister Haider al-Abadi im Dezember 2017 stolz verkündete, ihre Ideologie lebt in den Köpfen vieler Menschen noch weiter.

Es ist nicht die Stadt selbst, die fasziniert. Es sind ihre Menschen, die sich beharrlich und geduldig ihre Freiräume zurückerobern, selbst auf die Gefahr hin, dass sie dabei Rückschläge erleiden. Nirgendwo sonst im Mittleren Osten leben so viele unterschiedliche ethnische und religiöse Gruppen zusammen wie in

Bagdad: Araber, Kurden, Turkmenen, Assyrer, Armenier, Mandäer, Jesiden, Sunniten, Schiiten, Christen. Und nirgendwo sonst sind die Menschen so erschüttert, verzweifelt und ratlos darüber, was in den vergangenen Jahren geschah. Die dunkelste Zeit war für die meisten der Bürgerkrieg, der nach der Bombardierung der für Schiiten heiligen Moschee in Samarra im Februar 2006 ausbrach. Was dann zwischen Sunniten und Schiiten stattgefunden hat, kann sich keiner erklären. Iraker brachten Iraker um. Seitdem haben sich die meisten Viertel in Bagdad in säuberlich getrennte Ethnien verwandelt. Viele Menschen haben die Stadt gänzlich verlassen.

In Rusafa, am Ostufer des Tigris, wohnen nun Schiiten, die Sunniten auf der anderen Seite in Karkh. Kilometerlange Betonmauern unterteilen die Stadt und die Viertel. Im Irak ist der Beton so teuer wie nirgendwo sonst auf der Welt. »Wir waren wie gelähmt«, erzählen Jafaar und seine Frau Hala, Dozenten an der Universität, über die Bürgerkriegsjahre. »Wir waren steif vor Angst.« Er ist Schiit, sie Sunnitin. »Das war normal in Bagdad, seit Jahrzehnten.« Nie habe die Religionszugehörigkeit eine Rolle gespielt. Als aber plötzlich immer mehr Leichen von ermordeten Nachbarn auf dem Bürgersteig lagen, ist das Paar in eines der wenigen noch gemischten Viertel in Bagdad gezogen. Die platzen jetzt aus allen Nähten, denn vielen erging es so wie den beiden.

Von der Spree an den Tigris

Mit meiner Liebe zu Bagdad bin ich nicht allein. Es gibt noch eine »verrückte« Deutsche, die eine ähnliche Leidenschaft für die irakische Hauptstadt entwickelt hat. Hella Mewis kam das erste Mal 2010 in den Irak, sah Bagdad und wollte bleiben. Als mir ein Mitarbeiter des Kulturministeriums damals mitteilte, eine

Theatergruppe aus Berlin käme zum Theaterfestival in die irakische Hauptstadt, traute ich meinen Ohren nicht. Seitdem diverse
deutsche Friedensaktivisten in ihrem Protest gegen den drohen-
den Irakkrieg 2003 sich als Schutzschilde für Saddam Hussein in
Bagdad aufstellten und durch den Einmarsch der Amerikaner und
Briten vertrieben wurden, ließ sich jahrelang außer Journalisten
und diplomatischem Personal niemand Deutsches mehr am Tigris
blicken. Die Deutsche Botschaft hat stets aus Sicherheitsgründen
vor Reisen in den Irak gewarnt und tut es auch heute noch. Bagdad war in den Augen der deutschen Öffentlichkeit zur No-go-
Zone geworden, auch weil die spektakulären Entführungen der
deutschen Archäologin Susanne Osthoff 2005 und der beiden
deutschen Ingenieure aus Leipzig ein Jahr später sich tief in das
Bewusstsein eingegraben hatten.

Meine Überraschung war dementsprechend groß, als ich ins
Theater Muntada kam und die blonde Frau aus Ostberlin nebst
ihrer beiden Kollegen vom Theaterhaus Berlin-Mitte dort vorfand.
Das Muntada-al-Masrah-Theater ist ein altes Haus aus den Zwan-
zigerjahren des vorigen Jahrhunderts und war damals die Resi-
denz des ersten irakischen Premierministers Naqeeb. Idyllisch am
Tigrisufer gelegen, ist es heute dem irakischen Kulturministerium
unterstellt. Am Abend verbreiten bunte Lampen eine romantische
Atmosphäre. Die Menschen sitzen auf weißen Plastikstühlen, rau-
chen Argila, wie die orientalische Wasserpfeife auf Irakisch heißt,
diskutieren und lauschen den Darbietungen. Es gibt mehrere
Räume, in denen kulturelle Aktivitäten stattfinden. Mittlerweile
ist der Ort zu den von Hella bevorzugten Veranstaltungslokali-
täten geworden – nach dem Motto: Wo alles begann. Denn zwei
Jahre nach dem Auftritt im Muntada-Theater zog Mewis komplett von der Spree an den Tigris. Und es war kein Mann, der sie
zu diesem Schritt animierte, wie sie mir glaubhaft versichert. Es

ist die Faszination für Bagdad, diese Mischung der Volksgruppen, aus der Reibung und Energie entsteht. Es ist der Kulturhunger der Iraker, die nach jahrelangen Entbehrungen durch Kriege und Embargo begierig alles aufsaugen. Es ist die Chance, etwas bewegen zu können und sich als Kulturmanagerin zu beweisen.

Nach ihrem Betriebswirtschaftsstudium hat die 46-Jährige mit stets perfektem Make-up schnell entdeckt, dass Zahlen und Kalkulationen nicht ihr Ding sind, sondern die Bretter für sie die Welt bedeuten. Sie ging zum Theater und machte eine Ausbildung im Kulturmanagement. Austausch war von Anfang an ihr Ziel, zumal sie in der Endphase der DDR noch die Isolation miterleben konnte, in der ihre Elterngeneration jegliche Interaktion mit anderen Ländern vermissen musste. Auch in diesem Punkt fand sich Hella im Irak aufgehoben und verstand wie keine andere die Situation der Iraker. Es ist aber nicht nur der Austausch mit anderen Ländern und Kulturen, dem sie sich verschrieben hat, es ist inzwischen auch der Austausch zwischen den einzelnen Volksgruppen des Irak, der zur Versöhnung des so zerrissenen Landes beiträgt. Ihre »bunte Truppe« von Schauspielern, Malern, Musikern, Designern und Installationskünstlern, mit denen sie Aktivitäten plant und durchführt, ist nicht nur vielfältig interdisziplinär, sondern auch aus allen Ethnien und Religionen Iraks zusammengewürfelt. »Bei uns fragt niemand, ob der andere Sunnit, Schiit, Christ, Araber, Kurde oder Turkmene ist«, sagt Mewis stolz. »Die Kunst steht im Mittelpunkt und verbindet.«

Sie selbst hat entschieden, sich gänzlich aus der Politik herauszuhalten, was schwer ist in einem Land, das durch und durch politisch strukturiert und abhängig von politischen Ereignissen ist. Aber nur so, glaubt sie, konnte sie all die Jahre in Bagdad ein normales Leben führen, in einem ganz normalen Privathaus wohnen und sich ungehindert und ohne Bodyguards auf der

Straße bewegen. Ihr Kiez im Stadtviertel Karrada in Bagdad ersetzt den Prenzlauer Berg in Berlin. Ist man mit Mewis unterwegs, hört man von überall her: »Hallo Hella, wie geht's?« Ihre Bekanntheit stellt für sie selbst einen Schutz dar, für die Mitarbeiter der Deutschen Botschaft bedeutet sie ein Sicherheitsrisiko. Die Gratwanderung, die Hella täglich unternimmt, ist ihr nicht immer bewusst. Doch sich einsperren, hinter Mauern leben, wie die meisten Ausländer in Bagdad, will Hella auf keinen Fall. Deshalb arbeitet sie selbstständig. Auch für das Goethe-Institut, deren Repräsentantin sie inzwischen in Bagdad ist, agiert sie als freie Mitarbeiterin, um nicht den strengen Sicherheitsauflagen unterworfen zu sein. Wenn allerdings ausländische Gäste zu einer ihrer Veranstaltungen nach Bagdad kommen, muss sie Personenschutz und gepanzerte Autos organisieren. So wollen es die Vorschriften der offiziellen deutschen Stellen. Das Szenario wirkt dann schizophren, ist aber für Bagdads spezielle Situation durchaus normal. Zu einer Verabredung in Hellas Stammcafé »Radha Alwan« in Karradas bekanntester Einkaufsstraße kommen die ausländischen Gäste mit bewaffneten Bodyguards, Hella indes mit dem Fahrrad.

Die Kulturmanagerin kam in einer Zwischenphase nach Bagdad, einer Zeit zwischen zwei Terrorperioden, als al-Qaida besiegt war und der IS sich gerade formierte. Viele Bagdader bezeichnen diese Jahre zwischen 2010 und 2013 als die hoffnungsvollste Zeit. Die Amerikaner waren dabei, den Irak zu verlassen, das Land sollte unabhängig werden und auf sich gestellt. Die Terroranschläge in der Hauptstadt gingen drastisch zurück. Alle atmeten auf und durch. Im Nationaltheater gab es die erste private Produktion, eine Komödie, die den Menschen nach so vielen Jahren der Kriege, Embargo und Terror eine Leichtigkeit vermittelte. »Ich liebe die Menschen, die Sonne, ich gehe auf die Straßen und ernte Lächeln, schaue auf den uralten Tigris und weiß, dass hier Neues entsteht«, beschrieb Hella Mewis die ersten Eindrücke ihrer neu-en Heimat. »In Deutschland ist alles schon geschaffen, hier kannst du alles bewegen. Den Leuten etwas Positives zu geben, ist ein schönes Gefühl.« Vor allem mit jungen Leuten wolle sie arbeiten, denn diese würden kaum Gehör finden in dieser Gesellschaft.

Als Terrorchef Abu Bakr al-Baghdadi im Sommer 2014 sein Kalifat ausrief, war das für viele Hauptstädter eine schlimme Er-nüchterung, auch wenn der befürchtete Sturm des IS auf Bagdad ausblieb. »Nicht das auch noch«, hörte man allenthalben. Viele wollten nur noch weg. Auch die jungen Kunstschaffenden, die sich mit Hellas Hilfe zusammengefunden und eine Nische auf-gebaut hatten, sahen im Irak keine Zukunft mehr. Als die Flücht-lingswelle nach Deutschland schwappte, träumten sie von Ger-many. Hella aber blieb, trotz größer werdender Bedrohung für sie selbst, und wurde somit zum Vorbild für manche Ausreisewillige. »Ich habe nie Angst gehabt«, sagt sie rückblickend. »Ich wuss-te, worauf ich mich einlasse.« Schließlich schlug die anfängliche Resignation und Niedergeschlagenheit bei einigen ihrer jungen Kunstschaffenden um in Trotz: »Künstler gegen Daesh« entstand.

Lange Zeit hielt sich die Berlinerin dann doch aus Sicherheits-gründen in der Öffentlichkeitsarbeit zurück, gab kaum Interviews, lebte »low profile«, wie man im Sicherheitsfachjargon sagt. Doch seit einigen Monaten ist das anders. Mewis hat jetzt eine Obses-sion, die ihr viel Aufmerksamkeit und Medienecho bringt: Das erste Haus für zeitgenössische Kunst in Bagdad öffnet seine Pfor-ten. Hellas Traum wird Wirklichkeit. In einer kleinen Seitenstraße der berühmten Uferpromenade am Tigris, Abu Nawas, konnte sie ein historisches Haus mieten, das in die Jahre gekommen ist, das die Tragödien der jüngsten Geschichte des Irak mit Schrammen und Verfall durchlitten, aber überlebt hat. Hella ging Klinken putzen für ihre Idee und bekam Geld für die Renovierung von

Deutschen und Franzosen, eine europäische Stiftung bezahlt die laufenden Kosten. Stück für Stück, Zimmer für Zimmer renovieren sie und ihre fünfzehnköpfige Truppe und gründen »Tarkib«, die freie Gruppe irakischer Nachwuchskünstler. »Wir brauchten einen passenden Namen für ein irakisch sprechendes Publikum, aber auch einfach auszusprechen für internationale Menschen«, berichtet Mewis über die Namensfindung. »Tarkib heißt übersetzt Installation, und das ist es, was wir hier hauptsächlich machen.«

Ende November 2017 ist es dann so weit. Die ersten ausländischen Gäste kommen ins Bait Tarkib (Haus auf Arabisch), drei deutsche Künstler vom Impuls-Festival für neue Musik aus Sachsen-Anhalt. Neue Musik aus Europa, bislang unbekannt im Irak, soll, gepaart mit einer alten Erzählung Friedrich Schillers, zum Theaterstück verarbeitet werden, in dem es um die Eroberung der Stadt Magdeburg im Dreißigjährigen Krieg geht, den Kampf zwischen Katholiken und Protestanten. Eine Parallele zur heutigen politischen Situation im Nahen Osten und den Spannungen zwischen Schiiten und Sunniten. Dabei sind Schillers Schilderungen aus dem 17. Jahrhundert über die Gräueltaten, die Menschen einander antun, so brutal und menschenverachtend wie die Berichte von heute. Für die sechs irakischen Darsteller und drei Perkussionisten ein völliges Novum, was die Deutschen da mit ihnen proben. Die neue Musik entsteht durch Keramikfliesen, eine alte Öltonne, eine weiße Holzbox und raschelndes Zeitungspapier. Die Abschlussveranstaltung ist ein voller Erfolg, das Haus für zeitgenössische Kunst wird seinem Namen gerecht, und Hella Mewis ist überglücklich. So, genau so hat sie sich das immer vorgestellt. »Jetzt wünsche ich mir nur, dass ich so weitermachen kann.« Sagt's, schwingt sich aufs Fahrrad und fährt zu ihrem Stammcafé. Ihre deutschen Gäste kommen im gepanzerten Jeep und mit vier Bodyguards hinterher.

Masgouf und Gemar

»Meine Güte, schon wieder Masgouf!«, stöhnen meine Freundinnen, wenn wir uns zum Essen in Bagdad verabreden. »Hast du keinen anderen Vorschlag?« Es gäbe doch so viele andere, gute irakische Gerichte, bekomme ich dann aufgezählt: Biryani, Khushi, Tashreeb. »Warum immer Masgouf?« Erstens sind Biryani und Khushi nicht irakisch, sondern indisch, ist meine Antwort. Tatsächlich sind mit den Briten im Ersten Weltkrieg auch viele Soldaten aus Indien in den Irak gekommen, die ihre Küche und Gewohnheiten mitgebracht haben. Biryani und Khushi sind Reisgerichte, die mit Gemüse und Fleisch, meistens Lamm, aber auch Hühnchen serviert werden. Wenn es ganz exklusiv zubereitet ist, werden noch braun gedünstete Glasnudeln und Mandeln dazu gereicht. Weiße Bohnen in Tomatensauce und süß eingelegte Aubergine kommen separat als Saucen. Khushi bekommt man auch mit Bulgur. Als Gewürz für die beiden Gerichte wird viel Kurkuma verwendet, ein besonders in der indischen Ayurveda-Küche traditionell beliebtes Gewürz, das eine magische Heilkraft gegen Alzheimer und Krebs entwickeln soll. In Europa ist es gerade in Mode gekommen, im Irak ist es alltäglich und gilt mittlerweile als typisch irakisch, wie auch die beiden vorgenannten Gerichte. Den wenigsten Irakern ist nämlich bekannt, dass ihre »Nationalgerichte« Biryani und Khushi aus Indien stammen. Tashreeb dagegen ist urirakisch. Ursprünglich ein Arme-Leute-Essen, da es Fladenbrot vom Vortag als Grundlage hat und als Suppe oder Eintopf im Wechsel mit frischem Lauch gegessen wird. Man kann Möhren dazugeben, aber auch Fleisch. Dann ist es königlich. Die Brühe ist sehr nahrhaft, zuweilen fett. Tashreeb wird auch zum Frühstück gegessen, um für den ganzen Tag gewappnet zu sein. In Bagdad gibt es zwei Lokale, die nur Tashreeb servieren, von ein Uhr nachts bis zwölf Uhr mittags. In den Jahren der Ausgangssperren

während des Bürgerkriegs hatten die »Kaduri«, wie die Frühstücks-
restaurants mit Tashreeb heißen, geschlossen. Seit fünf Jahren sind
sie wieder offen und bauen noch ein drittes auf.

Iraker essen gern und viel. »Willst du einen irakischen Mann
glücklich machen, musst du ihn gut füttern«, geben mir meine
Freundinnen als Ratschlag, den ich natürlich nicht befolge. Denn
für mich ist irakisches Essen »stonefood«, weil es wie ein Stein im
Magen liegt und nur schwer verdaut wird. Mit einer Ausnahme:
Masgouf. Der Fisch in Bagdad ist legendär und leichter zu verdauen als alles andere, was dort auf den Tisch kommt. Abgesehen
von den fremdländischen Spezialitäten, von denen es auch im Irak
immer mehr gibt. Italienisch, chinesisch, auch ab und zu Sushi,
europäisch zubereitete Salate und natürlich die amerikanischen
Fast-Food-Ketten sind inzwischen keine Seltenheit mehr. Vor allem die libanesische Küche erfreut sich enormer Beliebtheit. So
hat fast jedes Stadtviertel, das in Bagdad etwas auf sich hält, ein
libanesisches Restaurant. Besonders in Karrada, wo die Kulturmanagerin Hella Mewis wohnt, gibt es eine Vielzahl neuer, erst
kürzlich entstandener Restaurants mit internationaler Küche.

Hella Mewis ist es auch, mit der ich in Bagdad am häufigsten
Masgouf essen gehe. Und dies zu jeder Tageszeit. Manchmal sogar
zum Frühstück im Garten des alten, traditionellen Restaurants
»Bagdadi« direkt am Tigris. Dabei ist es nicht der Fisch selbst,
der besticht, sondern die Einzigartigkeit seiner Zubereitung und
die Aura rund um den Verzehr. Masgouf gibt es überall im Irak
und mittlerweile auch in den Ländern, wo Iraker als Flüchtlinge wohnen. Aber einen Masgouf zu essen in Bagdad, in einem
der Restaurants auf der Abu-Nawas-Straße am Ufer des Tigris:
die Vorstellung treibt jedem Iraker die Tränen in die Augen, besonders denen, die im Exil leben. Legendär sind die Abende, die
die meisten von ihnen dort verbracht haben, in lauen Sommer-

nächten, mit Musik auf die Fertigstellung des Fisches warteten und sich Geschichten erzählten. Masgouf in Bagdad hat etwas Gesellschaftliches, etwas Soziales. Masgouf in Bagdad ist Irak. Die Tradition geht auf die sumerisch-babylonische Zeit zurück.

Das Basisprodukt ist ein Karpfen. Ja, Karpfen, wie er in Europa zu Weihnachten oder Silvester gegessen wird. Hier in Bagdad bekommt man ihn das ganze Jahr. Er wird in einem Becken gehalten und wartet, bis der Gast ihn aussucht. Mit einem Köcher verlässt er das Wasser und wird auf die Waage gelegt. Nickt der Gast, wird der Karpfen zunächst betäubt, dann getötet. Für viele Tierfreunde ist dies nur schwer anzuschauen. Doch Transparenz ist beim Masgouf zu hundert Prozent gegeben. Von Anfang bis Ende kann man zusehen, was man später isst. Wenn der Fisch ausgenommen ist, wird er horizontal aufgeschnitten und auseinandergeklappt. Ein symmetrischer Kreis entsteht. Der Koch mariniert die Innenseite mit Olivenöl, Salz, schwarzem Pfeffer, Tamarinde und – auch hier – Kurkuma. In einem extra für Masgouf hergestellten Eisengitter wird der aufgeklappte Fisch an den Rand des offenen Feuers gehängt, denn er muss langsam garen. Eine Stunde oder mehr muss der Gast warten, bis er fertig ist und auf einem Tablett zum Tisch gebracht wird. Alle Gäste am Tisch nehmen etwas vom zumeist noch warmen Brot in die Hand und brechen sich ein Stück Fisch heraus. Man träufelt Limetten darauf und isst Tomaten, Gurken und Mango Chutney dazu. Diese Fischfeuer findet man in Bagdad überall, auch auf den Einkaufsstraßen, die Masgouf to go anbieten. So ist der irakische Karpfen zweifelsohne das berühmteste Gericht des Landes und wird auch gerne offiziellen Staatsgästen serviert, wenn sie nach Bagdad kommen. Es wird gesagt, dass vor allem der frühere französische Präsident Jacques Chirac ein Faible für Masgouf entwickelte, als er bei Saddam Hussein zu Besuch war. Die Franzosen gelten auch im Zweistromland als kulinarische Spitzenkenner.

Für meine zweite Lieblingsspeise aus der irakischen Küche werde ich von meinen Freundinnen für meine Inkonsequenz gescholten. »Das ist doch genau das, was du nicht magst«, sagen sie: »Fett und schwer zu verdauen.« Recht haben sie, aber ich mag Gemar. Morgens zum Frühstück, auf einem noch warmen irakischen Rautenbrot, mit Honig oder Dattelsirup, der von Dibis sein muss. Dazu einen Mokka mit Kardamom, vielleicht auch zwei. So fängt der Tag in Bagdad gut an. Gemar ist eine Creme aus Milch, deren Rahm mit Maismehl versetzt, im Kühlschrank steif wird. Das irakische Gemar ist anders als in den anderen Ländern des Nahen Ostens. Hier wird Gemar aus Büffelmilch gemacht. Ich möchte wissen, wo mein irakisches Frühstück herkommt und fahre in den Süden des Landes, in die Sumpfgebiete, wo es Büffel gibt, die mein Gemar produzieren.

Der Garten Eden trocknet aus

Das Alte Testament, erstes Buch Mose:

> *»Ein Strom entspringt in Eden, der den Garten bewässert; dort teilt er sich und wird zu vier Hauptflüssen. Der eine heißt Pischon; er ist es, der das ganze Land Hawila umfließt, wo es Gold gibt. Der zweite Strom heißt Gihon; er ist es, der das ganze Land Kusch umfließt. Der dritte Strom heißt Tigris; er ist es, der östlich an Assur vorbeifließt. Der vierte Strom ist der Euphrat.«*

Hinter Pischon und Gihon wird der Ganges, der Nil oder der Amu-Darya in Zentralasien vermutet. Euphrat und Tigris dagegen sind eindeutig zu identifizieren. Sie vereinen sich zum Schatt al-Arab, das dann südlich von Basra in den Persischen oder Arabischen Golf, je nach Definition, fließt. Für die Annahme, im Südirak könnte sich einst eine Landschaft des Überflusses und des Glücks befunden haben, reichen die Zeilen im Alten Testament vollkommen aus. Man stößt dabei auf den Namen der Stadt, in der Euphrat und Tigris zusammenfließen: Qurna. Dort soll der biblische Garten Eden gewesen sein und von dort stammt mein irakisches Frühstück.

Um nach Qurna zu gelangen, biegt man etwa 100 Kilometer vor Basra von Bagdad kommend auf der Autobahn links ab und fährt nach Osten. Qurna selbst ist enttäuschend, das »Garten Eden Hotel«, zu Saddam Husseins Zeiten von seiner Baath-Partei erbaut, ist verfallen und heruntergekommen. Bizarr ist das rot blinkende Schild am Eingang, worauf auf Englisch steht: WELCOME. Doch es ist weit und breit niemand zu sehen, der einen willkommen heißen könnte. Schräg gegenüber verkaufen zwei Kinder Tee und Süßigkeit vor dem knorrigen Stamm eines Baumes, der weder Äste noch Blätter hat. »Adam's Tree« steht auf einer Tontafel davor. Es soll der Baum der Erkenntnis sein, von dem Adam und Eva den verbotenen Apfel aßen, was sie die Vertreibung aus dem Paradies gekostet und die Erbsünde für die gesamte Christenheit eingebracht hat. Allerdings ist das, was dort steht, mitnichten ein Apfelbaum. Es ist ein Jojoba.

Gleich hinter Qurna fangen die Sumpfgebiete an, die als einzigartig gelten und mittlerweile auf der UNESCO-Weltkulturerbeliste stehen. Chubaish ist eines der Zentren im Marschland und liegt näher an der Stadt Nasiriya als an Basra. Dort soll das beste Gemar entstehen. Wir sind verabredet mit Raad, einem jungen Mann, der sich seiner Region besonders verschrieben hat und für deren Erhalt kämpft. Die Menschen, die hier leben, sehen anders aus als in Bagdad, haben dunklere Haut und schwarze Augen. Sie werden Sumpf-Araber genannt, was sich finster anhört. Das arabische Wort Ma'dan klingt dagegen positiver. Sie sind eine beduinische Bevölkerungsgruppe und leben mit einigen Unterbrechungen seit Jahrhunderten, wenn nicht sogar Jahrtausenden in den Sümpfen Mesopotamiens. Unter Saddam Husseins Regime wurden die Ma'dan und ihre Kultur unterdrückt und verfolgt. Ein Grund dafür ist, dass die meisten von ihnen Anhänger der schiitischen Richtung des Islam sind. Ein anderer Grund ist, dass sie zahlreiche Traditionen aufrechterhalten, die von der Baath-Partei als irrational und veraltet angesehen wurden. Zu diesen Riten gehören zum Beispiel die schiitischen Trauerfeiern mit Selbstgeißelung an den Tagen Tasua, Aschura und im Trauermonat Muharram.

Während des ersten Golfkriegs gegen Iran von 1980 bis 1988 umwarb Saddam Hussein seine Landsleute in den Sümpfen und konnte sie als Kämpfer zur Befreiung »Arabistans« gewinnen, was er als Kriegsgrund gegen den Nachbarn Iran angab. Herkunft dominierte damals über Religion. Nach der Niederlage in Kuwait im zweiten Golfkrieg erhoben sich die Sumpf-Araber 1991 gegen den Herrscher in Bagdad und rechneten dabei auf die Unterstützung der Amerikaner, die die internationale Kriegsallianz zur Befreiung Kuwaits gegen Saddam Hussein anführten und bis Nasiriya vorgedrungen waren. Aber dann zogen sich die US-Truppen zurück, und Saddam Hussein ließ den Aufstand der Ma'dan blutig niederschlagen. Doch damit nicht genug. Binnen weniger Jahre wurden Sümpfe und Flussarme ihrer Siedlungsgebiete systematisch ausgetrocknet, um Rückzugsgebiete von schiitischen Rebellen zu zerstören – eine Vergeltungsmaßnahme mit verheerenden Folgen. Von den ursprünglich 500 000 Bewohnern des Marschlandes leben heute schätzungsweise noch etwa zehn Prozent hier. Der Rest wurde hingerichtet oder vertrieben, Flora und Fauna in ihren Gebieten wurden komplett zerstört. Der Sturz Saddam Husseins

2003 war daher für die Sumpf-Araber eine Befreiung. Die ausgetrockneten Gebiete wurden wieder geflutet, die Bewohner kehrten zurück, der Garten Eden wurde wieder fruchtbar. Doch jetzt lauern neue Gefahren für das biblische Paradies.

Raad lädt zu Tee, Olivenöl und frisch gebackenem Fladenbrot in das traditionell aus Schilfrohr gefertigte Tonnendach, Mudhif genannt, das als Empfangszimmer für Gäste benutzt wird. Der Boden ist gefliest, vorne und hinten sind Türbögen installiert, die das weiße Licht gefiltert hereinlassen und für ständige Lüftung sorgen. So ist es auch im manchmal über 50 Grad Celsius heißen Sommer angenehm, meint Raads Onkel, der sich auf eines der Kissen auf dem Boden setzt und die Gäste dazu einlädt, dasselbe zu tun. Wie zu Urzeiten, lebt auch Raads Familie von den Tieren und dem Schilf im Sumpf, das als Bau- und Brennmaterial verkauft wird. Aber Raad hat noch eine andere Betätigung. Eigentlich ist er Bauingenieur, hat an der Universität in Nasiriya studiert und könnte überall im Land eine Stelle finden. Denn gerade jetzt, nach den Zerstörungen durch den IS, ist Wiederaufbau das Thema Nummer eins im Irak. Doch Raad kehrte nach dem Studium in die Marschen zurück. »Ich gehöre hierhin«, sagt der 26-jährige Iraker überzeugt, »hier ist meine Heimat, die Leute brauchen mich hier.« 2014 zogen viele Ma'dan wieder weg aus den Sümpfen. Der Garten Eden droht abermals auszutrocknen.

Doch dieses Mal ist es kein Gewaltherrscher, der sich an Aufständischen rächen will, sondern der Euphrat, der immer weniger Wasser führt. Besonders um Chubaish ist dies deutlich sichtbar. Die ausgetrockneten Flächen, wo vor Kurzem noch Schilf stand, dehnen sich immer weiter aus. Das Land zwischen Euphrat und Tigris erstickt mehr und mehr in Staub und Sand. Der Irak leidet zunehmend unter Dürre und Wassermangel. Staudämme tragen dazu bei und klimatische Veränderungen. »Als die Leute nach dem Sturz Saddam Husseins hierher zurückkamen, stellten sie fest, dass das Wasser einen extrem hohen Salzgehalt hat«, erzählt Raad. Die Wasserbüffel, Lebensgrundlage der Ma'dan, wurden krank, viele junge Büffel überlebten die ersten Monate nicht. Der Euphrat, dessen Wasser die Sümpfe um Chubaish speisen, gilt als mit Düngemitteln aus der Landwirtschaft extrem belastet. Kommt zu wenig Wasser im Süden des Irak an, ist die Balance nicht mehr gegeben. »Alles hängt vom großen Damm in der Türkei ab«, erklärt Raad das Dilemma. »Wenn sie uns nicht mehr Wasser geben, trocknen wir hier aus.«

Für Aun Abdullah ist der Wassernotstand in den Marschen vor allem ein weiteres Zeichen des Klimawandels. Der Generaldirektor der Abteilung Ressourcenmanagement im Bagdader Wasserministerium beobachtet schon seit Jahren eine zunehmende Dürre im einst so wasserreichen Zweistromland. Die Statistiken seiner Abteilung über das jährliche Volumen der beiden Flüsse reichen zurück bis 1933. Seitdem geht die Wassermenge konstant zurück. Das ist dem vermehrten Dammbau in der Türkei und in Iran zuzuschreiben, aber auch den dramatisch sinkenden Niederschlägen. »In den letzten zwanzig Jahren gab es immer weniger Regen«, sagt Abdullah besorgt, »in den letzten zwei Jahren kaum noch etwas.« Dreißig Prozent weniger Wasser in den letzten beiden Jahren: »Eine Katastrophe bahnt sich an!« Selbst im Winter sei der Irak jetzt eine gelbliche Wüste. Seit 1968 arbeitet Abdullah mit Wasser. Zunächst in Nasiriya, seiner Heimatstadt im Südirak, dann in Basra als Chef des Amtes für landwirtschaftliche Bewässerung. »Das Problem für uns heute ist die Notwendigkeit, völlig umzudenken«, erklärt Abdullah seine schwierige Aufgabe. Während das Ziel der Wasserbehörden lange Jahre darin bestand, die Bevölkerung vor Fluten zu schützen, gilt es jetzt, den Mangel zu verwalten. Das letzte Abkommen mit den Anrainerstaaten von

Euphrat und Tigris, Türkei, Syrien und Iran, liegt 63 Jahre zurück. »In der Zwischenzeit haben die jede Menge Dämme gebaut und wir Kriege geführt.«

Sollte die gegenwärtige Situation anhalten, so die irakische Tageszeitung *Al-Sabah*, würden bis 2030 zwei Drittel der besiedelten Gebiete im Zweistromland infolge von Dürre und Wassermangel unbesiedelt sein. Der biblische Garten Eden wäre ausgetrocknet. Aun Abdullah muss also an zwei Fronten kämpfen. »Zum einen müssen wir sparsamer mit der knapp gewordenen Ressource umgehen.« Die Menschen müssten begreifen, dass sie Wasser nicht mehr im Überfluss verbrauchen können. »Es sind nicht mehr die Fluten, die uns bedrohen, sondern der Mangel.« Dieses Umdenken geschehe nicht von heute auf morgen, meint der Wasserexperte. Zum anderen müsse das Wasser auch politische Priorität bekommen. »Es kann nicht sein, dass wir Verträge mit der Türkei abschließen, riesige Investitionen in die Partnerschaft tätigen, und die drehen uns durch ihre Dämme buchstäblich den Hahn zu.« Mit Iran geschehe das Gleiche. Von dort fließen die Nebenflüsse in den Tigris. Mit dem Euphrat sei es aber schlimmer. An ihm hätte die Türkei bereits fünf Dämme gebaut, Syrien zwei. Neunzig Prozent seines Wasservolumens würden in der Türkei verbraucht, bevor der Fluss Syrien erreiche. »Wasser ist bei uns schon teurer als Öl«, sagt Abdullah.

Raad braucht erfahrene Experten wie Aun Abdullah, denn im Irak würden junge Leute nicht respektiert, wie er weiß. Mit seiner in Chubaish gegründeten Umweltinitiative für ökologischen Tourismus sei er bei den Behörden anfangs nicht ernst genommen worden. Zusammen mit der zweiten Bürgerinitiative »Nature for Iraq«, die ebenfalls mit Sitz in Chubaish gegen die Austrocknung kämpft, hätten sie 5000 Unterschriften in den Marschen gesammelt und eine Kampagne initiiert. Sie hätten es bis zu Schiitenführer Moktada al-Sadr gebracht, der daraufhin den Wasserminister aus seiner Partei entlassen habe. Der neue tauge aber auch nicht viel mehr, seufzt Raad. In der Zwischenzeit hat Premierminister Haider al-Abadi im Zuge der Föderalismusdebatte die Zuständigkeit an die lokalen Provinzräte delegiert. Raad und seine Mitstreiter können wieder von vorne anfangen, Kontakte zu knüpfen und ihre Anliegen vorzubringen. Für den Garten Eden sei es nicht unbedingt von Vorteil, dass nun drei Provinzen für das Fortbestehen verantwortlich seien, auch wenn er grundsätzlich das föderale Prinzip gut findet. Doch eine Koordination von drei Verwaltungen sei derzeit im Irak nahezu undenkbar. Die Sumpfgebiete liegen in den drei Provinzen Basra, Maisan und Dhi Qar.

Es ist höchste Zeit zum Aufbruch. Der Ökoaktivist hat ein hölzernes Kanu herrichten lassen, mit dem er uns durch die Sumpflandschaft fahren will. Nach ein paar Kilometern macht er den Motor aus und lässt das Boot sanft durchs Schilfrohr gleiten. »Dort«, flüstert Raad, »ist der Nistplatz für die Sumpfhühner, und dort rasten die Haubeneisvögel.« Wir beobachten fasziniert und voller Ehrfurcht die seltenen Tiere. Und dann kommen sie, wie riesige schwarze Monster, mit hochgestreckten Hörnern. Behäbig und doch behände gleiten sie durchs Wasser und machen unmissverständlich klar, wer hier der eigentliche König ist. Bis zu zwanzig Kilometer ziehen sie Tag für Tag durch die Sümpfe auf der Suche nach Nahrung und finden jeden Abend vor Einbruch der Dunkelheit wieder zurück in ihre Behausung. »Gamuza« heißt der Wasserbüffel auf Irakisch-Arabisch. Er ist der Gemar-Produzenten, der Brotgeber für die Familien in den Sümpfen. »Wer mehr als zehn Tiere hat, kann davon leben«, sagt Raad. 25 000 gebe es alleine im Gebiet um Chubaish. Milch, Gemar, Käse, Joghurt: All das gibt der Büffel. Auch sein Fleisch ist eine beliebte Delikatesse.

Raad will uns eine kleine Gemar-Fabrik zeigen, wie er mit ironischer Stimme sagt. Auf einer Insel im Schilf steht eine Hütte, auf dessen Stroh sich fünf Tiere niedergelassen haben. Abdulrahim ist der Hausherr und begrüßt die Ankommenden. Seine Frau sitzt bereits am offenen Feuer und kocht den Rahm auf, den sie der Büffelmilch abgeschöpft hat. Hier wird alles verarbeitet, ein kleiner Ökokreislauf tut sich vor unseren Augen auf. Die Exkremente der Tiere werden zu runden Kegeln geformt, getrocknet und als Brennstoff verwendet. Zwanzig Liter Büffelmilch verwandelt seine Familie täglich zu zwei Kilo irakischem Frühstücksgemar. 20 000 irakische Dinar (etwa 17 Euro) bekommen sie dafür, wenn die Frauen auf dem Markt in Chubaish alles verkaufen. Die Männer sind für die Tiere verantwortlich und für das Eis, das sie in Kühlboxen vom Markt zur Hütte bringen, damit die Mutter nach dem Aufkochen die Milch kühlen kann. Dann schiebt sie anstatt der Büffelkegel Eis unter die Cremeschüssel. Erst am nächsten Tag ist das Gemar verkaufsfertig, wenn es fester geworden ist. In Chubaish wird kein Maismehl dazugegeben, wie anderswo im Irak. Dadurch ist das Gemar hier flüssiger.

Während seine schwarz gekleidete Frau, von deren Gesicht nur die Augen zu sehen sind, auf das Aufkochen der Büffelmilch wartet, erzählt Abdulrahim von seiner Familie. Vor vier Jahren hat auch er seine Büffel verkauft, ist von hier weggezogen und in die Stadt gegangen. Er sah keine Zukunft mehr für sich und die drei Söhne in den Marschen. Das Wasser wurde immer weniger und extrem salzig. Doch in der Stadt fühlten sich der 61-Jährige und seine Familie nicht wohl. Sie wollten zurück. Als Raad ihnen von seiner Initiative vom ökologischen Tourismus erzählte, wollten sie mitmachen, und sie kamen wieder. Zwar würden bisher nur einheimische Ausflügler zu ihnen kommen und nur ganz wenige Ausländer, aber das entwickle sich, ist Abdulrahim sicher. Wenn

Ruhe herrscht im Irak, werde auch das Paradies gefragt sein. Von den fünf Büffeln könne er jetzt noch nicht leben, meint der Familienvater. Aber ein Sohn, Allawi, sei im Krieg gegen den IS mit den Schiitenmilizen. Sein Sold unterstütze das Familienbudget. Das ist bei fast allen Familien in den Marschen so. Ein Sohn ist stets im Krieg. Märtyrerbilder von gefallenen Ma'dan zieren die Schilfhütten, die Straßen und Plätze in Chubaish. Später erzählt Raad, dass Abdulrahim neben den drei Söhnen noch sechs Töchter hat, die er verschweigt. In den Sümpfen zählen nur Männer.

Zum Abschied bekomme ich eine kleine Plastikschüssel geschenkt, die wie Tupperware aussieht, aber aus China stammt, mit dem frischesten Gemar, das ich jemals gegessen habe. Dann verlassen wir das Paradies, nicht ohne Raad versichert zu haben wiederzukommen. Zurück in Bagdad, bekomme ich eine Woche später einen Anruf von ihm. Mit freudiger Stimme teilt er mir mit, dass jetzt ein Abkommen mit der Türkei unterzeichnet wurde, das dem Euphrat mehr Wasser zugesteht. »Der Garten Eden trocknet nicht aus«, jubelt Raad am anderen Ende der Leitung. »Noch nicht!«

Epilog

Dieses Buch würde es nicht geben

- ohne die Beharrlichkeit der beiden Lektoren Patrick Oelze und German Neundorfer, die fünf Jahre lang daran festhielten, dass ausgerechnet ICH dieses Buch schreiben müsse;
- ohne Achim Wahrenberg, der schon vor fünfzehn Jahren prophezeite, dass ich ein Buch über den Irak schreiben werde, und sich dann vom Acker machte, bevor ich es begann;
- ohne das Goethe-Institut im Irak, das mir mit »Inana« den Weg in die Literatur ebnete und geduldig meine Recherchen für dieses Buch ertrug;
- ohne die Begleitung meiner Kollegen Heike Keuthen, Andrea Böhm und Christoph Reuter, die mir mit Rat und konstruktiver Kritik zur Seite standen und mich gutgemeint zurechtwiesen;
- ohne meine besten Freunde Amal Ibrahim, Mithal al-Alusi und Mohammed Dhia, die mich in dunkelsten Bürgerkriegszeiten schützten und versteckten und der Grund sind, warum ich trotz allem blieb;
- ohne die FAZ, die nicht wollte, dass ich bleibe, dem Druck des Auswärtigen Amtes erlag und im eventuellen Kidnappingfall kein Lösegeld für mich zahlen wollte, meine Arbeit in Bagdad als beendet erklärte und mich so in die Arme der WELT trieb;

- ohne Thomas Schmid, der als Chefredakteur auf meine Einschätzung der Sicherheitslage vertraute, in jeder Situation hinter mir stand und eine unabhängige Berichterstattung aus dem Irak favorisierte;
- ohne dpa, Anne-Béatrice Clasmann und Gregor Mayer, die mich in ihrem Haus aufnahmen, mir die Erfahrung eines Nachrichtenjournalisten in Kriegszeiten gönnten und mir zeigten, dass alles mit ungarischer Salami besser zu ertragen ist;
- ohne Abdelkadr Hassan, der mir die Tür zum Universum öffnete und mir somit kleine Fluchten aus dem blutigen Wahnsinn in Bagdad ermöglichte;
- ohne Nadine, Arndt und Johno von der einzigen deutschen NGO in Bagdad, die seit 2005 dort ansässig sind und immer für mich da waren, wenn ich in Bedrängnis geriet, mich mit Arrak trösteten und zum Weitermachen ermutigten;
- ohne meine Mutter und Stefan, die meine Launen ertrugen, wenn ich mal wieder Zeitprobleme hatte, nicht schnell genug schrieb und den Abgabeschluss der Texte heillos überzog;
- ohne meine Autorinnen von »Inana«, die mich das Überleben lehrten, mir zeigten, was es bedeutet, den Augenblick zu leben, und die das Lachen nie verloren.

Das Buch ist den Überlebenskünstlerinnen und -künstlern im Irak gewidmet.

Chronologie nach 15 Jahren Irak

20. März 2003: Beginn der amerikanisch-britischen Militär-»Operation Iraqi Freedom« gegen Saddam Hussein, dem der Besitz von Massenvernichtungswaffen vorgeworfen wird.

9. April 2003: Der Sturz der Statue von Saddam Hussein auf dem Firdos-Platz in Bagdad symbolisiert den Fall der irakischen Hauptstadt, doch gehen die Kämpfe weiter.

1. Mai 2003: US-Präsident George W. Bush verkündet auf einem US-Flugzeugträger unter einem Banner mit der Aufschrift »Mission accomplished« das Ende des Einsatzes.

16. Mai 2003: Der neu eingesetzte US-Zivilverwalter Paul Bremer untersagt Mitgliedern der Baath-Partei die Ausübung öffentlicher Ämter und löst die Partei sowie die Sicherheitskräfte auf.

2. Oktober 2003: Ein US-Inspektorenteam gibt zu, dass keine Massenvernichtungswaffen im Irak gefunden worden seien.

13. Dezember 2003: Saddam Hussein wird nahe seiner Geburtsstadt Tikrit gefangen genommen. Ende 2006 wird er wegen Verbrechen gegen die Menschlichkeit hingerichtet.

Juni 2004: Die US-geführte Zivilverwaltung von Bremer übergibt die Macht an eine irakische Übergangsregierung.

Januar 2005: Bei der ersten Parlamentswahl gewinnen schiitische Parteien die meisten Sitze vor den kurdischen Parteien. Die sunnitischen Parteien boykottieren die Abstimmung.

Oktober 2005: Eine neue Verfassung tritt in Kraft, die eine föderale Ordnung einführt und die seit 1991 bestehende kurdische Autonomieregion im Nordirak offiziell anerkennt.

Dezember 2006: Eine schiitische Allianz wird stärkste Kraft bei der Parlamentswahl, verfehlt aber die absolute Mehrheit.

22. Februar 2006: Ein Anschlag auf das schiitische Heiligtum in Samarra löst einen Bürgerkrieg zwischen Sunniten und Schiiten aus, dem bis 2008 Zehntausende Iraker zum Opfer fallen.

April 2006: Der Schiit Nuri al-Maliki erhält von Präsident Dschalal Talabani den Auftrag zur Regierungsbildung.

17. August 2007: Mehr als 400 Menschen sterben bei einem Anschlag auf die jesidische Minderheit im Nordirak.

Dezember 2011: Die letzten US-Soldaten verlassen das Land. Unter ihrer Besatzung wurden mehr als 100.000 Zivilisten getötet, 4.500 US-Soldaten verloren ihre Leben.

Januar 2014: Die Dschihadistenmiliz Islamischer Staat im Irak und Syrien (ISIS) und sunnitische Stämme übernehmen die Kontrolle über Falludscha und Teile Ramadis.

Juni 2014: Bei einer Blitzoffensive erobert ISIS (später IS) Mossul und große Gebiete im Norden und Westen des Landes und ruft ein »Kalifat« im Irak und Syrien aus.

August 2014: Der umstrittene Ministerpräsident al-Maliki übergibt die Regierung an Haidar al-Abadi. Angesichts der Vertreibung Zehntausender Christen und Jesiden im Nordirak durch den IS starten die USA Luftangriffe auf die Dschihadisten.

Juli 2017: Nach neunmonatigen Kämpfen wird Mossul von den Regierungstruppen erobert. Zuvor hatte die IS-Miliz bereits die Städte Tikrit, Falludscha und Ramadi verloren.

25. September 2017: Die Kurden stimmen in einem umstrittenen Referendum für die Unabhängigkeit, doch zwingt sie die irakische Armee zum Rückzug aus der Region Kirkuk und anderen Gebiete.

Dezember 2017: Die Armee erobert die letzten IS-Gebiete an der Grenze zu Syrien zurück. Ministerpräsident al-Abadi verkündet den Sieg über die Dschihadisten.

12. Mai 2018: Die ersten Parlamentswahlen nach dem Sieg über den IS. Ein Umbruch im Land zeichnet sich ab. Die Jugend im Irak ist auf dem Vormarsch.

Bibliographie

Kapitel 1

Hans-Christoph Graf Sponeck, Ein anderer Krieg. Das Sanktionsregime der UNO im Irak, Hamburger Edition

Richard Garfield, The impact of war in Iraq, https://www.worldhunger.org/articles/03/global/garfield.htm

Tim Dyson, Child mortality in Iraq, https://www.jstor.org/stable/4418840?-seq=1#page_scan_tab_contents

Kapitel 2

Hans-Christof von Sponeck, Ein anderer Krieg. Das Sanktionsregime der UNO im Irak, Hamburg 2005

Errol Morris, Standard Vorgehensweise (Standard Operating Procedure), Dokumentarfilm über Abu Ghraib beleuchtet eindrücklich die Geschichte hinter den Bildern und lässt Täter zu Wort kommen.

Birgit Svensson, Abu Ghraib 2009, https://www.amnesty.de/journal/2009/juni/abu-ghraib-und-kein-ende

Torsten Krauel, Abu Ghraib – zehn Jahre danach, https://www.welt.de/debatte/kommentare/article127485463/Die-Folter-Bilder-verfolgen-die-USA-bis-heute.html

Anne-Béatrice Clasmann, Der arabische (Alb)Traum. Aufstand ohne Ziel, Wien 2016

Birgit Svensson: Ijad Allawi: »Der Irak ist auf dem Weg in eine neue Diktatur«, Die Welt, 22. April 2013

Jeffrey Record, Wanting War. Why the Bush Administration Invaded Iraq, Dulles, 2010

Kapitel 3

Myriam Benraad, Iraq's Tribal »Sahwa«. Its Rise and Fall, Middle East Policy Council, http://www.mepc.org/iraqs-tribal-sahwa-its-rise-and-fall

Birgit Svensson, Noch lange nicht ruhig. Falludscha nach der Großoffensive, http://www.faz.net/aktuell/politik/ausland/irak-noch-lange-nicht-ruhig-1231013.html

Christoph Reuter, Der Verräter war ihr Fahrer. Entführung Susanne Osthoff, https://www.stern.de/politik/ausland/osthoff-entfuehrung-der-verraeter-war-ihr-fahrer-3502112.html

Holger Stark, Andreas Wassermann, Steffen Winter, Bernhard Zand, »Wir nehmen dich mit, ein irakischer Geschäftsmann half der Bundesregierung. Nun ließ Berlin ihn im Stich«, http://www.spiegel.de/spiegel/print/d-50503690.html

Bernd Erbel, Porträt Wikipedia, https://de.wikipedia.org/wiki/Bernd_Erbel

Guido Steinberg, Die Badr-Organisation, Stiftung Wissenschaft und Politik, https://www.swp-berlin.org/publikation/die-badr-organisation-wichtiger-akteur-im-irak/

Birgit Svensson, Der Irak braucht dringend eine neue Elite, http://www.welt.de/politik/ausland/article117076689/Der-Irak-braucht-dringend-eine-neue-Elite.html

Kapitel 4

Hassan Abu Hanieh, Mohammed Abu Rumman, IS und Al-Qaida, Bonn 2016

Christoph Reuter, Die Schwarze Macht. Der Islamische Staat und die Strategien des Terror, München 2016

Kapitel 5

Louis Raphael Sako, »Marschiert endlich ein«! Stoppt die Ermordung der Christen im Nahen Osten – Ein Aufschrei aus Bagdad, Freiburg 2016

Wolfgang Günter Lerch, Religionsgruppen im Irak. Minderheiten auf der Flucht, Frankfurter Allgmeine Zeitung, 16.4.2008

Zur Situation religiöser Minderheiten in Irak und Syrien, Wissenschaftlicher Dienst Deutscher Bundestag, https://www.bundestag.de/blob/416386/0718c6cc9b1787f1473e2106b006f7e8/wd-2-115-15-pdf-data.pdf

Habib Jajou, The History of Christianity in Southern Mesopotamia, Basra and South Chaldea

Kapitel 6

James Paul, Oil in Iraq, Global Policy Forum, https://www.globalpolicy.org/political-issues-in-iraq/oil-in-iraq.html

http://www.zeit.de/2014/49/islamischer-staat-kalifat-vermoegen

Ben Lando & Co, Iraq Oil Report, https://www.iraqoilreport.com/

Larry Everest, Öl, Macht und Empire. Der Irak und die globale US-Politik, Berlin 2007

Thomas Seifert, Klaus Werner, Schwarzbuch Öl. Eine Geschichte von Gier, Krieg, Macht und Geld, Wien 2005

Kapitel 7

Birgit Svensson (Hg.), Mit den Augen von Inana. Lyrik und Kurzprosa zeitgenössischer Autorinnen aus dem Irak, Berlin/Tübingen 2015

Christine Schirrmacher, Ursula Spuler-Stegemann, Frauen und die Scharia. Die Menschenrechte im Islam, München 2004

Bryan Appleyard, How to Live Forever or Die Trying, London 2007

Bryan Appleyard, The Brain is Wider Than the Sky. Why Simple Solutions Don't Work in a Complex World, London 2012

Kapitel 8

Saddams Hinrichtung, https://www.dailymotion.com/video/x3aaau; https://www.youtube.com/watch?v=4JUL-l6ov10

Con Coughlin, Saddam Hussein. Porträt eines Diktators, München 2002

Stammesjustiz im Irak, https://www.al-monitor.com/pulse/originals/2018/04/iraq-tribalism-sheikhs-justice-law.html

Justiz nach dem IS: https://www.arte.tv/de/videos/081098-000-A/irak-heilige-krieger-aus-europa/

Kapitel 9

Arte, Jugend im Irak, https://www.arte.tv/de/videos/082162-000-A/irak-die-jugend-von-bagdad/

Jugend unter dem Embargo, https://www.youtube.com/watch?v=S8QmxXV642U

Kapitel 10

TARKIB *Baghdad Contemporary Arts Institute* https://www.youtube.com/channel/UCZbClCFtyXPKFllSmJK1nGg

Friedrich Schiller, Geschichte des Dreißigjährigen Kriegs, Kapitel 9

Andrea Böhm, Das Ende der westlichen Weltordnung, München 2017, Kapitel 7: Garten Eden

How to make Masgouf at home, https://www.youtube.com/watch?v=YopsyvNdIdM

How to make Iraqi Gemar. https://www.youtube.com/watch?v=4GkMpCNmygk

Karte